国家出版基金项目
NATIONAL PUBLICATION FOUNDATION

心理学与社会治理丛书
Series on Psychology and
Social Governance

丛书主编：杨玉芳　郭永玉

　　　　　许　燕　张建新

Ethnic relations

from the perspective

of identity

认同视野中的民族关系

高承海　著

北京师范大学出版集团
BEIJING NORMAL UNIVERSITY PUBLISHING GROUP
北京师范大学出版社

丛书编委会

主　　编　杨玉芳　郭永玉　许　燕　张建新

编　　委　(以汉语拼音为序)

　　　　　陈　红　傅　宏　郭永玉　孙健敏

　　　　　王俊秀　谢晓非　许　燕　杨玉芳

　　　　　张建新

丛书总序

经过多年的构思、策划、组织和编撰，由中国心理学会出版工作委员会组织撰写的书系"心理学与社会治理丛书"即将和读者见面。这是继"当代中国心理科学文库""认知神经科学前沿译丛"两大书系之后，出版工作委员会组织编撰的第三套学术著作书系。它的问世将是中国心理学界的一个具有重要理论和现实意义的里程碑式事件。

之前的两套书系在社会上产生了广泛的影响，也赢得了同行普遍的好评。但是这些工作主要基于由科学问题本身所形成的内容架构，对于现实问题的关切还不够系统和全面，因而不足以展现中国心理学界研究的全貌。这就涉及我们常讲的"自下而上"与"自上而下"的问题形成逻辑。我们感到，面对当前中国社会的变革，基于当下现实生活的复杂性和矛盾性，中国心理学界应该尽力做出回应，要有所贡献。而社会治理正是心理学探讨时代需求、关注现实社会的重要突破口，同时也是很多中国心理学者近年来一直努力探索并且已有丰富积累的一个创新性交叉学科领域。

社会治理是由作为治理主体的人或组织对以人为中心的社会公共事务进行的治理。因此，社会治理的核心是"人"的问题，社会治理的理论和实践都离不开"人"这一核心要素，自然也就离不开对人性和人心的理解。这既源自心理学的学科性质，也是由社会治理的本质要素所决定的。一方面，就学科性质而言，心理学是研究人的心理和行为的学科，它兼具自然科学与社会科学的双重属性。2016年5月17日，习近平总书记在哲学社会科学工作座谈会上指出"要加快完善对哲学社会科学具有支撑作用的学科"，这其中就包括心理学。早在现代心理学诞生之初，它就被认为在整个社会科学中具有基础学科的地位。但是在漫长的学科发展历史上，由于心理学本身发展还不够成熟，因此它作为社会科学基础学科的作用并未得到充分体现。尽管如此，近年来由于理论、方法的不断发展与创新，心理学在解决现实问题方面的建树已经日益丰富而深刻，已经在相当程度上开始承担起支撑社会科学、解决社会问题的责任。

另一方面，从社会治理自身的学理逻辑出发，当前中国社会治理现代化的过程也离不开心理学的支持。社会治理作为一种现代化的理念，与社会统治和社会管理在基本内涵上有很大差异。首先，它强调治理主体的多元性，除了执政党和政府，还包括各级社会组织、社区、企业以及公民个人。其次，社会治理的客体是以人为中心的社会公共事务，目标是消解不同主体之间的冲突与矛盾。最后，社会治理的过程也不同于传统意义的社会管理，它包括了统筹协调、良性互动、民主协商、共同决策等现代化治理策略与手段。因此，不管从主体、客体或过程的哪个方面讲，社会治理都必须关注社会中一个个具体的人，关注这些个体与群体的心理与行为、矛盾与共生、状态与动态、表象与机制等心理学层面的问题。也只有依托心理学的理论与方法，这些问题才能得到更深入的探索和更彻底的解决。因此可以说，在学科性质、学理关联、问题关切、实践技术等多个层面，心理学均与社会治理的现实需求有着本质上的契合性。

正因为如此，近年来国家对于心理学在社会治理中的作用给予了高度重视。中共十九大报告在"打造共建共治共享的社会治理格局"这一部分提出，加强社会心理服务体系建设，培育自尊自信、理性平和、积极向上的社会心态。中共十九届四中全会审议通过的《中共中央关于坚持和完善中国特色社会主义制度 推进国家治理体系和治理能力现代化若干重大问题的决定》再次强调健全社会心理服务体系。可以看出，心理学已经被定位为社会治理现代化进程中不可或缺的一部分。这是时代对中国心理学界提出的要求和呼唤。而本书系的推出，既是对时代需求的回应，也是心理学研究者肩负使命、敢于创新的一次集中探索和集体呈现。

明确了这一定位之后，我们开始积极策划推动书系的编撰工作。这一工作立即得到了中国心理学会和众多心理学界同人的大力支持与积极响应。我们在充分调研的基础上，成立了书系编委会，以求能在书目选题、作者遴选、写作质量、风格体例等方面严格把关，确保编撰工作的开展和收效达到预期。2015年，编委会先后三次召开会议，深入研讨书系编撰工作中的一系列基础问题，最终明确提出了"问题导向、学术前沿、项目基础、智库参考"的十六字编撰方针，即要求书系中的每一本书都必须关注当下中国社会的某一现实问题，有明确的问题导向；同时，这一问题必须有明确的学术定位，要站在学术前沿的视角用科学解决问题的思路来对其加以探讨；此外，为了保证研究质量，要求每一本专著都依托作者所完成的高层次项目的成果来撰写。最后，希望每一本书都能够切实为中国社会治理提供智力支持和实践启示。

基于这样的方针和定位，编委会通过谨慎的遴选和多方面的沟通，确立了一个优秀的作者群体。这些作者均为近年来持续关注社会治理相关心理学问题的资深专家，其中也不乏一些虽然相对年轻但已有较深积淀的青年才俊。通过反复的会谈与沟通，结合每一位作者所主持的项目课题和研究领域，编委会共同商讨了每一本专著的选题。我们总体上将本书系划分为四个部分，分别为"现代化过程中的社会心态""群体心理与危机管理""社区与组织管理""社会规范与价值观"。每一部分邀请6～8位代表性专家执笔，将其多年研究成果通过专著来展现，从而形成本书系整体的内容架构。

在这些工作的基础上，2016年1月，中国心理学会出版工作委员会召开了第一次包括编委会成员和几乎全体作者参加的书系编撰工作会议，这标志着编撰工作的正式开启。会上除了由每一位作者汇报其具体的写作思路和书目大纲之外，编委会还同作者一道讨论、确定了书系的基本定位与风格。我们认为本书系的定位不是教材，不是研究报告，不是专业性综述，不是通俗读物。它应该比教材更专门和深入，更有个人观点；比研究报告更概略，有更多的叙述，更少的研究过程和专业性的交代；比专业型综述更展开，更具体，更有可读性，要让外行的人能看懂；比通俗读物更有深度，通而不俗，既让读者能看进去，又关注严肃的科学问题，而且有自己独到的看法。同时，在写作风格上，我们还提出，本书系的读者范围要尽可能广，既包括党政干部、专业学者和研究人员，也包括对这一领域感兴趣的普通读者。所以在保证学术性的前提下，文笔必须尽可能考究，要兼顾理论性、科学性、人文性、可读性、严谨性。同时，针对字数、书名、大纲体例等方面，会上也统一提出了倡议和要求。这些总体上的定位和要求，既保证了书系风格的统一，也是对书系整体质量的把控。

在此后的几年中，书系的编撰工作顺利地开展。我们的"编撰工作会议"制度也一直保持了下来，每过半年到一年的时间即召开一次。在每一次会议上，由作者报告其写作进度，大家一起交流建议，分享体会。在一次次的研讨中，不仅每一本书的内容都更为扎实凝练，而且书系整体的立意与风格也更加明确和统一。特别是，我们历次的编撰工作会议都会邀请一到两位来自社会学、法学或公共管理学的专家参会，向我们讲述他们在社会治理领域的不同理论视角和研究发现，这种跨学科的对话极大地丰富了我们心理学者的思维广度。当然，随着编撰工作的深入，有一些最初有意愿参与撰写的作者，出于种种原因退出了书系的编撰工作，这不能不说是一种遗憾。但同时，也有一些新的同样资深的学者带着他们的多年研究成果补充进来，使得书系的内容更加充实，作者团队也更加发展壮大。在这些年的共同工作中，我们逐渐意识到，我们正在做的事情不仅是推出一套书，而且还基于这一平台构建一个学术共同体，一起为共同的学术愿景而努力，为中国的社会治理现代化进程承担心理学研究者应尽的责任。这是最令人感到骄傲和欣慰的地方。

我们还要感谢北京师范大学出版集团的领导和编辑们！他们对于本书系的出版工作给予了大力的支持。在他们的努力下，本书系于 2020 年年初获批国家出版基金项目资助，这让我们的工作站到了更高的起点上。同时，还要感谢中国心理学会"学会创新和服务能力提升工程"项目在组织上、经费上提供的重要帮助。

在作者、编委、出版社以及各界同人的共同努力下，书系的编撰工作已经接近完成。从 2021 年开始，书系中的著作将分批刊印，与读者见面。每一本专著，既是作者及其团队多年研究成果的结晶，也凝结着历次编撰工作会议研讨中汇聚的集体智慧，更是多方面工作人员一起投入的结果。我们期待本书系能够受到读者的喜爱，进而成为中国心理学和社会治理的科研与实践前进历程中的一个重要里程碑。

主编

杨玉芳 郭永玉 许燕 张建新

2021 年 7 月 22 日

目　录

导　论

　　自党的十八届三中全会提出将"推进国家治理体系和治理能力现代化"作为全面深化改革的总目标之一后，各学科都开始从"社会治理"的视角研究我国的社会现实问题，以期为我国的社会治理提供智力支持，可以说"社会治理"成为整个社会科学和各领域内的热门词。心理学作为一门研究人的心理与行为的学科，兼具自然科学和社会科学之属性，在整个社会科学中具有基础性的地位，在社会治理中具有独特的、不可替代的作用。心理学之所以在社会治理中如此重要，是因为无论社会治理的主体还是社会治理的对象都是人，而社会治理中人的关键是其心理与行为。在各领域内了解人的社会心理与行为，探讨心理与社会相互作用的内在机制，社会治理若能"由心而治"，将会取得显著的成效。

　　作为统一的多民族国家，促进民族团结，构建和谐的民族关系，维护国家的统一与稳定始终是我国政府工作的重要任务。党的十九届四中全会通过的《中共中央关于坚持和完善中国特色社会主义制度推进国家治理体系和治理能力现代化若干重大问题的决定》提出："坚持不懈开展马克思主义祖国观、民族观、文化观、历史观宣传教育，打牢中华民族共同体思想基础。全面深入持久开展民族团结进步创建，加强各民族交往交流交融。"由此可见，"民族治理"是构成我国社会治理的重要内容之一。

中共中央办公厅、国务院办公厅印发的《关于全面深入持久开展民族团结进步创建工作铸牢中华民族共同体意识的意见》指出，新时代民族团结进步创建工作要坚持以铸牢中华民族共同体意识为根本方向，坚持以加强各民族交往交流交融为根本途径。该意见明确我国民族治理的根本目标是铸牢中华民族共同体意识，而途径是加强各民族交往交流交融。那么如何来促进交往交流交融？这涉及如何处理民族关系的问题，在社会心理学中则属于群际关系的研究范畴。从社会心理学的视角研究民族关系，了解民族心理与行为，探讨民族关系的社会心理机制问题，有助于促进各民族交往交流交融，铸牢中华民族共同体意识。

社会心理学家一致认为认同是连接个体和社会的纽带，能洞悉个体行为（包括人际和群体行为）与社会互动的作用机制。认同形成于社会互动之中，形成何种认同又影响着个体的社会行为。因此，本书主要从社会心理学的角度出发，在社会认同理论的视角下，探讨了什么是民族认同，民族认同对于个体有何重要的意义，民族认同与国家认同是什么关系，民族认同在民族交往和民族关系中扮演何种角色，如何促进民族交往、改善民族关系等相关问题。在此具体作三个方面的说明：一是民族关系的重要性；二是为什么要以认同的视野来探讨民族关系；三是对本书各章内容作一个简单的总体介绍，从而让读者对本书有一个宏观的了解，方便有选择性地阅读。

1　民族关系的重要性

全世界有 2000 多个民族，共构成 200 多个国家和地区，绝大多数国家是多民族国家。处理好国内各民族之间的关系，尤其是少数民族和主体民族之间的关系，是多民族国家政府重要的国家任务之一，其主要原因有两个方面：一是只有处理好民族关系，才能防止多民族国家分裂为多个国家，这事关国家的统一与稳定，比如历史上的南斯拉夫和苏联的解体。当今世界仍有许多国家内部闹独立，比如加拿大的魁北克、英国的北爱尔兰和苏格兰都试图独立，等等。二是只有处理好民族关系，才能充分发挥多民族国家的多元文化优势。多民族的本质体现为文化的多样性，每个民族在其历史发展过程中都创造了独特、灿烂的文化，正是文化的多样性促进了人类文明的繁荣进步。因而，促进多民族国家内部民族之间的文化交流互鉴，构建和谐的民族关系，是多民族国家软实力的重要体现，正如习近平总书记在 2014 年中央民族工作会议中所说，"多民族是我国的一大特色，也是我国发展的一大有利因素"。

从个体的角度来看，民族关系也事关个体的身心健康发展，具有重要的心理意义，因为民族认同是个体自我概念当中重要的组成部分。在多民族的社会环境中，比如在多民族混合学校、多民族的企业组织等机构中，民族身份差异、文化差异都得以凸显，人们都会面临着文化适应的问题、跨文化交往的问题，面临着处理"内群体"和"外群体"关系的问题。这些问题能否得到很好的处理，既与个体的身心健康息息相关，也对民族交往和民族关系产生重要影响。

党的十九大报告指出："世界正处于大发展大变革大调整时期，和平与发展仍然是时代主题。世界多极化、经济全球化、社会信息化、文化多样化深入发展，全球治理体系和国际秩序变革加速推进，各国相互联系和依存日益加深，国际力量对比更趋平衡，和平发展大势不可逆转。同时，世界面临的不稳定性不确定性突出，世界经济增长动能不足，贫富分化日益严重，地区热点问题此起彼伏，恐怖主义、网络安全、重大传染性疾病、气候变化等非传统安全威胁持续蔓延，人类面临许多共同挑战。"如何应对这些重大挑战？习近平总书记提出了中国的思路——构建人类命运共同体。人类命运共同体思想在国际上引起了强烈共鸣。

我国是一个由 56 个民族构成的统一多民族国家，党和国家历来高度重视民族问题，形成了中国特色的民族理论体系，制定了符合中国国情的民族政策，在维护民族团结、促进各民族共同繁荣发展方面取得了举世瞩目的成就。进入 21 世纪后，我国民族关系出现一些新情况，民族地区改革发展稳定面临一些新问题，引起各界人士对我国民族工作的热烈讨论和不同认识。因此，党中央于 2014 年 9 月 28 日适时召开了中央民族工作会议。会议肯定了解决民族问题的中国特色道路，我国的民族政策不容置疑，并明确指出：当前我国民族工作的重要任务是促进各民族交往交流交融，积极培育中华民族共同体意识。2019 年 10 月 23 日，中共中央办公厅、国务院办公厅印发了《关于全面深入持久开展民族团结进步创建工作铸牢中华民族共同体意识的意见》，指出新时代民族团结进步创建工作要坚持以铸牢中华民族共同体意识为根本方向，坚持以加强各民族交往交流交融为根本途径。那么，如何促进各民族交往交流交融、铸牢中华民族共同体意识？这是一个需要在理论上进行深入研究的问题。我认为，中华民族共同体的显著特征是"多元一体"，要铸牢中华民族共同体意识，要处理好"多元"之间的关系、"多元"和"一体"的关系。从国家层面来看，"尊重差异，包容多样"是国家处理"多元"和"一体"关系的必然选择；从个体层面来看，则需要构建中华民族"多元一体"的心理认同意识，即各民族既要认同自己所属的民族，也要对其他民族持有积极的态度，更要认同各民族共有的中华民族身份。需要指出的是，中华民族共同体意识的构建，要以各民族交往交流交融为根本途径，尤其要促进各少数民族和主体民族的交往，这有助于铸牢中华民族共同体意识，增强国家认同。本书相关章节内容的探讨，有助于加深对以上问题的理解。

2 为什么要以认同为视野

本书尝试以认同的视野来探讨我国各民族交往和民族关系的理论与实践问题,以期能为国家的民族治理工作提供有益的借鉴。之所以选择以认同的视野来分析研究民族交往和民族关系,是因为认同是一个多学科的概念,其内涵和意义丰富。认同广泛影响着人的心理与社会行为,其形成于社会互动之中,形成何种认同又影响着个体的社会行为。民族认同作为一种社会认同,与衡量民族交往和民族关系的各种变量相关,以认同的视野来探讨民族交往和民族关系,能够深入理解民族交往和民族关系的社会心理机制。

认同包括个体认同和群体认同(社会认同)两个方面,其本质在于回答"我是谁"和"我们是谁"这两个问题,这两个问题的回答结果对个体和群体具有重要意义与影响。个体方面的回答结果与个体的心理健康、社会适应有重要关系,比如,一个认为自己"聪明、有能力"的人,其在人际交往当中处处显得有自信;一个人对于自己所属群体的回答,则与群际关系有重要的联系,比如球迷们认同自己喜爱的球队,当自己喜爱的球队或者这支球队的球迷受到其他人的嘲笑时,球迷们会因此产生愤怒情绪甚至是攻击行为,球迷冲突事件经常由此引发。从认同的形成与发展来看,各学科的观点是一致的,即无论个体认同还是群体认同,都是在社会情景当中建构起来的,或者说是在人际(个体水平)和群际(群体水平)过程当中建构起来的。建构起何种认同,广泛影响着人际关系和群际关系。

民族认同是多民族社会成员重要的社会认同,它是个体自我概念当中重要的组成部分,在个体和群体两个层面有重要意义和作用。在个体层面,民族认同能够满足人的一些基本心理需要,比如它可以降低个体在社会当中的不确定感,是一个人的自尊的重要来源,能够满足人的归属感等心理需要；在群体层面，民族认同几乎与所有群体(民族)心理现象相关，比如民族刻板印象、偏见与歧视、暴力与冲突、群际焦虑、群际威胁。民族认同与国家认同也有着复杂的关系，处理民族认同与国家认同的关系始终是多民族国家的重要任务之一。因此，本书以认同的视野来探讨民族交往和民族关系，期待读者在掌握民族认同本质的基础上，理解其在民族交往和民族关系中的作用。

3   本书结构

本书包括 8 章，各章内容既相互独立，又有内在的关联性。

第 1 章主要介绍自我和认同的概念与基本理论问题，让读者理解认同是连接个体、社会与行为的重要纽带，它在个体和群体层面具有重要的心理功能和意义。认同包括个体认同和群体认同，它们均形成于社会互动情景当中，是一个人自我概念当中重要的组成部分，形成何种认同对个体的社会行为产生广泛的影响。个体认同与人们的人际行为有密切关系，群体认同(即民族认同)与群际行为(比如刻板印象、偏见、歧视等)相关。由于本书所探讨的核心概念——民族认同属于社会认同范畴，因而社会认同理论及其相关理论是理解民族认同的重要理论基础，这也是本书的重点内容。第 2～5 章内容都是与民族认同相互作用的民族心理与行为现象。

第 2 章是本书的重点。首先，在第 1 章关于认同的理论框架内，界定了民族认同的概念及其成分，并在此基础上介绍了民族认同的操作化与测量工具。其次，从发展心理学的视角探讨了民族认同的形成与发展问题，即个体在何时产生民族认同意识，随着年龄的增长又是如何发展的，以及民族认同的发展状态与个体心理适应之间的关系，影响民族认同形成与发展的若干因素。最后，着重探讨了民族认同在个体和群体层面的一些功能与意义，涉及民族认同与文化适应、民族认同与心理健康、民族认同与民族关系、民族认同与国家认同。本章的主要目的是让读者认识民族认同，了解民族认同对个体和群体行为产生的影响与意义。人们只有深入理解民族认同及其作用，才能更好地处理民族认同及其相关问题。这既有利于多民族社会成员认识自己的民族认同，也有利于民族事务管理者制定科学的政策来改善民族关系。

第 3 章是大众眼中的民族，即普通大众对民族性质的朴素理解，可称之为民族内隐观。研究发现，一些人对民族持有本质化的观点，认为民族是由根深蒂固的生物本质所决定的，其决定了民族成员在心理与行为上表现出来的差异；而另一些人持有的是民族的社会建构论观点，认为民族是由于社会因素人为地建构起来的，民族之间表现出来的差异也是可以改变的。民族内隐观没有对与错之分，但是对个体而言却有重要的意义，持有何种民族观也广泛影响着民族交往和民族关系。理论和实证研究表明，弱化民族本质论观点，增强社会建构论观点，将对民族交往和民族关系产生积极的影响。

第 4 章研究伴随民族认同形成过程产生的民族刻板印象。民族刻板印象是人们对民族群体形成的固定化、僵化的认知与观点，积极的民族刻板印象有助于改善民族交往和民族关系，而消极的民族刻板印象则是民族偏见和民族歧视的认知基础，对民族交往和民族关系产生破坏性的影响。本章依次介绍刻板印象的概念、特征、功能和理论成果，最后介绍我国民族刻板印象的内容与结构，即少数民族和汉族彼此持有的刻板印象的内容与结构，以及民族刻板印象对民族交往和民族关系的影响。

第 5 章探讨民族接触对民族交往和民族关系的影响因素和机制问题。源于奥尔波特（Allport）1954 年提出的群际接触假说，各国学者在多个社会群体偏见减少的实证研究基础上，验证了群际接触减少偏见的效应，发现了群际接触减少偏见的机制和影响因素，构建了群际接触理论。群际接触的形式也从最开始的面对面接触扩展到间接的接触形式，包括扩展性接触和想象接触，不同的接触形式可适用于特定的社会情景中。60 多年的理论与实践研究结果证实，群际接触是减少偏见最有效的社会策略，被多个国家运用于解决种族和族群冲突。本章在系统梳理群际接触减少偏见的机制的基础上，在中国社会背景当中研究了民族接触减少民族偏见、改善民族关系的社会心理机制问题，以期对相关民族工作实践提供借鉴。

第 6 章整合了第 2～5 章探讨的影响民族交往交流交融的社会心理因素，这些因素涉及认知、态度、行为和社会等方面，具体包括社会分类、民族内隐观、民族认同、民族刻板印象和民族接触等。在理论与实证研究成果的基础上，系统性地提出了促进各民族交往交流交融的具体路径和策略，主要包括：基于社会分类在群际关系中的作用，提出强化各民族共有身份——中华民族；基于民族认同对个体的心理意义与功能，提出要尊重差异，包容多样；基于群际关系中民族本质论信念的消极作用和社会建构论的积极作用，提出应弱化民族本质论，强化社会建构论；基于刻板印象、偏见和歧视的关系，提出要减少民族偏见；基于群际威胁理论，提出要降低群际威胁；基于群际接触在民族交往和民族关系中的重要作用，提出要创造各民族共居共学共事共乐的社会条件。

第 7 章比较了中国与西方国家处理本国民族关系的理念与政策差异，与前面章节的个体、微观视角不同，本章是一个宏观的视角。认同是在特定的社会情景当中建构起来的，多民族国家采取何种民族理念制定本国的民族政策，影响着国内的民族认同与民族关系。比较发现，大多数西方多民族国家历来采取了民族同化政策，但民权运动迫使西方国家采取了多元文化主义理念及其相应的政策，一定程度上缓和了西方多民族国家内部的民族关系，取得了一定的成效，多元文化一度成为一个流行的术语。但是进入 21 世纪以来，多元文化主义的弊端逐渐暴露出来，西方国家种族冲突和社会矛盾不断，多元文化主义被视为罪魁祸首，成为众矢之的。许多西方国家领导人公开承认多元文化主义以失败而告终，转而采取公民整合政策，由之前过度强调"多元"向强调"一体"转变。西方多元文化主义理念与民族政策的困境和转向，彰显了中国"多元一体"的民族理念和民族政策的巨大优势。中国之所以取得民族工作的巨大成就，是因为坚持了中华传统文化"和而不同"的思想，在民族工作中采取了"多元一体"的民族理念，制定了符合中国国情的民族政策，既承认"多元"，又强调"一体"，很好地处理了"多元"和"一体"的关系。中国应该构建中国特色学术话语体系，向全世界传播中国治理民族问题的理念，为世界上其他多民族国家提供中国经验。

第 8 章讲述新时代我国民族工作的根本方向——铸牢中华民族共同体意识。本章看似与前几章关联不大，实则不然。中华民族共同体的显著特征是"多元一体"，即中华民族是由 56 个民族构成的，这是"多元"，"多元"构成"一体"，即中华民族共同体。我认为铸牢中华民族共同体意识的关键是要处理好各民族之间的关系，尤其是少数民族和汉族之间的关系，这个关系处理好了，铸牢中华民族共同体意识则事半功倍。2019 年 10 月 23 日，中共中央办公厅、国务院办公厅印发的《关于全面深入持久开展民族团结进步创建工作铸牢中华民族共同体意识的意见》指出，新时代民族团结进步创建工作要坚持以铸牢中华民族共同体意识为根本方向，坚持以加强各民族交往交流交融为根本途径。由此可见促进各民族交往交流交融的重要性，前几章则为促进各民族交往交流交融奠定了坚实的理论基础。铸牢中华民族共同体意识，既是我国未来较长时间内学术界研究的重要领域，也是我国民族工作的重要目标。本章全面梳理了中华民族的概念演变，中华民族研究的进展（中华民族复兴、中华民族精神、中华民族传统文化和中华民族共同体意识），着重探讨了铸牢中华民族共同体意识的重要意义，并提出了一些宏观路径和策略。最后以大学生为研究对象开展了调查研究，描述了大学生中华民族共同体意识的现状和存在的问题，并提出了高校铸牢大学生中华民族共同体意识的路径和策略。

1

自我与社会认同：群际关系的理论基础

我是谁？我来自哪里？我怎么样？这些问题是我们每个人都在努力回答的问题，同时也是哲学家、神学家、心理学家们自古至今探讨的重要话题。这些问题都可以纳入"自我"和"认同"的范畴之中。人们如何回答这些问题，影响着个体的心理与行为。自我和认同探讨的问题简单来讲就是人们如何认识和感受自己，人们期望成为怎样的人，人们对自己的认识和感受又如何塑造和影响着其行为。

"自我"和"认同"是理解心理与行为的两个重要概念，二者在概念上既相互联系，又有所区别，有时候被交替使用。二者本质上都在回答两个基本问题，即在个体层面回答"我是谁"的问题，在群体层面回答"我们是谁"的问题。相比较而言，"自我"的意义更为丰富，"认同"涵盖于其下，是理解"自我"的重要工具或者策略。强调个体与社会之间的联系时，研究者更多地使用"认同"这个术语。"认同"包括个体认同和群体认同（社会认同）两个方面，二者均属于"自我"的范畴。从心理学的研究历史和传统来看，北美心理学家更多地使用"自我"这个概念，欧洲心理学家更多地使用"认同"这个概念。尤其是社会认同，是欧洲社会心理学研究的优势，产生了丰富的理论成果。社会认同理论是理解社会性自我与群际关系的重要理论之一，也是本书中民族认同与民族关系的理论基础。

自我和认同既是社会互动的产物，也是社会行为的塑造者。"我是谁"这个问题在个体层面的回答结果与个体的身心健康和个人发展息息相关，"我们是谁"这个问题在群体层面的回答结果则与群际关系和社会和谐问题相关，分别对应于个体认同和群体认同（社会认同）。例如，如果一个人认为自己聪明能干，那么他（她）在社会中处处都显得较为自信，也乐于接受具有挑战性的工作任务，这种积极的自我体验让他（她）拥有良好的心理适应性。反之，如果一个人认为自己愚笨无能，那么他（她）在社会中处处都表现出自卑心理，总是避免失败，严重者导致不良心理问题。从群体层面来看，如果个体认为自己所属的某个群体在社会当中的地位较低，那么他（她）可能会采取社会流动策略，努力获得社会地位较高的群体身份或者群体资格；而如果整个群体的成员都认为自己所属群体的不利处境是另一个群体所致，那么可能就会产生群际竞争或群际冲突。可见，自我和认同是连接个体与社会的纽带，人们在社会互动中形成自我和认同，形成的自我和认同又影响个体在社会当中的心理与行为。

作为本书首章，本章主要介绍心理学对自我与认同的理解，着重介绍社会认同及其理论，从而为后面理解民族认同与民族关系奠定理论基础；具体探讨什么是自我和认同，自我和认同的区别与联系是什么，人们是如何形成自我和认同的，自我和认同具有什么心理功能和意义，尤其是社会认同在自我当中的作用及其对群际关系的影响。

1.1　自我与认同概述

自我最早是哲学家、神学家们最为关心的问题之一，这可以追溯到古代（详见 Seigel，2005），从古希腊的柏拉图（Plato）和亚里士多德（Aristotle），到中世纪的奥古斯丁（Augustine）和托马斯·阿奎那(Thomas Aquinas)，到现代理性主义者笛卡尔(Descartes)和经验主义者洛克(Locke)、休谟(Hume)、亚当·斯密(Adam Smith)等人，再到康德(Kant)、黑格尔(Hegel)、马克思(Marx)、詹姆斯(James)、福柯(Foucault)和德里达(Derrida)等。诸如"我是谁""我来自哪里""我的生活意味着什么""我被人所爱吗""我是个好人吗""我能改变吗"等等，都是几千年来人类关于自我和认同所探讨的话题。

那么，什么是自我和认同？自我和认同为什么这么重要？研究自我和认同的心理学家普遍认为，自我既是社会情景的一个产物，也是社会行为的塑造者。理解自己过去是谁、现在是谁、将来会是谁，从而在社会当中选择合适的行为和发展道路，这是一个人自我的重要任务。人们之所以关心自己，想知道自己是谁，是因为他们需要利用这些自我的知识来理解所处的世界。自我和认同影响人们的行为动机，影响人们如何思考，影响人们如何理解自己和他人，影响人们采取的行动以及人们的感受和自我调节的能力(Oyserman, Elmore, & Smith, 2012)。简而言之，人们如何认识自我，影响着其心理与行为，包括对待自己和对待他人的方式。可以说，自我和认同是将个体与社会联系起来的一个纽带，人们在社会当中认识自我，认识自我的结果又影响着人们在社会当中的行为。需要注意的是，虽然我们将自我和认同并列起来使用是因为本质上二者都与回答"我是谁"这个问题有关，但是二者也有着重要的区别，后面我将分开加以论述。

在心理学领域，最早对自我研究做出突出贡献的人物是威廉·詹姆斯(James，1890)。他认为自我是一个人"心理宇宙的中心"，它与个体的心理活动和自我意识息息相关，要全面深刻地理解人类行为，离不开对自我的把握。詹姆斯对自我最重要的贡献在于其提出自我的二元性特征，这为理解自我奠定了坚实的基础。所谓自我的二元性是指，詹姆斯认为自我应该包括"主我（I）"和"宾我（me）"两个方面。主我是指自我当中主动感知、思考的部分，其强调个体作为一个能动者对自己正在进行的思考和知觉的意识，而非个体的生理或者心理过程本身；宾我是指自我中被感知、被注意的客体部分，是一个人对自己是什么样的人的想法，比如通过思考认为自己是一个害羞的人，或是一个聪明的人，等等。

詹姆斯认为宾我包括物质自我、精神自我和社会自我三个方面。物质自我是指与自己有密切关系的事物，那些可以用来承载"我的"所指向的都属于物质自我，包括自我的躯体，与自己具有重要关系的人、物、地点等，比如自己重要的亲人、朋友，自己心爱的电脑、车子，等等。这些物质之所以成为自我的部分，是因为在个体心理上有重要的意义。这些物质对于认识"我是谁"具有重要的意义，因而才会成为人们认识自我的一个方面。

精神自我也可以称为心理自我，它是人们对自己在心理品质方面的认识，是一些看不见摸不着的心理特征，比如对自己的思维、情绪、能力、兴趣爱好等方面的认识。也可以说，精神自我就是一个人除了物质自我和社会自我之外的那些所有能称之为自我的心理独特性认知。

社会自我是人们在社会当中通过他人而形成的对自我的认识，詹姆斯也将其称为社会同一性。根据詹姆斯的观点，社会自我的形成来源于两个方面：一是从社会当中的其他群体如何看待自我（因为"我"不属于那个群体，别的群体成员对"我"的看法就形成了一种社会自我）形成。二是人们如何认识自我在很大程度上取决于自己所扮演的角色，因为社会对不同的角色有不同的期待。故而，在不同的情景当中，我们会展现不同的自我。比如，在父母跟前我们展现作为子女的行为特征，在老师面前我们展现作为学生的行为特征。因此，社会自我与情景性有很大关系，即与在场的其他群体成员或者当前扮演的社会角色有关，社会自我随着情景不断地发生变化。有关社会自我的进一步认识和理论发展，当属社会认同理论的讨论取得了较大的成就，后面详细加以介绍。

在詹姆斯关于自我的讨论基础上，社会学家库利（Cooley，1902）提出了"镜像自我"的概念，其基本观点是认为别人都是我们的一面镜子，人们对自我往往是通过他人来认识的。米德（G. H. Mead）与詹姆斯的观点一致，也主张自我的这种二元性，认为自我既可以作为主体，也可以作为客体；或者自我既可以是"知者（knower）"，也可以是"被知者（known）"。在自我的基本概念的探讨基础上，米德构建了影响深远的符号互动论，精辟地论述了心灵、自我和社会相互作用的机制问题（Mead，1934）。根据库利（Cooley，1902）、詹姆斯（James，1890）和米德（Mead，1934）的观点，自我的关键在于人类的自反性（reflexivity）。所谓自反性，是指人们将自己作为可以被理解的，并且能被标记、分类、评价和控制的对象的能力。展开来讲，这种自反性能力包括三个要素，即人们思考的能力、意识到思考的能力和将自我作为思考对象的能力（Kihlstrom，Beer，& Klein，2003；Lewis，1990）。

在当代心理学中，自我通常被概念化为一组反映一个人的人格特征的认知表征，有时也扩展到包括人格特征之外的东西，比如社会角色和认同（Thoits，1995）。其实，从詹姆斯最早关于自我的类型划分来看，其社会自我当中，就已经包括了认同或者同一性的概念。很多时候研究者把自我和认同交替使用，但从概念从属关系上来看，认同是自我的组成部分，涵盖在自我的范畴之内。自我与认同的主要区别在于：自我是一种由自我反思产生的过程和组织，而认同可以被视为一种工具或者策略，个体或群体通过这种工具将自己分类，并向世界展示自己。所以认同可以被广泛地定义为：人们用来明确自己是谁以及相对于他人定位自己的类别（DeLamater & Myers，

2011)。

　　认同理论(Stets & Serpe, 2013)将认同看作一组共享的意义,用来定义个体在社会中的特定角色和位置(例如,父母和子女、医生和病人、教师和学生的角色身份),这就是所谓角色认同;人们归属和认同的社会群体(例如,民族、宗教、学校、职业认同等),这就是所谓群体认同或社会认同;以及人们用独特的方式来认识自己,认为自己拥有与众不同的特质(例如,擅长运动或数学等),这就是所谓个体认同。一个人在社会当中具有多重的社会角色,归属于不同的社会群体,这种多重性决定了人们往往具有多种类型的认同。社会心理学家对认同的研究充分认识到社会互动和社会结构在认同形成过程中的作用,将认同置于社会情景当中来进行研究,这是其理论所具有的较大优势,下面分别加以介绍,尤其是成为自我和群际关系领域核心理论的社会认同理论。

1.2　认同的理论

　　正如社会心理学存在社会学的社会心理学和心理学的社会心理学两种类型,相应地,社会心理学关于认同的研究取向也可分为两大类,一类是社会学取向的,另一类是心理学取向的,两种取向的研究都为认同的研究做出了重要贡献。社会学取向的社会心理学强调社会的结构性及其与个体行为的关系,认为人的社会生活是结构化的,这种结构影响着人的发展和社会行为的产生。基于这个前提和假定,社会学家已经构建了一些理论来解释社会和个体之间的相互作用,其中有代表性的理论是符号互动论和角色理论,以及在这两个理论的基础上产生的认同理论。符号互动论强调认同是作为个体在社会互动过程中持续的社会建构和协调的结果而涌现出来的。相反,角色理论则更强调社会结构的重要性和影响,以及人们在社会结构中的地位和角色。认同理论综合了符号互动论和角色理论的观点，强调认同的关系性、社会建构和社会结构性本质，并阐述了多重身份在现代社会中的可能性和必要性及其不同的诉求与社会后果，下面分别加以介绍。

1.2.1 符号互动论

符号互动论由美国社会学家米德创立，其主要思想体现在他的《心灵、自我与社会》（赵月瑟译，1992）这本著作当中。在这本著作中，米德基于社会行为主义的基本立场，从进化的观点出发，通过对语言符号的行动分析，精细地描述了心灵、自我在社会背景中的生成与发展，揭示了有机体与环境、"主我"与"客我"、个体与社会之间的相互作用关系。

米德的分析论述从一个客观的社会过程开始，即以人类社会行为的合作性为逻辑起点，借助于语言的媒介，将心灵、自我与社会的概念分析组成了一个完整的逻辑体系。其基本的观点是：心灵和自我均是社会互动的产物，在这个过程中，语言发挥了中介性作用。

符号互动论强调社会互动的重要作用。符号互动论认为，作为一种社会性动物，人是以群体的形式而存在的，人类生命的繁殖以及生活资料的生产都依赖于人类的合作行为。因此，人类的行为即使不总是也经常是社会互动性的。符号互动论重视在社会互动和社会结构中来理解心灵、自我与社会之间的关系。

关于自我的分析，符号互动论认为自我是合作性社会互动中角色扮演的自反性认知活动的结果。即人们通常是通过从他人的角度反思性地审视自己，形成对自我的认识。社会及其结构塑造了社会互动以及自我，但社会也在社会互动中不断地被重新创造，因为人们总是通过别人的期待不断调整自己的社会行为，以符合社会的期待。因此，自我从根本上是社会性和互动性的。

人们在社会互动过程中形成和使用有意义的符号，心灵是以语言为中介的象征性社会行动的产物，自我也通过同样的过程发展。米德强调，意义和象征性符号是与社会互动相互依存的。意义和象征性符号是在社会交往中产生的，也是社会互动顺利进行的必要条件；没有意义和象征性符号，社会互动就会中断。

1.2.2　角色理论

在心理学中，从角色的观点出发来分析和研究人的社会行为，被称为角色理论。角色理论主要包括角色认知、角色学习和角色期待等内容。首先把角色概念引进社会心理学的是米德，他将互动与角色有机地结合在一起，用以研究角色间互动，以此发展了符号互动论的互动机制思想。角色原是戏剧、电影中的一个名词，后来被移用到社会心理学和社会学中，成为一个重要的概念，并派生出相关的概念，比如角色认知、角色学习、角色扮演、角色期待等，这些构成了角色理论的重要组成部分，成为分析人的社会行为的重要工具(丁水木，1987)。

符号互动论强调社会互动与社会人的过程性和协调性，而角色理论则强调社会结构的重要性和影响。作为社会性动物，每个人在社会结构当中都有着特定的位置，角色就是与这个位置有关联的行为模式，它反映着个体在社会当中的特定地位，人们对特定角色的行为也有着相应的期待。人的角色具有多重性，一个人在不同的场合、不同的时间和在不同的对象面前，扮演着许多不同的角色。比如我在学校里是一名大学老师，回到家里我是女儿的父亲、妻子的丈夫、母亲的儿子，在不同的对象面前我的行为是大不相同的。

一个人在社会当中的角色，既有先赋的，也有自致的。比如我是一名男性，这个角色是我生来就有的，是一个先赋角色；而我通过努力获得大学教师资格、成为一名大学教师，这个角色便是自致角色。无论哪种角色，都是一个人在社会化的过程中学习而来的。从个体出生时作为一个与其他动物并无多大差异的"生物人"变为一个"社会人"的过程，就是社会角色的学习过程。在这个过程中，个体逐渐认识到，扮演什么角色就得按照这一特定角色的规范行事，这就是角色意识。

角色意识既是社会对个体的要求，也是个体社会化的结果，这对于规范人们的社会行为具有重要意义。正如衡量一个演员是不是一个好演员，关键是看其是否能够真正进入某个角色当中。在社会当中，每个人也都必须对自己的角色有所认知，按照人们的期待做出相应的行为，否则我们的行为就显得较为怪诞，不被社会所接受，我们就会在社会生活当中遇到种种困难。从古至今，每个社会都会规定基于角色的社会行为规范。比如，我国封建社会的儒家正统就为社会各类角色制定了详尽的行为规范。孔子向齐景公提出的治理国家八字方针——"君君、臣臣、父父、子子"，要求君臣父子各自按照应有之道去做，都要符合角色要求和规范，即"君仁、臣忠、父慈、子孝"。后来汉儒董仲舒在"君君、臣臣、父父、子子"的观念基础上，提出"三纲五常"。"三纲"的具体内容是君为臣纲、父为子纲、夫为妻纲，"五常"指的是仁、义、礼、智、信，这些均是对社会个体行为规范的要求。"三纲五常"成为延续几千年的中国封建社会的道德伦理规范，影响深远。这些角色规范在巩固封建制度、稳定封建社会秩序方面发挥了巨大的作用，其中优秀的传统文化思想在当今社会规范人们的社会行为时仍然发挥着重要的作用。

角色理论对于认同的贡献在于其强调社会结构的重要性，即对自我行为要通过个体在社会当中的位置和角色来理解。具体而言，人们对自我行为的认识是基于自身在社会当中的位置和角色，以及相对应的另一个位置和角色，因为任何角色都不是单独存在的，而是与相关角色结成角色伴侣并在相互作用的过程中存在的。对角色的认识，只有在角色的相互关系中才能更加明确。明确了自己的地位，也就加深了对对方地位的认识，比如教师与学生的关系、父亲与儿子的关系、医生和病人的关系等。

1.2.3　认同理论

认同理论(Stryker，1980；1987)建立在符号互动论和角色理论的基础上，它很好地平衡了二者分析自我与社会相互作用的观点，将社会互动和社会结构的作用同时结合起来分析自我与社会之间的联系。认同理论将"认同"定义为一组内化了的角色期待。其基本假定是：现代社会是一个由相互依存但高度分化的部分组成的复杂而多面的马赛克，社会的这种复杂性结构决定了社会当中的人也具有很大的差异性和复杂性。因此，在社会中人们都拥有多重身份，这是由人们在社会结构当中具有的多重角色关系所决定的。

认同理论整合了符号互动论、角色理论等经典理论，提出了一系列重要的观点，是理解现代社会中的认同的整合性理论。认同理论关于认同的重要洞见体现在对认同特性的把握上。根据认同理论，认同体现出以下五种特性(Simon，2004a；Stryker & Burke，2000)：一是认同的关系性，它反映的是个体在社会当中不同的位置及互动关系，正如角色理论认为人们在社会当中具有不同的位置和角色，人们对自我的认识就是在这种角色关系中实现的；二是社会建构性，即任何一种认同都是在社会中通过社会互动而建构起来的，这是符号互动论的基本主张；三是社会结构性，即强调社会互动是在特定的社会结构中进行的，认同必然反映相应的社会结构特征；四是多重性，它反映的是现代社会当中人的身份和角色的多重性，每个人都是集多重身份于一体的(比如性别、族群、宗教、国家等)，一个人的认同也具有多重性；五是社会后果性，它指的是认同的动机作用，因为形成何种认同塑造着人们的社会互动，引导着个体和群体的社会行为，乃至影响整个社会结构。

从认同理论关于认同特性的讨论我们可以看出，认同是理解自我与社会相互作用的重要工具，它连接着自我与社会。简单而言，认同形成于社会互动和既定的社会结构当中，而一个人形成何种认同又反作用于社会，对社会产生影响。

1.3　认同的心理功能

从认同的各种理论可知，在一定程度上而言，认同是个体的一种基本需要，能够满足人们心理上的一些基本需要。社会心理学家西蒙(Simon，2004b)整合了心理学文献关于认同的功能的观点，总结了认同的五个基本心理功能，即认同能满足个体的五个基本心理需要：归属感需要、区分性需要、自尊的需要、理解和意义性需要、能动性需要。

认同能满足人们的归属感需要。认同首先确认个体在社会当中有一个确定的位置，使其产生"我属于这个社会，我是这个社会中的一员"的意识。群体认同(比如民族认同、学校认同)尤其能够使人们产生这种归属感。想一想，我们是如何向别人介绍自己的？无外乎从我来自哪里、我的工作或学习单位等方面开始，这都是人们在表明自己在社会当中的位置，在满足自身归属感需要的同时，也让别人知道自己所处的位置。

认同能满足人们的区分性需要。认同在确认一个人属于哪里的同时，也就表明了其不属于哪里。认同将自我和他人区分开，使个体知道自己是谁，同时也明确了自己不是谁。群体认同使个体意识到自己与外群体成员不存在共享的自我方面，个体认同使自己与其他个体区分开来。

认同为人们提供自尊，或者说认同是人们获得自尊的重要方式。

认同与自尊的积极关系，并不是说认同本身可以提高人们的自尊。人们之所以从认同当中获得自尊，从群体认同方面说，是因为自己所属的群体受到了社会当中其他群体的尊重，作为其中一员，人们感到自豪，产生自尊。相应地，个体认同之所以为自尊服务，也是取决于我们对于别人对自己的尊重和认可的认知。

认同为人们提供理解和意义性需要。身份作为社会中的一个位置，提供了一个理解社会的视角，从这个视角可以有意义地解释和理解社会以及一个人在其中的位置。群体认同相对于个体认同在这方面更具优势，因为群体认同提供了一个社会共享的视角，并因此通过社会确认过程而得到加强。

认同能满足人们的能动性需要。认同作为一个标志，使人们认识到自己是自身思想和行动的起源，并体验到自己是有影响力的社会能动者。群体认同在这方面尤其发挥了重要的作用，认同某个群体，会让个体觉得一个人并不孤独，而是有群体成员的社会支持可以依靠。同时，人们认同一个群体，就要遵守这个群体的规范，这时候群体认同也会对人们的行为产生约束和限制。

1.4　社会认同理论

人是以类别化或范畴化的形式存在于社会之中的，群体性是人类社会生活的核心，每个人在社会当中均属于不同的群体。比如，我们在家庭中长大，在学校中接受教育，在单位或组织中工作，我们属于不同的职业群体，归属于不同的民族和国家等，并对它们产生相应的认同。我们所属的群体尽管在规模、功能、实体性和凝聚力、存在时间等方面有很大的差异，但是影响着别人如何认识我们，也影响着我们如何看待我们自己。群体影响着我们是何种类型的人，影响着我们所做的事情，影响着我们持有的态度和价值观，以及影响着我们如何感知和回应我们周围的人。可以说，群体为我们提供了一种身份或认同，成为定位自我和他人关系的一种方式。社会认同理论家认为，我们的自我意识很大程度上是源于我们所属的群体和社会类别的，在许多方面，人的个性可能"仅仅"是定义"我们是谁"的不同群体或类别的独特组合（Hogg，2001）。群体和分类是如何影响自我和认同的？反过来，群体性自我又是如何影响群体过程和群际关系的？社会认同理论为我们提供了很好的解释。

社会认同理论是由泰弗尔（Henri Tajfel）、特纳（John Turner）和他们的学生于20世纪70年代和80年代早期在布里斯托尔大学提出的。在埃里克森（Erik H. Erikson）关于个体认同的探讨的基础上，社会认同理论进一步区分了集体自我（即群体或社会认同）和个体自我（即个体认同）。集体自我与群体资格、群体过程和群际行为相关，个体自我与密切的个人关系和个人特质相关（Tajfel & Turner，1979；Turner，1982）。社会认同即群体认同，作为集体自我，它是根据群体内成员的共同性和不同群体间成员的差异进行自我定义和评价的。社会认同和群体心理与行为相关联，比如种族中心主义、群际偏见、群际歧视、从众、刻板印象和群体凝聚力等。个体认同作为个体自我，则是根据一个人不同于其他人的独特属性或与其他人的密切关系进行定义和评估的（Hogg，2012a）。根据前面关于认同特性的讨论，无论个体认同还是社会认同，它们都是在社会当中建构起来的。建构起来的个体认同与个体之间的人际行为相关，社会认同与群际行为相关。社会认同理论主要关注的就是群体过程和群际关系，前者即心理上的群体是如何形成的，形成的社会认同又如何影响群际行为。

通常所说的社会认同理论其实是指泰弗尔和特纳（Tajfel & Turner，1979）提出的群际关系的社会认同理论（SIT），以及特纳及其合作者提出的群体的社会认同理论——被称为自我归类论（SCT）

(Turner, et al., 1987)。群际关系的社会认同理论主要关注社会认同在群际冲突与和谐中的作用，属于动机性理论，它主要解释了为什么人们产生内群体的偏爱和外群体的歧视；群体的社会认同理论即自我归类论则关注与社会认同现象相关的社会认知过程，即人们是如何形成心理上的群体的，属于认知性理论。社会认同理论(包括群际关系的社会认同理论和自我归类论)之所以成为社会心理学非常具有影响的理论，是因为其很好地捕捉了人类行为的社会嵌入性、情景性、社会性和群体性的特点，注重在社会情景或者群体情景中理解人们的心理与行为，这是社会认同理论区别于其他理论的核心。下面分别进行详细的介绍。

1.4.1　群际关系的社会认同理论

知觉增强效应

群际关系的社会认同理论思想源于泰弗尔对知觉增强效应的研究。泰弗尔提出并证实，人们在对事物和他人进行分类时，会在他们认为与类别有关的维度上，在知觉上增强类别内部的相似性和类别之间的差异，此即所谓知觉增强效应。例如，泰弗尔让被试判断八条线段的长度，这八条线段长短不等，其中四条稍长，四条稍短，四条稍短的线段被标为"X"，四条稍长的线段被标为"Y"。被试的任务是判断这些线段的长度。研究发现，标有"X"的线段和标有"Y"的线段之间的差异被明显地增强了，被试也倾向于高估同一类线段(即"X"类或"Y"类)之间长度的相似性。而如果标签"X"或"Y"与线段的长度没有关系，则不会出现增强效应(Tajfel，1959；Tajfel & Wilkes，1963)。

泰弗尔认为，这种增强效应不光发生在对物理刺激的知觉中，也发生在对社会刺激(即人)的知觉中，是一种普遍的知觉心理效应。比如，研究者给被试呈现一系列面部图片，这些图片是一个续谱，从纯种的白人向纯种的黑人过渡。研究者要求被试对每张脸在面容和心理上与黑人的相似性程度进行排序。结果发现，被试会以他们自己的标准将图片分类为黑人和白人，判断时在类别内部增强相似性，而对于落入两个不同类别的图片则增强了它们之间的差异性（Secord，1959）。泰弗尔进一步提出了放大这种增强效应的几个原则或条件（Tajfel，1959；Tajfel & Wilkes，1963）：（1）当人们所作判断的维度在主观上是重要的（如智力），这种效应会被放大；（2）分类在主观上是重要的（如族群）；（3）自己是其中一个类别的成员；（4）知觉者很少有其他身份，或者很少有其他有利的类别身份。其他研究证实了这些知觉增强效应的原则，这些原则既适用于物理刺激，也适用于人（Eiser & Stroebe，1972；Taylor，Fiske，Etcoff，& Ruderman，1978）。

泰弗尔对知觉增强效应的兴趣在于探索刻板印象和偏见的认知方面，基于知觉增强效应的研究认为，认知偏差（即知觉增强效应）是刻板印象的基本认知因素。根据定义，刻板印象是"某个属性与一个社会类别相关联"的一种信念（Hamilton，1979）。那么，社会分类过程就在知觉上增强了刻板化的类别内的相似性和类别间的差异性，由此导致不同群体的人们刻板化地看待彼此。

最简群体实验研究范式

社会分类能够自动化地产生知觉上的增强效应，它是否也可以产生行为上的歧视呢？泰弗尔试图验证这一假设，并创造性地提出了最简群体实验研究范式（Tajfel，Billig，& Bundy，1971）。所谓最简群体是指：在实验中，被试被告知他们被按照某种标准分配到两个小组（即小群体）中，事实上分组是随机的，或者分组的标准是与群体分类无关的。比如，实验者给被试一个任务，让其判断屏幕上散点的个数，然后实验者以判断"高估者"和"低估者"将被试分为两组，被试的任务是把分数（奖励）分配给自己所在组（内群体）的一名成员(不包括自己)和另一组(外群体)的一名成员。与真实的社会分类相比,采用最简群体范式操作形成的群体有如下特点:(1)新的社会分类(群体)是随机生成的;(2)完全匿名,人们与新的内外群体成员之间没有面对面的互动;(3)分类不涉及被试的自我利益,形成的内外群体之间不存在竞争、接触期待和互惠动机等(温芳芳,佐斌,2018)。由于最简群体的这些特点,被试被期待在分配的分数上不存在内外群体差异。

但是,实验结果出乎预料的是,即使这样简单地将人们分为不同的群体,非常小的条件也足以引起群体偏爱:被试体现出系统性地给内群体成员分配比外群体成员更多分数的倾向。这种效应后来被称为"纯粹分类"效应。这说明,仅仅是把个体划分为群体的行为就会让人们从"我们"和"他们"的角度来看待自己和他人,并足以诱导他们对内群体成员和外群体成员做出不同的行为,即群际歧视行为。尤其重要的是,这一发现与当时占据主导地位的群际关系理论——现实冲突理论的观点完全不一致。该理论也以其经典的实验研究得出结论:群体之间的冲突源于对稀缺资源的竞争(Sherif,1967)。但是,如上所述,这一结论明显没有体现在最简群体实验研究中,因为最简群体不存在群体之间的竞争因素,仅仅是进行了分类而已。随后,泰弗尔和特纳共同提出了社会认同理论,旨在指出有时候人们是作为群体成员而不是作为个体来做出行为。

基本观点

最简群体实验研究的结果使泰弗尔区分了社会认同和个体认同,这两种认同分别对应着群体(群际)过程和个体(人际)过程,是两种性质完全不同的行为。泰弗尔将社会认同定义为:"个体认识到他属于特定的社会群体,同时也认识到作为群体成员带给他的情感和价值意义。"泰弗尔认为,社会认同不仅是人们对作为一个群体的成员的认知,以及定义该群体身份的一些属性,还包括对该群体的情感依恋，以及对该群体相对于其他群体在社会当中地位的认知(Tajfel，1974)。

社会认同理论的核心假设有三个方面：一是主张个体将群体身份内化为他们的自我概念中重要的组成部分，他们将努力在内群体和相关的外群体之间进行有利的比较，以便获得或保持积极的社会认同；二是正如最简群体实验研究结果所示，主张社会分类足以造成群际歧视和群际冲突，数以千计的最简群体实验研究证实了这一观点，分类导致人们更加认同和偏爱自己所属的群体；三是主张人们为了寻求积极的社会认同，可能采取不同的社会策略，社会认同理论提出了社会流动、社会创造和社会变革三种策略，个体采取哪种策略取决于其对社会结构特征的认知。

社会认同理论的贡献也有三个方面：一是描述和解释了社会认同形成的心理过程；二是提出了人们实现积极的社会认同的三种策略(社会流动、社会创造和社会变革)，尤其是低地位社会群体如何实现积极的社会认同；三是揭示了社会结构特征与人们采取的应对策略的关系，并且对社会结构的关键特征进行了说明。下面我们分别来对这三个方面进行介绍(详见 Ellemers & Haslam，2012)。

社会认同形成的心理过程

社会认同主要经过社会分类、社会比较、社会认同三个过程。社会分类是指人们根据共享的相似性将自己和他人区分为不同群体类别的一种心理过程。社会分类通常是自动化进行的，即人们自动化地将自己或他人归入相应的社会类别当中。从有限的社会类别来认识个体，好处是为人们提供了一种组织社会信息的方式，有助于理解和预测人的行为。当人们被归入相同群体的时候，他们被认为共享着重要的相同特征，而其他群体的成员则不具有这种特征。正如前文所述，知觉的增强效应也出现在对人的社会分类中，即社会分类导致的基本结果就是使人们将焦点放在同一群体内个体的相似性和不同群体间个体的差异性上，增强了群体内的相似性知觉和群体间的差异性知觉，这就是所谓自我刻板化。当人们被归入某个类别时，个体被更多地从定义群体的特征来看待，而其独特的个人特质则被忽略了。

社会分类决定个体如何被划分为群体，而社会比较是对群体特征进行解释和评价的过程，它决定每个群体与其他相关群体的区别。社会认同理论认为，个体有一种获得自尊的基本动机，这种动机的满足是在群际背景下，通过社会比较，在那些内群体有积极表现的维度上，将内外群体之间差异最大化而实现的。因此，社会认同理论重视社会比较在社会认同形成过程中的作用。

社会认同不仅仅是个体意识到自己可被包括在某个社会类别内，还应该包括群体身份对于自我的重要情感意义。社会分类和社会比较协同作用形成社会认同，这也是社会分类不同于物体分类的关键原因，因为自我被包括在一个社会群体当中，被排除在另一个社会群体之外（Tajfel，1974）。个体所属的群体在社会当中的地位对于个体有重要的意义，如果所属的群体在社会当中具有较高的荣誉或经济地位等，个体会产生积极的自我体验，为属于这样的群体而感到自豪和骄傲，对群体产生情感上的归属感和依恋感。而如果所属的群体在社会当中的地位较低，个体则会产生消极的自我体验，这时个体或者群体会采取相应的策略来加以改变，维持积极的社会认同，这是社会认同理论的另一重要方面。

社会认同与自尊

早期社会认同理论研究主要关注和证实社会分类导致群际歧视，20世纪90年代开始转而研究为什么人们倾向于从群体水平来定义自我而不是从个体水平来定义自我，或者人们为什么会努力进行群际区分并追求积极的社会认同。社会认同理论认为，人们由于自我提高的基本需要，会通过群际差异化来建立和维持积极的社会认同，由此产生两个推论：一是成功的群际歧视能够提高人们的自尊；二是受到压制或者威胁的自尊能够增强群际歧视（Abrams & Hogg，1988；1990）。这就是所谓自尊假说。大量研究将自尊要么作为自变量，要么作为群际差异化的效应进行验证。

但是，由于概念操作和方法上的问题，研究结果并不一致，有的研究验证了自尊假说，有的研究没有验证。比如，在概念上，研究者在研究过程中可能混淆了个体自尊和群体自尊；或者研究者将群际歧视作为对自尊受到威胁的反应，而可能忽略了可选的其他应对策略，因为人们可能通过其他的个体水平或者群体水平的策略来建立积极的社会认同（Turner & Onorato，1999）。基于对自尊在社会认同过程中的作用的研究文献回顾（Abrams & Hogg，1988；1990），研究者得出了以下结论：(1)关于自尊假说的研究需要区分基于个体身份的自尊和基于群体身份的自尊，即个体自尊和群体自尊；(2)自尊和群际行为之间的关系可能受到其他变量的影响，如自尊的极端性，人们对群体的认同程度，以及群体及其成员感觉受到威胁的程度；(3)受压制的自尊不能一致地预测认同，但认同确实能提升自尊。最后，研究者得出结论：尽管自尊动机和群际行为之间的关系存在不一致，但毫无疑问的是，通过积极的社会认同进行自我提升在群际行为和社会认同过程中起着关键作用。也即，确定的结论是：社会认同可以提升自尊，但是自尊不一定影响社会认同（Hogg，2012a）。

群际关系和社会认同管理策略

社会认同理论建立在特定的假设基础之上，主张社会是由一些社会类别构成的（比如民族国家、种族和族群、宗教、职业、性别、阶级等），社会类别与权力和地位关系是相关的。权力和地位关系指社会中的一些类别比另一些类别拥有更大的权力、更高的声望和地位，比如美国社会当中的白人比黑人具有更高的社会地位。需要指出的是，社会类别不是孤立存在的，一个类别要有意义，通常是在与其他类别相比较的时候产生的。

既然社会分类本身就与权力和地位有关，即不同的社会群体在社会当中具有的权力和地位是不同的，那么这就会影响人们的社会认同。显然，处于较高地位和具有优势的群体为自己所属群体感到自豪和骄傲，产生积极的社会认同，维持着积极的自尊，希望保持和延续现存的地位和社会结构。而处于低地位或者在社会当中受到贬损的群体，则会采取相应的策略来提高积极的社会认同和自尊。

社会认同理论提出，处于低地位的社会群体通常会采取三种策略（社会流动、社会创造和社会变革）来保护或者提高积极的社会认同，采取何种策略取决于人们对群际关系性质的信念，即社会认同理论所称的主观信念结构。这些信念包括人们对群体边界可渗透性的信念，对群体地位和群体关系的合法性和稳定性的认知。

可渗透性是指个体作为一个独立的行动者是否能够从一个群体的成员转变为另一个群体的成员的一种信念，即从 A 群体的人变为 B 群体的人。我们可以看到，社会当中有些群体边界具有可渗透性和可穿越性，而有些群体边界往往不具有这种特性。比如一个人可能会更换不同的俱乐部身份，或者换一支球队，取得自己认为更好的群体的身份，但是性别和族群边界往往可渗透性就较弱，一般不大可能轻易改变这些群体身份。可渗透性信念影响个体采取个体策略还是群体策略。如果认为群体边界具有可渗透性，个体往往采取个体水平的策略；如果认为群体边界不可渗透和穿越，个体就可能会采取群体水平的策略，比如社会创造和社会变革。

群体地位的稳定性指群体之间的差异是固定不变的还是可以变化的。群体之间的差异，有些被视为不固定的、可以改变的，而有些随着时间的推移会被认为更加持久和稳定。比如，男性运动员和女性运动员在体力、忍耐力上具有明显的差异，这种差异是很难改变的。而像社会当中的不同族群、阶层之间的差异，人们可能会认为这是历史发展或者机会差异所导致的，而不是群体之间本质的、内在差异所导致的。群体地位的合法性是决定变革的道德信念，群体边界的可渗透性和群体地位的稳定性则对感知到变革的机会造成影响。

　　具体而言，当处于低地位的群体成员认识到社会地位的差异是稳定的也是合法的，同时看到群体边界具有可渗透性和可穿越性，他们会采取社会流动策略。社会流动是一种个体水平的策略，在这种策略下，人们可能会寻求逃避、避免或否认自己所属的低地位或被贬损的群体，即他们在心理上不认同他们所属的群体，并试图获得具有较高社会地位的群体资格。比如移民国家的移民，由于其族群在主流社会（本书国内国外语境中的"主流社会"都是相对于少数族群而言的，指以主体民族或者主流群体成员为主的社会，主要是基于人口比例而言的）当中具有较低的社会地位，为了提高社会地位，他们会非常努力地追求更好的教育，获得更好的职业身份，融入主流社会当中。可见，社会流动是群体内的个别成员通过个人努力而改变自己在社会当中的地位，但是对于群体而言，并没有发生更多的改变。有时候社会流动的困难，比如内群体反对、外群体不接受，会导致社会流动不成功，从而使个体成为被边缘化的人。对于占据主导地位的优势群体而言，宣传和倡导社会流动是有利于他们自身利益的。

　　如果低地位群体的成员意识到群体之间的边界僵硬、不可改变和难以渗透，他们不能穿越，也就是说他们不能简单地放弃或摆脱自己所属的低地位群体身份，也无法获得高地位群体身份，这时候个体水平的社会流动策略就无效了，只能诉诸群体策略。群体策略主要包括社会创造和社会变革两种类型。

　　低地位群体的个体如果在认知上找不到一个替代物，即不能设想出还有其他可能的社会安排以替代既存的社会安排，就会采取社会创造策略。社会创造策略指低地位群体成员试图通过内群体具有优势的积极特征来重新定义自我或者进行社会比较。具体方式可以分为三种：一是低地位群体选择在其他维度与优势群体进行比较，比如内群体成员在经济地位、学业成就水平上相较优势群体处于劣势，就可以避免从这个维度来进行比较，而是在群体团结、凝聚力上进行比较，如认为他们更为团结、更具凝聚力，以此来维持积极的社会认同和自尊；二是进行"向下比较"，即低地位群体可以选择其他社会群体进行比较，这也就是常说的"比上不足，比下有余"；三是重新定义负面的群体特征，比如 20 世纪 60 年代美国黑人喊出"黑即是美"的口号。社会创造策略可能有助于人们应对他们在社会中被贬低的地位，从而有利于心理健康，但它实际上并没有解决问题或改变现状，也没有改善群体的客观结果。

当低地位群体认为当前的社会地位是不合法的，不再将其看作是不可改变的和稳定的，认为有更好的方式和安排来改变现状，即他们在认知上有了一种可以改变现状的替代物，这时候低地位群体与优势群体之间就会出现社会变革。社会变革的方式可能是合法的示威游行，也可能是社会革命、暴力恐怖主义、战争等。社会变革往往会付出较大的代价。

1.4.2　群体的社会认同理论——自我归类论

群际关系的社会认同理论的重要贡献在于解释了人们为什么会产生内群体的偏爱和外群体的歧视行为，其主要实际用途是分析处于低地位的社会群体会采取何种方式来应对不平等的社会地位。作为泰弗尔的学生，特纳在群际关系的社会认同理论的基础上提出的自我归类论是社会认同理论的进一步发展。自我归类论也被称作群体的社会认同理论，它主要是从认知的角度（自我归类过程）解释了心理群体的形成过程及其对群际关系的影响。具体而言，自我归类论认为人们既是个体也是群体的成员，它主要解释了人们什么时候将自己视为一个个体，其他时候又将自己视为群体的成员，即从个体自我到群体自我的转变过程，以及这种转变过程对心理与行为的影响。

自我归类论采用的依然是最简群体研究范式，但是其关注的问题与社会认同理论不同。社会认同理论主要关注的是为什么被试在最简群体范式中会产生群际歧视，即给自己所属的群体分配更多的好处，产生内群体偏爱。而自我归类论关注的问题是为什么被试认同"最简的"群体，并以能反映出这种群体身份对他们的重要性的方式行动。我们首先来看一下社会认同理论发展的简短历史。

在早期的研究中，泰弗尔提出社会认同的概念来解释最简群体实验中表现出来的群际现象：他认为人们都有一种获得积极的社会认同的需要，这种积极的社会认同是通过与其他相关群体相比较建立起来的有价值的独特性而获得的，这种区分性导致了群际歧视，即产生内群体的偏爱和外群体的歧视（Tajfel，1974）。后来，在系统分析了社会分类在群际关系中的作用的基础上，泰弗尔进一步提出了"社会分类—社会认同—社会比较—积极独特性"的理论框架来分析群际关系（Tajfel，1978）。这个序列展开来讲就是：首先，社会分类确定人们在社会中的位置，个体将这种社会类别连同其带来的情感和价值内化到他们的自我当中，为人们提供社会认同；其次，个体在其认为重要的社会价值维度上与其他社会群体进行社会比较；最后，这种社会比较为其所属的群体提供积极的、有价值的独特性。在特定的条件下，这种获得积极独特性的动机就导致群际行为，即内群体的偏爱和外群体的歧视行为。为了分析这一过程，泰弗尔将人类行为视为一个连续的统一体，其一端由人际行为构成，另一端由群际行为构成（Tajfel，1978）。泰弗尔将这个连续的统一体称为

"以自我的方式行动"和"以群体的方式行动",这就是人类行为的个体水平和群体水平。个体水平的行为具有很大的变异性,而群体水平的行为和态度具有统一性。

在泰弗尔有关人类行为连续统一性的分析的基础上,特纳对人际行为到群际行为的转变的心理过程提出了一种因果分析。这种分析也是自我归类论形成的标志,更为具体地说,这是关于个体认同和社会认同的区分。特纳认为一个人的自我概念包括定义自我的个体认同和社会认同两个方面(Turner,1982)。个体认同指的是在人际或群体差异方面作为一个独特的个体的自我定义,而社会认同指的是在内外群体差异方面作为一个群体成员的自我定义。社会认同理论具体化了个体认同和社会认同的前因后果,可以解释人际行为和群际行为,也可以解释行为从一种形式过渡到另一种形式。特纳认为,当人们把自己和他人视为同一个类别的成员时,他们会产生与这个类别相关的自我刻板印象,倾向于认为自己与定义这个类别的属性更相似,这个过程被称为去个性化。正是这种在认知上对自我的重新定义,即从独特的属性和个体差异到共有的社会类别身份和相关的刻板印象导致了群际行为(Turner,1984)。

自我归类论的基本观点

自我归类论的基本观点和主张可以归纳为以下三个方面(Turner & Reynolds,2012)。

第一,与社会认同理论的基本主张一样,自我归类论认为人同时具有个体和群体的双重属性,即人不仅是作为个体而存在的,也是以群体的方式存在的。人的思想也不仅是关于个体方面的,也有关于群体方面的。人既作为个体又作为群体成员,因而定义自我就应该包括个体认同和社会认同。对个体认同和社会认同的区分也是自我归类论的逻辑起点。

当两个或者更多的人根据某些共同的内群体—外群体类别来知

觉和定义他们自己时，心理上的群体就形成了，也即人们从群体的角度来定义自我，这就是所谓去个性化的过程。去个性化的过程就是自我刻板化的过程，在这个过程中，人们开始更多地把自己看成是某个社会类别中可交换的范例，而不是由他们不同于他人的个体差异所确定的独特个体。这个过程增加了自我与内群体成员之间的相似性、等价性和可交换性，同时也增加了知觉到的内群体成员与外群体成员的差异性。去个性化的过程是决定群体现象的基本过程，群体现象包括社会刻板印象、群体凝聚力、种族中心主义、合作和利他主义、集体行动和社会影响等。相反，根据特殊的个人身份、个人与他人的差异和独特的个体属性来定义自我，就产生了"个体行为"。

第二，人们可以在不同的抽象层次上定义或进行自我归类。自我归类论认为至少有三种抽象水平的自我归类：一是作为人类的高级水平，自我归类基于一个人作为人类的认同；二是基于人类之间的社会相似性和差异性，把一个人确定为某些社会群体而不是其他社会群体的一员；三是基于一个人作为独特的个体与其他内群体成员之间的区别，这一区别把个人确定为特定的个体。这三种水平分别确定了一个人的"人类的""社会的""个人的"认同。无论何种认同都是基于比较而形成，即通过物种之间、群体之间和个体之间的比较而建立起来。在特定的情景当中，何种认同被建立起来，取决于类别的凸显性，这是自我归类论的核心贡献之一。

第三，认同除了具有上述在抽象水平（人类、社会和个人）上的差异性外，还有一个重要的特征——"多重性"。一个人在社会当中往往同时具有多重的群体身份，归属于不同的社会群体。在特定的情景当中，特定的自我归类和社会认同是如何形成的？这涉及身份的显著性问题。显著性指的是，在某些条件下，某些特定的群体成员身份在自我知觉上会变得具有认知优势，马上就会影响到群体知觉和群际行为。自我归类论认为，身份的显著性取决于相对易取性和相符度这两个因素。所谓易取性是指把具有特定性质的一个刺激输入按照某个类别进行编码或确定的敏捷性，类别的易取性越高，激活相关类别所需要的输入就越低，被认为符合类别标准的刺激特征的范围就越广，而且符合刺激输入的其他易取性较低的类别就越可能被掩盖。易取性受到人们的一般价值观、当前目标和动机、先前的经历等因素的影响。相符度指的是事实实际上匹配标准的程度，这些标准界定了类别，其实也就是当前的刺激与人们大脑中某个类别原型的匹配程度。

自我归类论与社会影响

群体最明显的特征之一是人们受到群体规范的影响，因此他们通常会遵守群体的社会规范。自我归类论最为重要的一个应用就是分析人们的反应、态度和行为是如何受他人影响的。人们进行自我归类后，在心理上形成"我们意识"，产生"我和群内成员具有很大的相似性"的意识，"我们"会对相同的刺激情景作出相同的感知和反应，这种相似性感知导致人们倾向于形成共识，达成一致。

自我归类论的提出者特纳（Turner，1987）具体分析了人们受社会影响的过程和阶段，这里主要指的是受到内群体成员的影响。第一，通过自我归类，个体将自己定义为一个独特社会类别的成员；第二，他们学习并形成与类别成员相关的适当的、预期的、理想的行为，并将其与其他类别区分开来；第三，他们通过去个性化和自我定型的过程，把所属群体类别的规范和属性加以内化；第四，这导致人们的行为变得符合群体规范，因为他们的类别身份更加凸显。

那么，当自己的意见和群内其他人不一致的时候人们会采取何种策略呢？特纳（Turner，1987；1991）也提出了一些策略，以应对与被定义为"相似"的其他人（即内群体成员）意见不一致的情形。这些策略包括：一是改变我们自己的观点，与群体观点保持一致；二是试图通过相互影响的过程使其他成员采取不同的立场；三是将内群体成员重新归类为外部群体；四是澄清刺激情况，即确保提及同一事物。根据自我归类论的思想，只有人们在一个共同内群体框架内，观点上的差异才能通过讨论、澄清和相互影响来加以解决。通过这些过程，内群体成员重新定义"我们是谁"和"我们做什么"来塑造彼此的规范、价值观和信念(Turner & Reynolds，2012)。

1.4.3　自我不确定性——社会认同理论的发展

社会认同理论强调自我提升需要在社会认同过程中扮演的角色，自我归类论描述群体心理形成的认知过程，最近作为社会认同理论的衍生理论——自我不确定性理论(Hogg，2007a；2012b)，则进一步回答了另一个问题，即"人们为什么需要进行自我归类"。

根据自我归类论的描述，每个人的一生中都面临着诸多不确定性，我们很少能完全确定我们在世界当中的感知和理解。比如，关于我们自己的想法和感受，他人会如何对待我们，我们应该如何在社会中行事，我们是什么样的人，我们的身份和认同是什么，等等。因此，这就决定了我们生活中最大的任务之一就是解决遇到的不确定感，以便在认知上建立一个相对确定的世界，一个可以被我们预测的世界。在这个确定性的世界里，我们才可以可靠地规划自己，避免伤害，实现我们的目标。因此，认知上的不确定感，尤其是对个体非常重要的事情，或者反映我们自己是谁的本质问题，促使我们参与旨在减少、抑制或抵御自我不确定性的认知活动和行为(van den Bos，2009)。

社会认同和自我归类被认为是减少自我不确定性最有效的方式(Hogg，2012b)。当我们把一个人归类为一个特定群体的成员时，我们就给这个人赋予了这个群体的原型的属性。我们从这个群体的原型的角度来看待他，不是将其视为独特的个体，而是将其视为典型的群体成员，这个过程就是去个性化的过程。当我们对他人进行分类时，无论是内群体成员还是外群体成员，我们都会对他们产生刻板印象，对他们的想法和感受以及他们的行为方式也有预期。当我们对自己进行分类时，发生的过程也是一样的，我们给自己赋予所属群体的属性和特征，自动化地形成刻板印象，遵守群体规范，改变自我概念，形成群体性自我。

社会认同在减少自我相关的不确定性方面之所以非常有效，是因为它给我们提供了一种"我们是谁"的感觉，明确了我们应该怎么想，怎么感觉，以及怎么做。自我归类与对他人的分类是不可分割的，明确"我"属于哪个群体，即明确了"我"不属于哪个群体，所以它也减少了对外群体成员行为的不确定性以及预测社会互动将如何进行。它还提供了世界观和自我意识的一致有效性，这进一步减少了不确定性。因为在群体倾向于拥有相同的"我们"原型和相同的"他们"原型时，我们对他人基于原型的行为的期望通常会得到证实，我们的同伴同意我们的看法、信念、态度，重视并认可我们的行为方式。

自我不确定性理论的观点表明，高度实体化的群体是独特的，有清晰、明确和共享的原型，在减少不确定性方面具有很好的作用。因此，当人们自我不确定时，他们最强烈地认同这些类型的群体（Hogg，Sherman，Dierselhuis，Maitner，& Moffitt，2007）。这一观点被延伸到由个人、社会和全球不确定性导致的更极端的自我不确定性，已被用来解释狂热和极端主义（Hogg，2005；2012a）、专制领导（Hogg，2007b）、宗教激进主义（Hogg，Adelman，& Blagg，2010）和青少年冒险行为的吸引力（Hogg，Siegel，& Hohman，2011）。

1.5 总结

自我和认同是理解心理与行为的重要工具，尤其认同是连接个体与社会的纽带，扮演着中介的角色，即人们在社会互动当中建构特定的认同（包括个体认同和社会认同），建构何种认同，又通过社会行为反作用于社会，对社会产生影响。群际关系的社会认同理论（SIT）和群体的社会认同理论（自我归类论，SCT）都是关于社会性自我的理论，二者相互补充，共同构成了社会认同理论的基本理论框架，既对自我的研究产生重要影响，也成为群际关系领域最为重要的解释理论。社会认同理论主张社会认同是自我概念的重要方面，着重从群体的角度来认识自我，这与北美个体心理学有重要的差别。

群际关系的社会认同理论强调人们都有一种获得积极社会认同的需要，为了获得这种积极的认同，就要在群际之间进行社会比较，在有利于自我的方面作出积极的评价，从而产生内群体的偏爱行为和外群体的歧视行为。群体的社会认同理论，即自我归类论则着重描述人们从个体自我到群体自我转变的认知过程，这个过程就是自我归类的过程。自我归类的过程就是人们在特定情景中根据内群体和外群体的差异形成心理上的群体，即人们从定义群体的属性（包括内群体和外群体）来看待自我和他人，从而发生去个性化现象，个体将自我概念从个体认同转变为群体认同，进而产生典型的群体心理和群际行为，如民族中心主义和群际区分、从众和规范行为、对内群体和外群体的刻板印象、对领导者的尊重等。自我不确定性理论在自我归类论的基础上，又回答了另外一个问题，即"人们为什么需要进行自我归类（即社会分类）"。这是因为人们要减少认知上的不确定性，而自我归类将人们区分为不同的社会群体，是减少不确定性的一种最有效的方式。而当一个群体的自我不确定性不能很好地减少时，就会产生心理上的矛盾和冲突，导致群体暴力和极端主义。自我不确定性理论，包括社会认同理论，已经成为当代社会心理学分析极端主义的重要理论。

民族认同：概念、意义
与功能

提及民族认同，有些人首先将民族认同与少数民族相联系，将民族认同与国家认同、民族分离主义相联系，这些都是对民族认同的片面理解，窄化了民族认同的内涵与意义。本章的主要目的就是让读者全面了解民族认同的概念、意义和功能。为探讨这些问题，本章分八个部分逐一展开。

第一部分首先对三个容易混淆的概念进行了简单的界定，这就是种族、族群和民族。简单来讲，种族是基于生物因素而进行的分类，族群是基于文化因素而进行的分类，而民族则与国家相联系，多指民族国家，民族即国家。本章中的民族认同，主要是指国内各民族的民族认同，因而本章中的"民族"实则对应于西方的"族群"这个术语。但由于国内习惯用"民族"，本章仍然使用"民族认同"这个表述。

第二部分对民族认同及其成分进行了全面的分析。民族认同是多民族社会中个体对其所属民族身份的确认和情感上的归属感，并认识到民族身份对自身的价值和意义。民族认同的主要成分包括：自我归类（比如"我是一名藏族人"）、探索（了解自己民族的文化与历史等）、投入或归属感（在情感上对所属民族的归属和依恋感）、民族态度（包括对本民族的态度和对其他民族的态度）、民族行为（能表达民族认同的行为)、民族认同的重要性(民族身份对个体重要性的感知)、文化价值观和信念,以及民族认同和国家认同的关系等。

第三部分是民族认同的操作化。民族认同的操作化,主要是基于两个理论,即认同的发展理论和社会认同理论。前者强调认同的发展阶段和状态,后者强调认同的动机和重要性,两者均指明认同是一个人自我当中的重要部分,对个体的成长和发展具有重要的影响。社会心理学家集成了这两个理论的核心观点,主要从探索和承诺两个维度对民族认同进行测量。探索主要是指个体对所属民族的文化、历史、宗教、习俗等方面的学习和了解,承诺主要是指个体对所属民族在情感上的归属感和依恋感,这两个维度测量了民族认同的核心成分。根据个体探索和承诺的水平,能够将个体的民族认同置于模糊、早闭、延缓和获得四种状态或者四个阶段。

第四部分是民族认同的形成与发展,主要探讨了民族认同形成的年龄,以及随着年龄增长,民族认同发展的趋势与特征。国内外研究表明,儿童大概在四岁就已经产生民族认同意识,表现为已经具有民族分类意识并产生内群体的偏爱行为,而且随着年龄的增长,民族认同趋于稳定。从发展心理学的视角来看,民族认同是多民族社会儿童和青少年自我发展的重要组成部分。处于不同民族认同发展状态的个体,其心理健康水平存在显著的差异。

第五部分是民族认同与文化适应。民族认同形成于多民族社会背景中,单一民族社会背景中不存在民族认同的问题。民族认同的本质是文化认同。一个具有民族认同的个体,进入异文化社会中,就会面临处理本民族文化与异文化之间关系的问题,这其实就是一个文化适应的过程。一般而言,个体在异文化社会中所采取的文化适应策略主要有四种,即同化策略、分离策略、边缘化策略和整合策略。相比较而言,整合策略是一种理想的文化适应策略,主要有两个方面的好处:一是采取整合策略的个体对本民族的文化有着积极的认同，也对异文化持有积极的态度，很好地整合了两种文化，成为一个双文化者，因而在异文化社会中有着很好的社会适应性，维持着积极健康的心理状态；二是整合策略也有助于跨民族的交往与和谐民族关系的建立，因为采取整合策略的个体对本民族有积极的认同，同时对其他民族也持有积极、开放的态度。

第六部分是民族认同与心理健康。民族认同之所以与心理健康有着联系，主要是因为民族认同是自我当中的重要组成部分，是个体认识自我的重要方面，它能够满足人们对归属感的需要，是自尊的重要来源。个体如何看待自己的民族身份，以及他人对自己民族的态度与行为，都会影响到个体的自尊，而自尊是心理健康的核心指标，即民族认同影响心理健康水平是通过影响自尊而发挥作用的。相比较而言，民族认同对少数民族成员的影响要远远大于对主体民族成员的影响，因为民族认同对少数民族更为重要，少数民族面临着处理本民族文化和主流文化关系的问题，甚至还面临着来自主体民族成员的偏见和歧视等问题。民族认同往往是应对这些消极事件的重要工具，它缓冲着偏见和歧视对少数民族成员造成的消极心理影响，对其心理健康有保护作用。

第七部分是民族认同与民族关系。对于民族认同在民族关系当中扮演什么角色，社会心理学领域有两种不同取向的观点：一种是认同发展理论取向的观点，认为个体成熟的民族认同表现为既对本民族有着积极的认同，同时也对其他民族持有积极的态度，故而，民族认同在民族关系当中发挥着积极的作用；另一种是社会认同理论取向的观点，认为内群体的认同必然导致外群体的贬损和歧视行为，故而，民族认同在民族关系当中发挥着消极的作用。实证研究中，这两种观点在不同的国家、不同的民族群体中都得到了验证，这也说明民族认同在民族关系中的作用并不是某种确定影响（即积极或消极）。正如我们在国内所做的研究的结果一样，民族认同在民族关系中的作用与民族认同的主体（即是少数民族还是主体民族）有关，也与民族之间的接触和交往等因素有关，需要在具体的社会背景中分析。

最后一部分是民族认同与国家认同，这是民族认同研究领域的重点。当今社会，随着交通和信息技术的快速发展，人口流动日益频繁，信息获取日益便捷，这使得人们的身份变得更具流动性、相对性和竞争性，出现所谓认同危机现象。处理民族认同与国家认同的关系是多民族国家普遍面临的问题，它关系到多民族国家的团结与稳定发展。国内外研究表明，民族认同与国家认同的关系，并不是必然的矛盾关系，这取决于多民族国家如何处理二者的关系，取决于国内民族关系状况，尤其是少数民族和主体民族的关系。

2.1 种族、族群和民族

在界定民族认同概念之前，我们首先需要对种族、族群和民族这三个术语进行简单的辨析，因为它们经常被混用，有时候甚至造成误解。在西方文献中，我们经常会发现种族和族群被混用，或者联合起来使用（种族—族群）。而在中国，我们又习惯于用民族这个词，它既指中华民族这个共同体，又包含共同体内的各民族。我们既说中华民族，又说中华民族是由56个民族构成的。下面作一个简单的辨析。

种族是指同一起源并在体质形态上具有某些共同遗传特征的人群，也就是说种族分类主要是依据生物学上的体质特征进行的。人类体质特征上的差异包括肤色、发型、瞳色、血型、脸型、头型等，这些特征都是在特定地域内长期适应自然环境而形成的。西方人类学家曾根据这些体质特征，将全世界的人类分为三大人种。第一类是蒙古人种，亦称亚美人种，俗称黄色人种，主要特征是黄皮肤，

黑色直发，胡须和体毛较少等，约占全世界人口的 41%；第二类是
赤道人种，俗称黑色人种，主要特征是皮肤深色，头发色黑形卷等，
约占全世界人口的 16%；第三类是欧罗巴人种，亦称欧亚人种或者
高加索人种，俗称白色人种，主要特征是肤色浅淡，部分呈褐色，
毛发颜色不一，发型波状，次生体毛发达等，约占全世界人口的
43%（李月英，2007）。在西方社会学领域，种族一词常与种族歧视、
种族主义相联系，具有贬义性质。因此，学术界倾向于使用族群这
一术语，尽量避免使用种族。

族群这个概念在 20 世纪 30 年代从西方引入我国并开始使用，
主要用来描述两个群体文化接触的结果。它是指一种次级社会群体，
该群体具有一系列共同的文化特征（比如语言和宗教），常常还拥有
特定的领域，群体成员对该群体有着强烈的归属感和优越感（麦格，
祖力亚提·司马义，2007）。人类学家和民族学家对族群达成的一个
共识是：族群是一种社会群体，它根据一组特殊的文化特质构成的
文化丛或民族特质而在一个较大的文化和社会体系中具有一种特殊
的地位。虽然关于族群的定义有很多，但这些定义有一个共同点，
即都是从群体内部的共同文化特征来定义的，强调宗教、语言、生
活方式和文化传统等方面的特征。

民族一词来源于西欧，对应英文"nation"这个单词。民族政治学
家安东尼·史密斯（Anthony D. Smith）将民族定义为：一个被命名
的人口总体，它的成员共享一块历史性的领土，拥有共同的神话、
历史记忆和大众性公共文化，共存于同一个经济体系，共享一套对
所有成员都适用的一般性法律权利与义务。显然，在西方语境中民
族更偏向于指国家，其定义即"民族国家"。我国民族学家林耀华先
生认为：族群专用于共处于同一社会体系（指国家）中，以起源和文
化认同为特征的群体，适用范围主要在一国之内；民族的适用范围
主要在各国之间。他主张我国少数民族和汉族中的不同支系皆可称

作族群，而在国家层面上，则可使用民族，如中华民族（林耀华，1997）。民族社会学家马戎主张我国保留"中华民族"称谓，而将我国56个民族改称为56个族群（马戎，2000）。这一方面在学术话语上与国际上的"族群"对应，另一方面也避免歧义，因为民族一词在西方语境中主要是国家的意思。

从以上分析来看，种族主要是一个生物学概念，但由于它经常与种族歧视、种族主义、种族屠杀等负面社会现象和历史相联系，所以社会科学领域现在逐渐避免使用种族这个词，更多是用族群来代替种族。族群主要是从文化上来定义一个社会群体，而民族通常是从国家层面而言的。从现代民族国家来看，一个国家内部可能有不同的种族，比如美国既有白色人种和黑色人种，也有黄色人种。同种族的国家也可由不同的族群构成，比如中国主要由同一个种族但由不同的族群构成，属于"同种不同族"的多民族国家。

与林耀华和马戎两位学者的观点相同，本书也持这样的观点，即应该将我国的56个民族称为56个族群，况且20世纪50年代我国进行民族识别时也主要是基于文化差异而进行民族分类，这在很大程度上也符合族群的定义。但是，无论官方还是学术界，国内都已经习惯于用民族这个词，因此本书也仍然使用民族这个词，但需要读者注意的是，除中华民族、中华民族认同等提法之外，本书当中的民族其实是等同于族群这个词，比如本书中的民族认同实指族群认同。

2.2　民族认同及其成分

那么什么又是民族认同呢？有些人很容易就会将其和"民族主义""民族分裂""国家认同"等现象联系起来。这些问题属于民族政治学领域探讨的重点，本书虽然也会探讨民族认同与国家认同的关系，但却是在一国内部来探讨民族认同（实指族群认同）和国家认同的关系的，在定义民族认同的时候，本书也偏向于个体对所属族群的文化认知和民族归属感等方面。

在民族政治学领域，定义民族认同的时候离不开这几个要素：与领土紧密相连的人口单元，并且必须拥有自己的祖地；民族的成员共享相同的大众文化、历史神话与记忆；民族的成员在同一个法律体系内拥有互补的法律权利与义务；民族拥有统一的劳动分工与生产体系，成员可以在领土内流动。民族认同的基本特征包括了以上几个方面，这显然是从民族国家的角度来定义民族和民族认同的（安东尼·史密斯，王娟，2018）。

在社会心理学领域，研究者对民族认同的界定，主要是基于发展心理学的认同发展理论和社会心理学的社会认同理论。从发展心理学的视角来看，民族认同是个体社会性自我发展的重要方面，因为绝大多数国家是多民族国家，民族身份在多民族社会是一个非常凸显的社会身份。在社会互动过程中，对民族身份的认知、情感和态度是一个人经常要考虑的问题，个体要将其纳入自我的范畴之中来定义自我，这对个体身心发展具有重要意义。而社会认同理论主要回答了两个方面的问题：一是人为什么需要社会认同；二是社会认同是如何形成的。从社会认同理论来看，民族认同是自我概念的重要组成部分，它具有降低不确定性、获取自尊、调节社会行为等多方面的功能。认同发展理论和社会认同理论构成了理解民族认同的理论基础。

在界定民族认同概念这一领域做出突出贡献的人物是菲尼（Jean S. Phinney）。她基于群体认同成分的理论基础，将民族认同看作一个动态且多维的、涉及自我概念的结构（Phinney，2000），其成分主要包括自我归类、投入或归属感、探索、民族态度、民族行为、民族价值观和信念、民族认同的重要性、民族认同和国家认同的关系等(Phinney & Ong，2007)。我们逐一进行分析。

自我归类是指个体将自己确认为某个社会群体的成员，为自己贴上一个族群标签，这是群体认同的一个基本成分(Ashmore，Deaux，& McLanghlin-Volpe，2004)。比如，具有某个民族认同的个体首先就应该能够意识到自己的民族身份，并且常常是自动化地归类，将自己归入某个民族类别，如通常会以"我是一名汉族人"或者"我是一名藏族人"这样来进行归类，承认自己的民族身份。

投入或归属感是民族认同中最为重要的成分，主要是指个体对所属民族的情感投入，这也是民族认同中的一个关键成分。在测量民族认同时，归属感是一个重要的维度。如果个体对自己所属民族有积极的认同，那么他(她)会以身为这个民族的一员而感到自豪和骄傲，对这个民族及其成员有着深深的依恋。通常情况下，当他(她)的民族被其他民族成员轻视或者受到不公正的待遇时，他(她)会感到非常愤怒，并挺身而出维护自己民族的尊严。

探索是个体对所属民族的知识和经验的寻求。认同于一个民族，作为其一员，就要学习这个民族的语言，了解这个民族的历史、文化与宗教等。这种探索或来自父母的言传身教，或来自正规的学校教育，或来自社会交往过程中。不可否认，探索本民族的历史与文化是民族认同的重要组成部分。在埃里克森看来，探索主要在青春期发生。而菲尼认为虽然探索在青春期是最为普遍的，但是民族认同是一个不间断的过程，它甚至会贯穿个体的一生(Phinney，2013)。之所以这样，是因为社会认同的情景性特征。根据社会认同理论，社会认同都是在特定的社会情景与其他群体相比较的过程当中形成的，其中最为重要的一个条件是社会身份的凸显性。当一个社会只有一个民族的时候，人们是没有民族认同意识的，只有与其他民族进行比较之后才会产生民族认同意识，认同的对立面是"认异"。因此，一个人的民族认同意识是随着民族身份的凸显性逐渐产生和变化的，对自己民族的探索也受到这种身份凸显性的影响。

民族态度包括积极的态度和消极的态度。积极的态度是对自己所属的民族身份产生的自豪感、快乐和满意等，而消极的态度可以被看作是对个体的群体身份的拒绝。泰勒（Adriana J. Umaña-Taylor）及其同事主张，一个人对群体的评估，其态度要么是积极的，要么是消极的，但两者是不同的且相互独立的民族认同成分。所以可以这样推测：个体虽然对自己的民族有投入，但是对该群体却怀有消极的感情，并且希望从属于另外一个群体（Umaña-Taylor，Yazedjian，& Bámaca-Gómez，2004）。

民族行为是指能表达民族认同的一些活动，比如，认同于自己的民族就应该讲本民族的语言，遵守本民族的行为规范和准则，维持与本民族成员的良好关系等。使用本民族的语言是民族行为的一个关键成分。从前面我们对民族的界定来看，一个民族之所以成为一个民族，最主要的原因是其独特的文化，认同一个民族最关键的就是认同这个民族的文化。语言是一个民族的文化的核心和载体，学习和使用本民族的语言，既是认同这个民族的表现，也是这个民族的文化得以传承的必要前提。

民族价值观和信念也是民族认同的重要成分。文化的核心体现是文化价值观，不同的民族有其独特的文化价值观，比如拉丁人的家庭主义、亚洲人的孝心、非裔美国人的非洲中心主义等。由于不同的民族具有不同的价值观和信念，在评估民族认同的价值观成分的时候，不同的民族群体就需要不同的测量内容，这使得不同的民族群体之间的比较变得困难。因而，文化价值观往往被研究者作为一个独立的研究领域。

民族认同的重要性是指民族身份对个体和群体的重要性。民族认同的重要性在个体层面和群体层面均存在很大的变异性。在个体层面，有的人认为民族认同对其非常重要，是认识自己、评价自己的重要方面，因此非常在乎别人如何看待自己的民族，而有的人则不这样认为。在群体层面，一般而言，与主体民族成员相比，少数民族成员对民族认同赋予了更大的意义。主要原因有三个：第一，由于人口规模小和独特的文化表现，少数民族看起来与主体民族"很不一样"，他们的民族身份变得较为凸显，从而产生经常会考虑民族身份的问题。第二，在多民族国家，少数民族在经济、教育和社会发展方面与主体民族存在较大差异，经常处于劣势地位，还要面临着来自主体民族的一些社会偏见，有时候甚至是歧视行为。这时候少数民族的民族认同就更为强烈，他们会以增强内群体的认同来应对这种外在的压力，缓冲对他们造成的消极影响，这对少数民族而言具有非常重要的作用。第三，民族身份往往还与一些个人利益相关，比如在中国，为了保护少数民族的利益，国家在经济、文化、教育等领域出台了民族优惠政策，而少数民族身份是享受民族优惠政策的基本条件。因此，对于少数民族来讲，民族身份和民族认同对其都有重要意义。但主体民族则很少会考虑自己的民族身份，一是其民族身份大多数时候是不凸显的，二是其民族身份与切身利益关系不大。所以，主体民族成员的民族认同的重要意义感知要显著低于少数民族成员。

民族认同和国家认同的关系，是全面理解民族认同的一个方面，也是民族认同研究领域不可或缺的一个问题。这主要是因为任何一个多民族国家都面临着处理国内不同民族的民族认同问题，多民族国家如何认识民族认同与国家认同的关系，决定了其如何处理国内各民族的民族认同问题，这关系到国家的团结与稳定。从目前的研究成果来看，二者之间的关系是比较复杂的，在不同的国家和社会背景中存在很大的差别，需要具体分析。因为民族认同与国家认同的关系取决于国家如何处理这一问题，本书有专门一章探讨多民族国家处理民族认同和国家认同的关系的政策差异，即西方的多元文化主义和中国的"多元一体"理念。贝里（Berry）等人对 13 个接受移民国家的一项大型研究发现，移民青少年的民族认同和国家认同之间的关系在不同的国家存在差异，二者的相关系数在－0.28 至 0.32 之间，也有存在二者不相关的结果（Berry，Phinney，Sam，& Vedder，2006）。另外，一项对亚裔美国学生和非裔美国学生的研究也发现了不同族群在两种认同的关系上存在差异（Gong，2007）。而我在国内所做的调查研究以及其他研究者的多次研究结果表明，无论少数民族被试还是汉族被试，二者的关系都呈现显著的正相关。这主要是因为我国是一个世居的统一多民族国家，我国政府在处理民族认同的问题上采取了符合我国国情的民族政策，各族人民对国家具有较高的认同度，后面会对这一问题进行具体的讨论。

2.3 民族认同的操作化

2.3.1 理论基础

前面讨论了民族认同的众多成分，但是在实证研究中，研究者并不是同时操作所有的成分。一是民族认同的成分中有些是特殊成分，比如价值观，不同民族有不同的价值观，需要用不同的内容来测量，无法做到统一；二是研究者出于不同的研究目的而选取若干成分进行研究操作。在社会心理学领域，指导民族认同概念操作化的两个理论分别是认同发展理论和社会认同理论，后者是在前者的基础上诞生的。一些研究者很好地结合了两个理论的核心观点，测量了民族认同最为一般的成分，广泛用于跨民族的比较研究和发展研究。我们首先回顾一下这两个理论的基本观点和贡献。

美国心理学家埃里克森在弗洛伊德（Sigmund Freud）认同概念的基础上提出了"自我同一性"的概念，开创了个体认同研究的先河，后来泰弗尔、特纳等人进一步区分了个体认同和群体认同，并提出了具有重要影响的社会认同理论。埃里克森认为青春期是个体获得同一性(也即个人认同)的重要时期,他指出同一性形成于个体的探索(Exploration)和投入(Commitment)的过程中,最终导致个体在一些重要的认同方面作出投入或决定。埃里克森以社会心理学的视角,通过在历史情景中探讨个体的生物、心理与社会认知的相互作用来理解认同,其开创性的工作为认同研究奠定了坚实的基础。

玛西娅(Marcia,1980)借助埃里克森理论中认同形成的两个重要标准,即探索和投入,采用结构访谈的方式,根据青少年对职业、宗教意识形态、性取向以及政治价值的探究和确定程度,将青少年的认同划分为四种状态:认同模糊(identity diffusion)、认同早闭(identity foreclosure)、认同延缓(identity moratorium)、认同获得(identity achievement)(Marcia,1980)。那些在认同方面既没有探索也没有投入的青少年处于认同模糊状态,作出投入而还没有经历探索的处于认同早闭状态,正在探索而没有投入的处于认同延缓状态,只有经历了探索并作出投入的才达到认同获得状态。玛西娅将埃里克森的认同发展理论进一步操作化,其研究主要集中在个体认同上,并没有对民族认同发展进行研究。

社会心理学家库尔特·勒温(Kurt Lewin)最早认识到社会认同的重要性,他认为个体为了维持心理健康,需要一种牢固的群体认同意识。后来泰弗尔和特纳进一步发展了这一观点,提出了社会认同理论,该理论对解释群体间关系具有重要的影响。社会认同理论认为人们都有形成积极社会认同(即群体认同)的需要,将社会认同看作个体自我概念当中的重要组成部分,主张社会认同是人们自尊的重要来源,能够满足人们对归属感的需要,对个体具有重要意义。在群际关系方面,社会认同理论的基本观点是"内群体认同和外群体的排斥或歧视",即认为内群体认同的形成必然导致外群体的排斥或歧视,这个观点没有被完全验证,也是社会认同理论备受争议的观点。

社会认同理论的一个典型的应用是用来分析处于较低地位的少数群体或者一些处于不利社会地位的群体的社会心理。根据社会认同理论，处于不利社会地位的群体很可能会对自己所属的群体形成一个不满意的社会认同，这种认同问题会使群体成员采取相应的应对策略，包括个体层面的策略和群体层面的策略。个体策略主要是社会流动(social mobility)，即离开其不认同的社会群体而加入另一个群体。群体策略主要是社会创造(social creativity)和社会变革(social change)，前者是处于不利地位的群体重新找到一个内群体的优势维度与外群体进行比较，以维持原有的社会认同，而后者就是通过社会运动来得到承认，改变其不利的社会地位等。

社会认同理论和发展理论的观点都主张民族认同是自我概念中的重要组成部分，对个体的心理健康有重要的影响。玛西娅的研究表明那些获得自我认同的青少年表现出许多心理上的优势。这种相关在民族认同当中也得到了证实：那些在民族认同量表中得分较高的青少年表现出较高水平的自尊，在心理健康水平上也表现出相对的优势(Umaña-Taylor & Updegraff，2007)。

2.3.2 民族认同的测量

基于认同发展理论和社会认同理论，研究者开发了测量民族认同的量表。当前，关于民族认同的测量工具，最具代表性的是菲尼和泰勒先后编制的民族认同量表，这两个量表基于社会认同理论和认同发展理论，测量了民族认同最核心的和共同的成分，可以对多种民族的民族认同进行测量，其结果也可以进行相互之间的比较，对于民族认同的研究具有重要的影响。

菲尼的多民族认同量表(MEIM)

菲尼设计的多民族认同量表(MEIM)，用于评估不同民族的民族认同。MEIM 包括三个维度共 14 个项目，评估了民族认同的核心成分，依恋和归属感维度(5 个项目)建立在社会认同理论的基础之上，认同获得(7 个项目)的发展概念建立在玛西娅的实证研究的基础之上，还有族群行为(2 个项目)的参与。MEIM 具有较高的一致性，其中高中生的克朗巴赫系数为 0.81，大学生的为 0.90(Phinney，1992)。罗伯茨(E. Robert Roberts)和菲尼等人进一步对 MEIM 的结构效度进行了检验，被试包括 5423 个来自美国西南部不同族群的青少年，结果有力地证明 MEIM 能够很好地被看作是由探索和投入两个因素组成的。使用探索性和验证性因素分析，将两个消极措辞的项目移除之后，剩下的 12 个项目代表了探索(5 个项目)和投入(7 个项目)两个因素，这与玛西娅的设想是一致的(Roberts, et al.，1999)。

在上述量表的基础上，菲尼等人进一步作了修订并作了心理学测量指标的验证(Phinney & Ong, 2007)。新修订的民族认同量表包括探索和投入两个维度，各 3 个题目，共 6 个题目。探索是指个体努力学习或获得关于本民族的历史、行为规范、信念，以及作为民族成员的意义；投入是指个体清晰地意识到自己归属于一个民族，并对民族伴随着积极的态度和自豪感，即使意识到群体的一些问题(比如歧视)，对民族仍有一种舒服的情感体验。根据被试在这两个维度上的得分，能够将个体的民族认同区分为认同发展理论主张的四个阶段或状态。(1)认同模糊(identity diffuse)：个体对所属民族缺乏探索和投入，对自己的民族身份表现出很少的兴趣和理解，很少甚至完全不去努力了解，几乎对民族没有积极的归属感。(2)认同早闭(identity foreclosed)：投入但是没有探索。个体表达对群体的自豪感和归属感，但是对自己的民族身份的意义几乎很少去探索或者询问，他们的看法反映出父母或者其他权威人物的观点。(3)认同延缓(identity moratorium)：探索但是没有投入。个体努力去了解和理解自己的民族身份，但是对自己的民族归属感是模糊和矛盾的。
（4）认同获得（identity achieved）：既探索也投入。个体考虑过并努力
去理解自己的民族身份的意义，并在这种理解的基础上对自己的民
族有清晰的归属感（Phinney，Jacoby，& Silva，2007）。该量表在全
世界多个国家使用，被证明具有较好的跨文化一致性，成为测量民
族认同的经典工具（Herrington，Smith，Feinhauer，& Griner，
2016）。我对该量表在国内进行了修订，验证了量表的结构效度，多
次数据结果表明，量表的测量学指标均达标，可以用来测量青少年
和成人的民族认同。量表具体题目见表 2-1，其中第 1、4、5 题属于
探索维度题目，第 2、3、6 题属于投入维度题目。

表 2-1　民族认同量表

请您仔细阅读以下每个陈述并表明您的观点，在相应的数字上画"√"，1 表示您"完全不同意"，2 表示您"不同意"，3 表示您"有点不同意"，4 表示您"有点同意"，5 表示您"同意"，6 表示您"完全同意"。	完全不同意	不同意	有点不同意	有点同意	同意	完全同意
1. 我已经用了很多时间来了解我的民族，比如它的历史、传统、习俗和宗教等。	1	2	3	4	5	6
2. 我对自己的民族有强烈的归属感。	1	2	3	4	5	6
3. 我很清楚我的民族身份对我的重要意义。	1	2	3	4	5	6
4. 为了更好地理解我的民族，我已经做了很多事情（比如阅读书籍、杂志、报纸或者是其他资料）。	1	2	3	4	5	6
5. 为了更多地了解自己的民族，我经常与了解自己民族文化的人谈论我的民族。	1	2	3	4	5	6
6. 我为自己的民族感到自豪，并对它有很强的依恋。	1	2	3	4	5	6

泰勒的民族认同量表（EIS）

泰勒等人认为，菲尼的 MEIM 只是测量了民族认同发展的部分

成分，其得分是一个单一的测量分数，即高得分意味着个人对民族的探索和投入，同时伴随着积极的情感态度。而埃里克森和菲尼的理论都没有假定民族投入需要积极的感情来建立认同，所以 MEIM 和其理论不一致，将个体的"投入"和民族认同的"确认"（affirmation）混淆在一起，并且这个测量结果是一个连续的得分，不能将被试置于玛西娅理论的特定阶段。鉴于此，泰勒经过三个阶段的大量研究，编制了她的民族认同测量工具（EIE）（Umaña-Taylor, et al. , 2004）。

EIE 是 17 个项目的自陈量表，评估青少年民族认同的三个维度：探索（exploration，7 个项目）、解决（resolution，4 个项目）和肯定（affirmation，6 个项目）。探索指的是青少年参与那些能够教导他们的民族活动；解决测量的是个体民族性意味着的使命感；肯定代表的是青少年已经发展出的对群体身份积极感受的程度。通过对各分量表得分高低进行分析，可以将被试置于可能存在的阶段，即认同混乱、认同早闭、认同延缓、认同完成，每个阶段都有积极或消极的确认。这个量表借鉴了 MEIM 的优势并针对其局限性作了改进，作为一个多维构想被证明具有充分的信度和效度，解决、肯定和探索分量表的克朗巴赫系数分别是 0.80、0.79 和 0.77。

2.4 民族认同的形成与发展

在多民族社会中，民族认同的形成与发展是儿童社会性自我发展的重要组成部分，因而这是发展心理学关注的一个问题。关于这一问题，发展心理学的主要研究领域集中于三个方面：一是儿童的民族认同意识是什么时候产生的；二是民族认同是如何随着年龄的增长发展变化的；三是民族认同的发展状况与儿童和青少年的心理健康和社会适应性的关系。

2.4.1 民族认同的形成

儿童民族认同的形成可反映在对所属民族和对其他民族的态度中。具有开创性意义的是克拉克（Kenneth B. Clark）等人对黑人儿童（5~7 岁）的研究。他们发现半数以上的黑人儿童在选择玩偶时更偏爱白人玩偶，即黑人儿童表现出对外群体（白人）的偏爱态度（Clark & Clark，1940），这说明儿童在这时已经有了民族认同意识。研究者对此结果的解释是：这表明黑人儿童对自己种族身份的不满与拒绝，从而在心理上更加偏爱外群体。这项研究激发了大量关于儿童民族和种族态度的形成与发展的研究。还有研究发现北美洲儿童 4 岁时就能够对种族进行分类，并且不单纯依赖于种族的外在特征，这种能力在 5 岁时就能达到与成人相似的水平（Hirschfeld，1996）。另一项研究发现儿童在 3 岁时就能获得内群体偏爱态度，7岁以后表现出对他们的偏爱态度进行调节（Aboud & Amato，2001）。更多的研究进一步证实，少数民族或者弱势群体的低龄儿童更偏爱外群体，但是随着年龄的增长，内群体偏爱持续增强，对外群体持有更多的消极评价，而主体民族或主流群体的儿童自始至终表现出强劲的内群体偏爱态度（Aboud & Doyle，1995；Corenblum，Annis，& Young，1996；Marks，Szalacha，Lamarre，Boyd，& Coll，2007；Shutts，Kinzler，Katz，Tredoux，& Spelke，2011）。

几年前，我和我的同事撒丽对民族认同的形成与发展等问题进行了较为系统的研究（两个研究）。研究以回族儿童为研究对象，以汉族作为参照对象（即外群体），比较了他们对内、外群体的偏爱态度，主要目的是发现回族儿童在几岁产生民族分类意识和族群偏爱态度，以及这种态度随着年龄增长的变化趋势是什么。研究 1 采用玩偶和图片研究范式，让 3~6 岁的儿童将一些积极和消极的特质词分配给内群体（回族）和外群体（汉族）进行评价。研究结果表明：3 岁儿童对内、外群体的偏爱没有显著差异，但是从 4 岁开始，儿童对内、外群体的偏爱出现系统性偏差，即表现出对内群体的偏爱，给内群体分配了更多的积极评价，这说明从 4 岁开始回族儿童便具备了民族分类意识和族群偏爱态度。研究 2 选取 6 岁、10 岁的回族儿童和成年的回族成员为研究对象，从内隐和外显两个层次考察了被试的族群偏爱态度。研究结果表明：回族儿童内隐的内群体偏爱态度随着年龄的增长有增强趋势，在 10 岁时与成人处于相同的水平，而外显的内群体偏爱态度则在 6 岁时即与成人处于相同水平并趋于稳定。从国内外研究结果来看，儿童从 4 岁起就已经具备了民族分类意识和内群体偏爱态度，也即初步产生了民族认同意识。

2.4.2　民族认同形成的理论解释

认知发展理论为儿童民族态度（对内群体和外群体的态度）的形成与发展提供了有价值的解释（Aboud，1988）。该理论主张儿童民族态度的产生与儿童的认知发展水平具有重要关系，因为儿童只有处于具体运算思维阶段时才具备多重分类的能力，即他们能够从多个角度来理解自我和他人，也能够更多地认识到自我和他人内在属性的差异。该阶段的儿童产生了民族恒常性（ethnic constancy），即能意识到民族身份不会随着外部条件的变化而改变，也逐渐理解民族身份的重要意义。一些研究证实了具体运算思维的发展与内群体态度的关系。阿邦德（Fraxes E. Aboud）和道伊尔（Anna Beth Doyle）的研究表明：与处于前运算阶段的黑人儿童相比，处于具体运算阶段的黑人儿童对内群体和外群体的评价更为平衡（Aboud & Doyle，1995）；科伦布卢姆的研究表明，随着时间的推进，加拿大土著儿童内隐和外显的内群体态度、民族身份的重要性和具体运算思维水平都显著增强和增长，但他们的民族认同没有发生变化（Corenblum，2014）。需要指出的是，儿童民族偏爱态度的发展是一个动态过程，受到发展性、社会性和情景性等多种因素的影响，儿童需要整合这些因素来理解作为一个少数民族成员的意义（Corenblum & Armstrong，2012），从而形成稳定的民族态度。

有研究者在族群态度发展研究和社会认同理论的基础上提出了一个社会认同发展的理论（SIDT）（Nesdale，2004），实证研究已经为该理论提供了支持。根据该理论，儿童族群态度的发展一般经历四个阶段：第一个阶段是未分化阶段（2～3岁前），这个阶段的儿童对族群线索还不敏感，对族群分类还是模糊的；第二个阶段是族群意识阶段（3岁左右），这个阶段的儿童开始能够意识到族群线索，并逐渐能够将自己识别为某个族群的成员；第三个阶段是族群偏爱阶段（始于4～5岁），儿童开始表现出对内群体的偏爱；第四个阶段是族群偏见阶段（7岁左右），这个阶段的儿童开始产生偏见，表现出对外群体的贬损和不喜欢。该理论指出，尽管并不是所有的儿童都经历族群偏见阶段，但是一些因素会影响儿童对外群体的贬损，包括对内群体的认同程度，内群体成员共享的对某一外群体消极态度的程度，以及将外群体视为威胁的程度。

对内群体偏爱态度的理论解释中，最具影响力的是社会认同理论（Tajfel & Turner，1986），该理论从社会动机的角度解释了内群体偏爱现象：个体为了提高自尊，往往会进行积极的内、外群体的区分并认同内群体，这种自我归类和认同的结果是内群体成员被知觉为更加相似并拥有更多的积极特质，由此产生内群体偏爱；而将外群体知觉为与内群体不同并拥有更少的积极特质，由此导致偏见和歧视。社会认同理论主张，群体地位的提高和群体成员对内群体的强烈认同能够增强内群体偏爱态度（Abrams & Hogg，2006）。虽然社会认同理论是用来解释成人的群际态度的，但是众多研究表明，这一理论也可以很好地解释儿童和青少年的内群体偏爱态度（Bennett & Sani，2013）。国外的实验研究表明，儿童在5岁的时候就对社会地位有敏感的知觉，能觉察到特定群体的社会地位和受尊重状况，那些群体地位更高的儿童对内群体表现出更强烈的偏爱（Nesdale & Flesser，2001）。以种族和族群为对象的研究一致表明，主流群体儿童对内群体始终表现出强劲的偏爱态度，而少数群体儿童（比如美国的黑人儿童）则会出现外群体偏爱的现象（Clark & Clark，1940；Newheiser & Olson，2012）。这充分说明群体地位对儿童的内群体偏爱态度有着重要的影响。

2.4.3 青少年民族认同发展状态

根据埃里克森的认同发展理论，自我同一性的形成是自我作用的结果，其形成和确立标志着自我的发展和成熟。进入青春期的青少年对自身更为关注，会反复思索诸如"我是谁"等问题，对各个维度的"我"的整合或统一就是自我同一性确立的过程。埃里克森在以自我同一性为核心的基础上提出了心理社会发展阶段理论，青少年期是其中的第五个阶段，主要的发展课题是自我同一性的确立和防止同一性扩散。所谓同一性扩散是指同一性的整合失调，个体无法认识自己，处于一种充满疑惑的扩散、弥漫状态，不清楚自己该做什么，将来准备怎样（Erikson，1968）。在多民族社会，民族身份是青少年考虑"我是谁"的重要方面之一，也即社会性自我发展的重要方面之一。

在玛西娅把埃里克森的认同发展理论概念化的基础上，结合前人的研究，菲尼提出了一个民族认同发展模型。她认为民族认同的形成主要包括对民族的探索与投入，并且根据探索与投入对民族认同的发展阶段进行了划分，认为个体的民族认同经过四个阶段的发展，即认同模糊、认同早闭、认同延缓和认同获得（Phinney, et al.，2007）。

菲尼采用纵向研究检验她的民族认同发展模型，结果发现有 1/4

的青少年处在第四阶段，也就是达到成熟的民族认同，而且此类青少年在自我认同和心理适应问卷上的得分也较高（Phinney，1989）。另外一项研究表明，达到成熟的民族认同的青少年会对他们怎样受其他群体影响表现出很好的自我觉察，而且往往认为群体间接触有利于理解自己群体的文化，能够同时看到民族多样性的积极面和消极面。他们能够较好地理解群体间关系的复杂性，并能对这种多样性的正反情感都有很好的表达和反思。而民族认同处于模糊阶段的青少年很少通过群体间接触获得这种认识（Phinney，1990）。

2.4.4 影响民族认同发展的因素

儿童民族认同的发展受到父母与同伴的民族态度、家庭的社会化程度、父母的文化程度和接触等多种因素的影响。

奥尔波特（Gordon Willard Allport）认为在儿童时期，父母对孩子的态度的形成和价值观的建立具有重要的社会化作用。而青春期以后，同伴对青少年的民族态度形成的社会化进程有很大的影响（Allport，1954）。但阿邦德发现，儿童的民族态度与父母的民族态度相似，但事实上它们之间相关不显著，而且儿童与其朋友的民族态度之间相关也不显著，这说明儿童并不是从父母或朋友那里学到民族态度的。但是，父母会将自身的民族、文化认同状况在生活当中传递给子女，对子女产生潜移默化的影响（Aboud & Doyle，1996）。也就是说，父母会通过他们对外群体的看法来间接地影响孩子的民族态度。也有研究发现，青少年的家庭民族社会化水平可以预测民族认同的探索的水平，青少年的家庭民族社会化水平越高，他们对自己民族的探索就会越多，而且越清楚民族对于自身的意义。

父母的文化程度也是民族认同的一个影响因素。国内研究者秦向荣在对青少年民族认同的研究中发现，无论是本民族认同还是中华民族认同，母亲的教育程度都能很好地预测之。母亲的学历为研究生，则子女的本民族认同和中华民族认同得分较高（秦向荣，高晓波，佐斌，2009）。对藏族学生民族认同的研究表明，父亲的教育程度对子女的民族认同有显著的影响（雍琳，万明钢，2003）。父母的教育程度之所以影响子女的民族认同，是因为父母的文化程度决定了家庭的社会地位和经济地位。高学历意味着对本民族文化和主流文化有更多的接触，能够理智地看待本民族身份、文化以及主流文化。家庭的社会地位、经济地位的差异，使子女成长的社会文化背景有着很大的不同；父母的文化程度，对子女民族文化的接受能力、民族历史的了解程度也产生巨大影响。这些共同影响了青少年的民族认同程度。

另外，与外群体朋友的接触也会影响儿童民族认同的发展。奥尔波特的接触假说认为，在一定条件下，与外群体成员接触程度的增加可以显著地减少对该群体的偏见（Allport，1954）。共同内群体模型解释了群际接触在减少偏见时的效应。该模型认为，通过与外群体的接触，个体对内群体和外群体的认知表征发生变化，把"他们"变成"我们"。这样，对外群体成员产生更多积极的情感，偏见也就会减少（Gaertner，Rust，Dovidio，Bachman，& Anastasio，1994）。另外，也有研究结果发现接触与更少的偏见有关。阿邦德指出小学生的跨种族友谊与他对外群体成员的偏见成显著的负相关（Aboud，Mendelson，& Purdy，2003）。我们对少数民族大学生的研究发现，民族认同得分随年级增长呈下降的趋势，随着不同民族成员的相互接触和交流，民族身份逐渐淡化。对于少数民族来讲，其民族认同与对主体民族的态度之间成负相关，对自己民族的认同越高，对主体民族的态度就越消极（高承海，安洁，万明钢，2011）。少数民族成员通过与外群体的接触，对本民族文化和主流文化都能产生更好的理解，从而增加对其他民族群体的容忍性，形成成熟的民族认同。这些研究也说明，为少数民族群体提供同各民族互相接触、交流的机会与了解自己民族的文化同等重要。

2.5　民族认同与文化适应

　　民族认同有时候和文化适应(acculturation)是同义词，因为民族认同只有在两个或者更多的民族相互接触的情景中才有意义，单一民族的国家不存在民族认同的问题，这时候的民族认同实则为国家认同。当多个民族相互接触的时候，"认同"和"认异"的问题就凸显出来，尤其是作为弱势群体的少数民族，他们进入主流社会中，存在着如何面对、处理本民族文化与主流文化关系的问题，这也就是一个文化适应的问题。文化适应是指不同文化背景的社会成员通过相互接触，在心理和文化上发生变化的一个过程(Berry，2003)。对于文化适应，研究者已提出了多个不同的理论模型，其中以加拿大学者贝里(John W. Berry)提出的双维"跨文化适应模型"最为流行。在这一理论模型中，文化适应策略按照文化适应者对本民族文化和主流群体文化的态度分成四种类型：整合(integration)、分离(separation)、同化(assimilation)和边缘化(marginalization)(Berry，1990)。如果文化适应者既想保持自己原来的文化身份和文化特征，同时也想和主流社会成员建立并保持良好的关系，便属于整合策略；如果文化适应者只想保持自己原来的文化身份和文化特征，而不想和主流社会成员建立任何联系，便属于分离策略；如果文化适应者不想保持自己原来的文化身份和文化特征，而一心想和主流社会成员建立并保持良好的关系，取得主流社会的文化身份，便属于同化策略；如果文化适应者既不想或不能保持自己原来的文化身份和文化特征，同时也不想或不能和主流社会成员建立联系，便属于边缘化策略。贝里认为，在异文化背景中生活，会给文化适应者带来新的发展机遇，但有时也会给文化适应者带来压力，造成心理健康方面的问题，比如困惑、焦虑、抑郁、疏离感、边缘感等。菲尼等人的研究已经表明，采取整合策略的个体在异文化中具有最为理想的适应结果，而边缘化策略对文化适应者是有害的，比如压力、自尊等心理健康方面的具体指标，被整合和边缘化策略所影响着（Phinney & Devich-Navarro，1997）。贝里等人对 13 个移民国家、26 个不同文化背景的 7997 名青少年的研究进一步证明，那些采取整合策略的青少年的心理健康水平和社会文化适应水平最高，比如他们具有较高的生活满意度和自尊，能很好地适应学校生活，心理和行为的异常现象较少，而采取边缘化策略的文化适应者在这些方面则最差（Berry，et al.，2006）。

我国社会进入快速发展阶段，民族之间的人口流动日益频繁，越来越多的少数民族人口从民族地区来到主流文化地区居住、求学、从事经济活动等，他们首先面对的就是文化差异引起的文化适应问题。少数民族人口如何看待本民族文化和主流文化，对其心理适应有着重要影响。在少数民族人口流动中，大学生是一个人口规模较大且比较集中的人群，他们在大学里采取了何种文化适应策略，文化适应对其产生什么影响，这是值得研究的问题。

我们在西北三所高校调查了 539 名少数民族大学生，其中包括藏族、回族和东乡族，被试完成了民族认同、自尊和幸福感等量表的测试，各量表测试结果表明均达到心理测量学的标准。在本研究中，我们没有像以往那样用多个题目测量被试的文化适应策略，而是设计了一道有四个选项的选择题，让被试选择最适合自己状况的一个选项。这四个选项描述的是少数民族大学生在大学里如何看待本民族文化及主流文化，主要通过被试与本民族成员及主流文化群体成员的关系来反映，其与由 29 个项目构成的文化适应量表的相关超过 0.8，说明这个工具在很大程度上将少数民族大学生的文化适应策略区分开来，可以作为一个快速判断文化适应策略的工具。这四个选项具体如下：

A：在我的生活中，我的朋友中既有汉族也有本民族的人，他们对我一样好，和他们在一起很愉快。我会熟练地使用普通话和我的民族语言，这两种语言对我来说都很重要，我会视情况选择一种语言来表达想法，和不同的人进行交流。（整合策略）

B：在我的生活中，我很少主动和人交流，不论他们是什么民族，我觉得他们都不能很好地理解我的想法，也不认可我的行为，我更喜欢自己一个人学习和生活。（边缘化策略）

C：在我的生活中，我的朋友大多是汉族，我喜欢和他们交流，他们也很理解我的想法，我们相处得很愉快。（同化策略）

D：在我的生活中，我更喜欢用本民族的语言表达自己的想法，更喜欢我们民族的音乐和书籍，我最亲密的朋友和我是一个民族的，我更喜欢和我的本族同胞在一起，他们对待我时我感到更加亲切，和他们相处时我觉得更加放松。（分离策略）

数据结果表明，少数民族大学生在与主流文化群体的互动中，采取的文化适应策略依次是整合、同化、分离和边缘化，占总人数（539）的比例依次为 64.7%、17.8%、11.9% 和 5.6%。贝里等人对 13 个移民国家的青少年的研究结果表明，采取整合、同化、分离和边缘化策略的被试占总人数的比例依次为 36.4%、18.7%、22.5% 和 22.4%（Berry, et al., 2006）。比较中国和移民国家的数据结果发现，无论中国还是移民国家，少数族群在适应主流文化的过程中，采取整合策略的都是最多的，表现为少数族群既认同主流文化，同时也认同本族群的文化并持有积极的态度。这个结果也符合社会现实。比如，在移民国家，正是因为对移入国家文化和社会的向往，移民努力地学习移入国的语言、文化和价值观，所以其中较多的人很好地处理了两种文化的关系。

与中国的数据结果不同的是，移民国家青少年采取整合和同化策略的占总数的一半多，采取分离和边缘化策略的占近一半。而国内六成以上的被试采取的是整合策略，采取分离和边缘化策略的被试占比不到 20%。这种差异反映了中国和移民国家社会背景的真实差异，因为我国是一个世居的统一多民族国家，各民族的国家身份只有一个，即中国，各民族形成大散居、小聚居的居住格局，但一直生活在主流文化环境中，各民族交往交流频繁，很多少数民族学生从小既学习本民族文化与语言，又学习主流文化与国家通用语言文字，学习以国家通用语言文字表征的现代科学知识，这就使得少数民族对主流文化的适应整体较好。而移民国家的移民则存在前后两种国家身份或者同时拥有两国国籍，他们处理母国文化和移入国主流文化的时候，实则更多是在处理两种国家文化的关系，这受到自身适应能力（比如对移入国语言和文化的学习水平）的影响，也受到移入国移民政策措施和福利的影响。

再来分析文化适应与民族认同的关系。在一项研究中，我测量了多名少数民族大学生的民族认同和他们对主体民族汉族的态度，以文化适应策略为自变量，民族认同和对外群体的态度为因变量，检验二者得分在四种策略上的差异情况。研究结果与我们对文化适应策略的定义是一致的，即那些采取文化整合策略的被试，他们在民族认同量表和对主体民族态度量表上得分均较高，即他们既认同自己的民族，也对主体民族抱有积极的态度，这是社会所期待的结果。采取分离策略的被试，他们持有的民族认同较为强烈，但对主体民族的态度更为消极；采取同化策略的被试，他们对主体民族持有的态度最积极，在本民族认同量表上得分较低；采取边缘化策略的被试，在民族认同量表和对主体民族态度量表上得分都较低。虽然该研究只用了一个项目区分被试的文化适应策略，但从这个角度来分析，这种区分是非常有效的，很好地捕捉到了文化适应的核心，即对本民族文化和对主流文化的态度。这个研究结果也启示我们，努力帮助少数民族采取整合的文化适应策略，对于构建和谐的民族关系具有重要的意义。图 2-1 和图 2-2 是不同文化适应策略在民族认同量表和对主体民族态度量表上的得分情况。

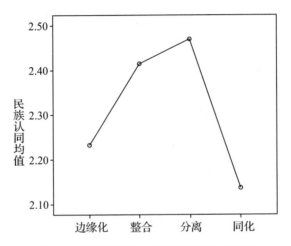

图 2-1 民族认同在文化适应策略上的差异

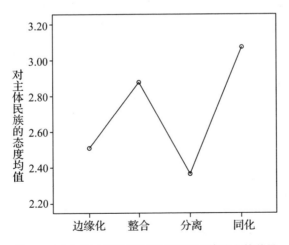

图 2-2 对主体民族的态度在文化适应策略上的差异

最后，分析文化适应与个体的心理健康之间的关系。正如贝里等人的观点，文化适应策略与个体的心理健康水平有重要关系，采取整合策略的个体在心理健康水平和社会适应性上都表现得更好。我在研究中以自尊和抑郁—主观幸福感为心理健康指标,检验心理健康水平在四种策略上的差异情况。结果表明,采取整合策略的个体,他们的自尊水平和幸福感水平最高,表现出较好的社会适应性;采取同化策略的个体次之;而那些采取分离或者边缘化策略的个体,他们在心理健康指标上的得分都较低。

通过以上结果,我们可以清晰地看到,整合策略是最佳的文化适应策略,既对跨民族交往和民族关系有积极的影响,又对个体的心理健康和社会适应产生正面影响。而分离和边缘化策略,既阻碍了跨民族的交往和互动,又对个体的心理健康造成消极影响,影响其健康成长和发展。因此,多民族国家要切实采取措施帮助少数民族适应主流文化。

越来越多的少数民族学生从民族地区来到主流文化地区接受高等教育,他们的文化适应状况既与少数民族和汉族的人际关系有关,也关系到他们在主流文化社会当中的心理健康和社会适应问题,间接影响他们的学业成就。因此,多民族混合高校应成立专门的心理辅导机构,或者依托学生工作部门,为少数民族学生提供必要帮助。一方面,学校要通过丰富多彩的校园文化活动,促进各民族交往交流,增加各民族学生了解彼此文化的机会,树立良好的民族观,即民族之间要相互了解,相互尊重,相互欣赏,共同进步,共同发展。另一方面,要开展针对少数民族学生文化适应技能方面的培训,比如提高少数民族学生国家通用语言文字水平,开展少数民族大学生和汉族大学生跨文化交往的培训与讲座。此外,还要对那些采取分离或边缘化策略的学生进行有效的心理辅导。

在少数民族流动人口较多的城市,政府部门应该创新少数民族流动人口管理办法,积极引导少数民族人口融入社会。有四个方面的建议:第一,建设嵌入式社区,并通过激励措施鼓励少数民族和汉族居住在同一个社区，避免少数民族和汉族相互自我隔离，在城市里形成少数民族聚居社区。只有彼此友好地接触与交往，各民族才能够相互了解、适应彼此不同的文化。第二，少数民族从民族地区来到主流文化地区，主要目的是接受教育、经商、旅游、就业等，各级政府应该做好服务保障工作，为少数民族提供较好的社会保障，比如医疗保险、语言培训、就业技能培训等，让他们感受到来自国家和社会的关心。第三，依法妥善解决各种民族冲突，避免给一些个体冲突和矛盾扣上"民族问题"的帽子。第四，通过媒体营造民族和谐的文化氛围，尤其引导主体民族成员减少对少数民族持有的消极刻板印象和偏见，这对促进民族交往具有重要的意义。

2.6　民族认同与心理健康

正如社会认同理论的基本观点一样，群体认同是自我概念的重要组成部分，它对个体有重要意义，是个体自尊的重要来源，能够满足人对归属感的需要。国内研究者就此开展了多项实证研究，这些研究表明，无论是少数民族还是汉族，民族认同都与自尊有着显著的正相关（高承海，撒丽，2017；高承海，安洁，万明钢，2011；高承海，王丽君，万明钢，2012；梁进龙，高承海，万明钢，2010）。还有研究考察了国家认同与自尊的关系，结果同样表明，二者之间存在显著正相关（崔淼，黄雪娜，2011；刘建红，张京玲，2008）。这与社会认同理论的观点是一致的。这些研究说明群体认同与个体的自尊有重要关系，是自尊的重要来源，如果个体的民族认同受到威胁，那么其自尊也会受到威胁。

研究者一致认为，民族认同对于少数民族更为重要，因为少数民族在社会当中面临文化适应、来自主体民族的偏见和歧视，他们的民族认同也更为凸显，而主体民族则很少存在这种问题，因而民族认同也与人们在主流社会当中的心理适应有重要关系(Phinney，1990)。我们的研究表明，民族认同与个体的幸福感水平有重要关系，民族认同提升幸福感的中介变量是自尊，充分证实了民族认同与自尊的密切关系(高承海，安洁，万明钢，2011)。同时，我们还从发展心理学的视角对少数民族青少年的民族认同发展状态进行了系列研究。一项以回族儿童和青少年为对象的研究发现，民族认同的发展状态与个体的心理适应有重要的关系，在民族认同发展的四种状态(认同模糊、认同早闭、认同延缓和认同获得)中，认同获得状态的青少年心理适应性最好(高承海，撒丽，2017)，这与埃里克森和玛西娅的理论观点是一致的，充分说明了民族认同的重要性。

国外研究表明，对于少数民族而言，民族认同还是他们应对主体民族歧视的重要工具，即民族认同能够缓冲歧视知觉带来的消极心理影响。有研究发现，少数民族大学生的民族认同中介了歧视知觉和压力、抑郁的关系(Brittian，et al.，2015)。最近有研究还发现，少数民族在遭遇歧视时，其民族认同显著增强，并且国家认同的水平降低，而对于主体民族而言这种影响就比较小(Sumino，2017)。因此，多民族国家在处理民族关系以及民族认同与国家认同的关系时，要减少主体民族对少数民族的歧视和排斥，从而促进民族关系，增强少数民族的国家认同。

2.7 民族认同与民族关系

民族认同是衡量民族关系的重要变量，它几乎与衡量民族关系的所有变量有关，比如群体态度、刻板印象、偏见、歧视、群际威胁等。民族认同与这些变量也是相互作用的。民族认同在民族关系当中扮演何种角色，对民族关系起积极作用还是消极作用，这是需要科学回答的问题。当前心理学有两种观点，一种是认同发展理论取向的观点，另一种是社会认同理论取向的观点。前者认为民族认同在民族关系当中起积极的作用，因为成熟的民族认同能够促进积极的民族交往和民族关系。而社会认同理论的基本主张是积极的社会认同能够提高自尊，所以人们必然会出现内群体的偏爱和外群体的排斥、歧视现象，因此该理论认为民族认同在民族关系当中存在消极影响，或者民族认同与对外群体的态度是消极的关系。在国际上，这两种观点都得到了一定的证实，相对而言，认同发展理论取向的观点得到了更多的证据。我在国内开展的研究发现了更有趣的结果。对三类被试群体（来自聚居地区的少数民族、散居在汉族地区的少数民族和汉族）进行研究，发现他们的民族认同与对外群体的态度之关系出现了三种相关，即负相关、正相关和零相关。那些来自聚居地区的少数民族人口被试，其内群体认同与对外群体（汉族）的态度之间是负相关，而那些散居在汉族地区的少数民族人口被试则是正相关；汉族被试的民族认同与对外群体（少数民族）的态度之间是零相关（高承海，万明钢，2013）。研究者对这一结果的解释是：根本的原因是民族之间接触的程度不同，聚居地区的少数民族人口来到主流社会中，他们面临更大的文化冲击，遭遇到社会偏见甚至歧视，所以其民族认同最为强烈，对外群体的态度相对就较为消极，二者之间是负相关。散居在汉族地区的少数民族人口，由于较长时间的接触和交往，已经适应了彼此的不同，相互学习，具备了跨文化交往交流的能力，在保持较强的本民族认同的同时，对外群体也有积极的态度，所以二者之间是正相关。而汉族人口，由于其接触少数民族的机会比较少，而且接触与否与自身利益关系不大，因此他们的民族认同与对外群体的态度之间没有显著的相关。这项研究有力地回应了民族认同在民族关系当中所起的作用是积极还是消极的争论，即二者之间不是必然的某种关系，而是受到其他社会变量的影响，比如该研究当中民族间的接触程度等。

2.8　民族认同与国家认同

　　世界上绝大多数国家是多民族国家，妥善处理国内民族关系，将具有不同文化特质的民族群体整合起来构建统一的国家认同，这是多民族国家稳定与发展的重要前提。多民族国家如果处理不好国内民族关系，则民族冲突不断，战火纷飞，各民族对国家的认同也就荡然无存，其后果就是造成多民族国家分崩离析，最终分裂为多个国家。比如苏联和南斯拉夫的解体，民族矛盾和冲突都是重要原因。相反，多民族国家如果能够处理好国内民族关系，则会发挥多民族国家多元文化的优势，使国家具有创新性与活力，繁荣富强。

　　多民族国家如何处理民族认同与国家认同的关系，与其对二者的关系的认识有重要的关系。多民族国家如果认为二者的关系是冲突的，那么在处理民族认同与国家认同的关系的过程中，要么通过建构同质性的国民文化，打造统一国族，加速国内各种族类共同体融合(其实就是同化)过程，要么以主体民族的文化特质作为普遍性的价值标准，塑造以主体民族为核心的国民特性。然而，事实证明，任何试图通过削弱民族认同来构建国家认同的做法不仅没有使民族认同消失，反而埋下了民族分裂的隐患，成为矛盾的根源，比如南斯拉夫的塞尔维亚政策(高永久，朱军，2010；钱雪梅，2002)。多民族国家如果认为民族认同与国家认同是可以和谐共存的关系，则不会采取同化政策，而会充分尊重少数民族的民族认同(高永久，朱军，2010；袁娥，2011)。这两种观点分别被称为民族认同与国家认同关系的"冲突论"和"和谐共存论"。因此，科学回答二者的关系是什么的问题，是多民族国家制定合理的民族政策、正确处理民族认同与国家认同的关系的前提。

　　当前，来自各学科的学者们对这一问题有了越来越多的共识，即民族认同与国家认同之间并不是必然的矛盾关系，它们是相互依存、长期共存的，这主要取决于多民族国家如何处理二者的关系。从认同的心理特性来看，人的认同具有多重性，民族认同与国家认同统一存在于个人的意识之中，它们之间不是必然的矛盾和对抗关系，而是相互依存的。一个典型的研究是美国宗教社会学家杨凤岗对海外华人的宗教皈依和认同建构过程的民族志研究，他提出了一个"叠合认同"的分析框架(Yang，1999)。杨凤岗的研究发现，美国华人基督徒既不放弃族群认同而被动地接受同化，也不拒绝融合而简单地固守其族群认同，而是同时圆融地建构和重构美国人认同、华人认同、宗教认同。或者说，美国华人基督徒的认同建构过程就是将这三种认同叠合在一起，而又不丧失任一认同的特征，从而成就其叠合认同。这项研究充分表明，在人的认同体系当中，看似矛盾的认同也可以和谐共存，个体可以在不同的身份之间有效进行转换，以适应不同的情景。

国内研究者就民族认同与国家认同的关系开展了多项实证研究，比如李晓霞在南疆地区针对维吾尔族民众的调查研究(李晓霞，2009)，王嘉毅和常宝宁在南疆地区针对维吾尔族青少年的调查研究(王嘉毅，常宝宁，2009)，以及高承海和万明钢针对西北地区各民族大学生的调查研究(高承海，万明钢，2015)。研究结果一致表明，调查对象的国家认同有较高水平，同时也对所属民族有强烈的认同，民族认同与国家认同是积极的正相关。但在移民国家大样本的研究结果却发现，民族认同与国家认同并不是这么一致的关系，二者之间出现了正相关、负相关和零相关三种关系(Berry，et al.，2006b)。为什么会出现这种不一致的研究结果呢？我们分别尝试进行讨论。

就中国而言，民族认同与国家认同的关系，是一国之内或者一国之下的民族认同与国家认同的关系，因为中国是一个世居的统一多民族国家，各民族的国家身份只有一个。从国家建构来看，中华人民共和国成立后将民族平等和民族团结作为解决民族问题的基本原则和根本政策，实施了一系列促进各民族共同发展的政策，有力地推动了少数民族地区经济、社会、文化各方面的发展，各族人民生活水平日益提高，基本需要得到了满足。改革开放以来，我国综合实力与日俱增，在国际舞台上影响力越来越大，这些因素极大地提高了各族人民的国家认同意识。因此，我国各民族既对所属民族有积极的认同，也对国家有积极的认同。可以说，当前我国各民族的民族认同与国家认同的关系处于历史上最好的时期。

在移民国家，民族认同和国家认同的关系，其实质是先前国家认同和移入国国家认同的关系，因为移民有前后两种国家身份，到了移入国之后，其民族身份（即原来的国家身份）就凸显出来了。比如一个移民到美国的汉族人，在国内他很少意识到自己的民族身份（即汉族身份），也很少考虑作为汉族人的意义。但是到了美国，身处异文化社会背景下，强烈的社会比较会使他意识到自己的民族身份，如意识到自己是一名华人，或者是一名中国人。这时候他就会面临着处理原来的民族认同和美国认同的关系的问题。对于这名华人而言，他的民族认同（华人认同或者中国认同）与美国认同的关系就可能有多种，既有可能是正相关，也有可能是负相关，还有可能是零相关。这取决于多种因素，既有个体层面的因素，也有社会和国家层面的因素。如果这名华人不认同中国及其文化，认为美国一切都好，他很好地习得了美国文化，比如熟练掌握了美国英语，充分了解了美国的文化和价值观，也很好地适应了美国文化，那么这时候，他的民族认同与国家认同的关系就可能是负相关，即认同美国而不认同中国。而如果他本来就认同中国及其文化，只是因为就业或者教育的因素成为一名美国人，也能很好地适应美国文化，那么这时候他就具有"双重认同"特征，即他既认同原来的民族身份，也认同移入国国家身份，其民族认同与国家认同的关系就是正相关。

此外，移民国家对移民的政策也是影响移民的民族认同与国家认同关系的重要因素。比如，如果移民国家对移民采取更多的包容性政策，给予移民更多的社会关怀，那么移民对移入国的认同就更好；而如果移民国家对移民采取压制或强烈的同化政策，不关注移民的社会需要，移民对移入国的认同就比较差，而对原来的国家认同就更好。

我以少数民族大学生和汉族大学生为对象的研究发现，少数民族大学生和汉族大学生的民族认同与国家认同的关系虽然都是正相关，但是二者的相关程度存在很大的差异。回归分析表明，在控制人口学变量的影响后，国家认同对民族认同的回归系数是汉族被试($b=0.79$，$p<0.05$)显著大于少数民族被试($b=0.47$，$p<0.05$)(高承海，万明钢，2015)。这个结果具有重要的客观现实依据，它说明在汉族和少数民族的认同体系中，民族身份和国家身份之间的重叠程度是不同的。对于少数民族而言，他们的民族身份更为凸显，认同程度更高，民族身份和国家身份是两种身份。而汉族作为主体民族，很多时候其民族身份并不凸显，其汉族身份、中华民族身份和国家身份无论在历史上还是在现实中都有更多的重叠性，因此导致了这一结果。在这项研究中，我还考察了少数民族被试对汉族的态度这一变量，检验了少数民族对汉族的态度在民族认同与国家认同之间的中介作用。结果表明，少数民族被试的民族认同和国家认同的关系被其对汉族的态度所中介，这说明，少数民族对汉族的态度影响着其国家认同的水平。这个研究的启示是：多民族国家在构建统一国家认同的实践中，改善少数民族和主体民族之间的关系是增强国家认同水平的重要策略。

在另一项研究(周爱保，侯玲，高承海，2015)中，我们探讨了社会公正感知在民族认同与国家认同之间的作用，有了重要发现。我们采用问卷调查方法，考察了 421 名少数民族大学生和汉族大学生的民族认同、国家认同和社会公正感知，分析了社会公正感知、民族认同与国家认同的关系。结果表明，少数民族大学生和汉族大学生的社会公正感知不存在差异；社会公正感知、民族认同和国家认同存在显著的正相关；社会公正感知对少数民族大学生的民族认同与国家认同的关系具有调节作用，但对汉族大学生无调节作用。社会公正感知能促进积极的国家认同，同时对少数民族而言，既能使其保持积极的民族认同，也能提高其国家认同水平，二者得以和谐共生。这项研究充分表明了社会公平、公正对民族认同与国家认同的促进作用。

从以上研究结果和讨论可知，民族认同与国家认同的关系并不是固定的，在不同的社会背景、历史背景和政治背景下存在不同的结果。因此，民族认同与国家认同的关系也不必然是"冲突关系"或"和谐共存关系"，它取决于国家如何处理二者的关系。如果一个国家视二者为冲突关系，采取同化政策，试图构建同质化的民族国家，那么必然导致二者之间真正的冲突，甚至使国家最终分裂。历史上不乏此类先例，很多国家曾经采取过同化政策，比如美国、苏联、英国和南斯拉夫等，但是所有同化政策都以失败而告终，严重者甚至造成国家解体，西方多元文化主义就是在这个背景下诞生并引起巨大反响的。相反，采取正确的民族政策，尊重各民族的民族认同，实行民族平等，消除民族偏见和歧视，提高各民族跨文化适应能力，促进各民族共同繁荣发展，则可以使民族认同与国家认同和谐共生，彰显多民族国家多元文化的优势。

2.9 总结

在多民族国家，民族身份是社会成员重要的社会身份之一。在不同民族成员之间的社会互动和交往中，民族身份得以凸显，人们由此进行社会分类，形成民族认同。从认同的各种理论来看，民族认同能够满足多民族社会成员的各种心理需要，尤其对少数民族具有更为重要的意义。具体而言，民族认同是人们获得归属感和自尊的重要来源，与多民族社会成员在异文化背景中的文化适应和心理健康水平有重要关系，也是少数民族成员应对来自别的民族的偏见和歧视的重要工具，可以缓解社会偏见和歧视带来的心理伤害。从群体角度来看，民族认同与民族关系有重要的联系，但是不能认为民族认同一定导致消极的民族关系，这取决于民族之间接触和交往的程度和性质。此外，民族认同与国家认同之间也不必然是矛盾关系，这取决于多民族国家如何去处理民族关系，取决于多民族国家内部主体民族和少数民族之间的关系。少数民族和主体民族之间的关系越积极，其对国家的认同就越积极。这对于多民族国家的重要启示是：要充分尊重各民族的民族认同，促进各民族之间积极的社会互动和交往，这样既能够改善民族关系、加强民族认同，又能促进各民族成员对国家的认同。

大众眼中的民族：民族
内隐观与民族关系

人格社会心理学家有一个"人人都是天真的科学家"的隐喻，它是指我们每个人都像科学家一样对自身所处世界的人、事、物有自己的观点或解释。普通大众（即非科学家）对世界的朴素解释被称为"内隐观"，也即外行人（lay people）理论。尽管内隐观有时候是错误的，但是它却对个体有着重要的意义，其最基本的一个心理功能是降低人们的不确定性，使个体对所处世界有一种掌控感。比如关于智力的看法，有的人坚持认为智力水平是天生的，它是由遗传素质所决定的，因此一个人的智力很难改变；而有的人则认为智力水平是可以改变的。再比如关于道德的看法，有的人认为道德好坏是与生俱来的，一个人的道德是不可能改变太多的；有的人则不这样认为。这就是普通大众的智力内隐观和道德内隐观。需要注意的是，虽然内隐观是外行人理论，与科学理论有着本质的差别，也无所谓对错，但是个体对某种事物持有何种内隐观广泛影响着个体的心理和行为。试想一下，你认为周围的某个人极不道德，并且你持有的是道德不可变的观点，这是否会影响你将来与他（她）的交往呢？

民族是一种重要的社会分类，或者说大多数社会是由多民族构成的。多民族社会能够被人感知到的明显特征是不同民族成员在体貌、语言、文化、心理与行为等多方面的差异，这种差异既有内在

的(如人格、气质)，又有外在的(如肤色、体貌)，那么这种差异是
否由其内在的本质(如生物因素)所决定？民族之间的这种差异是否
可变？普通大众对民族性质的朴素观点和理解，就是本章要讨论的
主题——民族内隐观。

　　社会心理学家研究发现，一些人对民族持有本质论的观点，认
为民族是由根深蒂固的生物本质所决定的，其决定了民族成员在心
理与行为上表现出来的差异；而另一些人持有的是民族社会建构论
的观点，认为民族是因为社会因素人为地建构起来的，民族之间表
现出来的差异是可以改变的。民族内隐观没有对与错之分，但是对
个体的民族心理和行为有着重要的影响，持有何种民族内隐观也广
泛影响着多民族社会成员的跨民族交往和民族关系。就当前研究成
果来看，民族的本质论观点对个体的跨民族交往、文化适应和民族
关系有消极的影响，而民族社会建构论观点在多个方面都有积极的
影响。因此，弱化民族的本质论，增强民族社会建构论，能促进跨
民族交往，改善民族关系。

　　本章首先介绍有关群体属性内隐观的内涵、意义、类型及其操
作化；其次探讨内隐观对群际关系的影响；再次介绍国内开展的几
项基于民族内隐观的实证研究成果，探讨民族内隐观对民族交往和
民族关系的影响；最后，在理论探讨和实证研究基础上，提出若干
通过干预民族内隐观间接促进民族交往、改善民族关系的策略。

3.1　内隐观与群际关系

　　人类属性(如道德、智力、人格等)是可变的吗？群体的分类和
属性是固定不变的还是可变的？个体或者群体的属性是由某种本质
所决定的吗？诸如此类的问题一直是不同领域的科学家们试图回答
的，同时也是外行人在日常生活中经常回答的。人格心理学家凯利

(George A. Kelly)的个人建构理论和海德(Fritz Heider)的社会人格理论均主张,外行人都是天真的科学家,他们采取了与科学家一样的方式来理解所处的世界(Kelly,1955;Heider,1958)。普通大众对他们所处世界的朴素观点和解释,被称为内隐观(Dweck,1999)。尽管与科学理论相比较,内隐观缺乏严格的检验,甚至有时候是错误的,但是对于个体来讲它在心理上形成了一个稳固的、有意义的系统。它降低了个体认知上的不确定性,增加了个体对世界的控制感,使个体以一个有效的方式来解释、预测和控制他们的社会世界(Levy,Chiu,& Hong,2006;Molden & Dweck,2006)。

众所周知,人类社会是由不同的群体构成的。面对不同的社会群体及其表现出来的差异,人们都试图作出解释。人们关于群体属性(如种族、宗教、性别等)的内隐观广泛影响着个体对群体信息的加工、判断和反应(Gelman,2003;Yzerbyt,Judd,& Corneille,2004),具有重要的心理和社会功能。研究表明,内隐观能有效预测社会刻板印象、偏见、歧视等群体过程,并调节着社会认同的心理效应,在群际关系研究中具有重要的理论和实践意义。

3.2 内隐观的类型

有关群体属性的内隐观,西方研究者关注较多的是本质主义、实体信念、渐变理论和实体理论、基因决定论、新教工作伦理、公正世界信念等。这些内隐观(尤其是实体论、群体实体性、本质主义)在概念上具有重叠的部分,同时都能有效地预测群体过程(如刻板印象、偏见、社会认同、种族中心主义等)。下面对群际关系中研究最多的几种内隐观进行介绍,并尝试对其概念进行整合。

3.2.1 实体论与渐变论

德韦克(Carol S. Dweck)发现大多数人对人类属性(如人格、智力、道德等)的认识有着基本的信念结构，那就是该属性是确定不变的，还是可变的(Dweck，1999)。他区分了两种内隐观，即实体论(entity theory)和渐变论(incremental theory)。实体论的基本假设是人类属性是一些确定不变的实体，尽管个体有改变其属性的动机和努力，但这是很困难的；相反，渐变论主张人类属性是动态可塑的，随着时间的变化，可以通过个体的努力而得到改变。实体论(vs. 渐变论)广泛应用在道德、智力、能力等研究中。它影响着个体的认知、情感和动机，以及在学业、社会和道德领域广泛影响着个体的行为。

对群体属性的内隐观，影响着个体对群体的知觉。实体论者更易将群体视为具有实体的单位，对其持有更多的刻板印象(Levy，Plaks，Hong，Chiu，& Dweck，2001；Rydell，Hugenberg，Ray，& Mackie，2007)。在不同人群中的大量研究表明，实体论与渐变论具有如下特征：第一，大多数人对群体属性的内隐观是实体论或者渐变论，并且两种观点在人群中的分布比例是相同的；第二，人们在有关自我的不同领域(如人格与智力)持有不同的内隐观；第三，持有实体论或者渐变论与个体的能力水平、教育和认知复杂性没有一致的联系；第四，尽管内隐观(实体论与渐变论)能够被强烈、稳定地持有，但是它们仍然是可以被实验诱导的(Molden & Dweck，2006)，实验诱导是内隐观研究的重要方法。

3.2.2 群体实体性

观察者感知到的"群体实体性(group entitativity)"是群体知觉研究中的一个焦点问题，这一概念最早由坎贝尔(Donald T. Campbell)提出(Campbell，1958)，它用来指观察者将一个人群知觉为一种社会实体并真实存在的程度。坎贝尔将格式塔心理学提出的知觉组织原则(如接近性、相似性、集体运动和共同命运等)运用于群体知觉当中，寻求群体实体性知觉的原则。研究者通常是根据感知到的群体同质性来操作的，即如果观察者将同样的本质性特征赋予这个群体的大多数成员，那么这个群体就被视为具有高度的实体性（Crawford, Sherman, & Hamilton, 2002; Hong, Levy, & Chiu, 2001）。但是克伦普（Sara A. Crump）等人的研究表明，群体相似性和群体实体性是不同的概念，它们在群体知觉当中的功能也不一样（Crump, Hamilton, Sherman, Lickel, & Thakkar, 2010）。相比较而言，人们将内群体知觉为更具实体性，而将外群体成员知觉为更具相似性。还有研究者认为，群体的两类属性——即相似性和组织性——会影响对群体实体性的知觉。前者指群体在身体特征上的相似性，比如体型大小、肤色和接近性等；后者指群体成员的互动和相互依赖性，以及群体的共同目标等（Yzerbyt, et al., 2004）。这两类知觉线索可能和两种不同的社会群体心理表征有联系，即如果群体成员具有相似的物理特征，那么他们会被知觉为具有相同的特质，形成基于特质的实体；如果群体成员投身于相似的活动和合作方式，他们就会被知觉为具有相同的目标，形成基于目标的实体（Hong, et al., 2001）。

3.2.3　本质主义

本质主义（essentialism）是一个多学科的概念，在语言哲学中主要是指古典的或者亚里士多德关于概念的观点，在生物哲学中主要是指前达尔文时期关于物种的观点。梅丁（Doug L. Medin）等人将本质主义引入心理学当中，用来指外行人对生物类别具有本质（essence）的信念（Medin & Ortony, 1989）。在社会心理学中，罗斯巴特（Myron Rothbart）和泰勒（Marjorie Taylor）第一次将本质主义的概念引入外行人对社会类别的理解当中。他们主张人们通常错误地将社会类别（如犹太人、荷兰人）视为自然类别（natural kinds），即认为他们是具有本质的群体，而不是文化的结果，这种基于本质的群体分类是不可变的，并成为推断群体成员特征的有力信息资源（Rothbart & Taylor, 1992）。继罗斯巴特和泰勒对自然类别和社会类别的本质主义的概念分析之后，研究者在广泛的社会领域（如种族、族群、性别、宗教、同性恋等）内对人们的本质主义信念进行了研究。哈斯拉姆（Nick Haslam）等人将本质主义定义为一种朴素的本体论，即假定分类具有一个深深的和不可观察的实体，这个实体导致分类成员的表面特征，并且是恒定不变的，不可能通过人为的干预而改变，因为它具有一个"自然的"基础（Haslam, Bastian, Bain, & Kashima, 2006）。

哈斯拉姆等人首次对社会类别的本质主义信念的结构进行了研究。他们让被试对 40 个社会类别在 9 个心理本质主义成分上进行等级评定（Haslam, Rothschild, & Ernst, 2000）。因素分析结果表明，这些成分构成了两个不同的维度：一个维度包括社会分类是自然的、具有清晰的界线和必需的特征、是不可改变的以及历史恒定性的信念，这一维度对应于哲学概念中的"自然类"；另一个维度包括信念是社会类别具有其潜在的、固有的基础，群体成员的同质性、分类决定了一个人的身份及其特征，这一维度对应于群体实体性。之后的研究进一步扩展和支持了上述本质主义的结构（Haslam, Bastian, & Bissett, 2004；Haslam, Rothschild, & Ernst, 2002），心理本质主义的结构正在发展和完善当中。

3.2.4 从实体论、群体实体性到本质主义

从上述三个概念分析中不难看出，三者之间在结构和功能上均存在着一些重叠现象。比如，群体实体性是本质主义的一个维度（Haslam, et al., 2000）；群体实体性和本质主义相互作用，共同影响着刻板印象的形成和维持（Yzerbyt, Corneille, & Estrada, 2001）

等。理论家们当前也在对三者进行概念和结构上的整合。比如，罗斯巴特和泰勒以及格尔曼(Susan A. Gelman)主张，人类属性是确定的、不可改变的信念(entity theory)是心理本质主义的成分之一，因而实体论认为人类属性是确定的、不可改变的观点就暗含人类属性有其本质的观点(Rothbart & Taylor，1992；Gelman，2003)。巴斯蒂安(Brock Bastian)和哈斯拉姆则直接检验了这一点。他们证实了实体论和人类属性本质主义信念中的自然性、离散性和信息性等具有共变关系。这些本质主义信念及其他信念能够独立于实体论而预测刻板印象，但当本质主义信念与实体论同时预测刻板印象时，实体论的预测效应就不显著了。这表明本质主义信念包含了实体论，它比实体论本身能更好地预测刻板印象的持有(Bastian & Haslam，2006)。此外，浦安迪(Jason E. Plaks)等人的研究结果显示：实体论者与渐变论者相比较，前者更偏好刻板印象一致性信息，后者更偏好刻板印象非一致性信息(Plaks，Stroessner，Dweck，& Sherman，2001)。巴斯蒂安和哈斯拉姆的研究发现：本质主义信念整体上更偏好刻板印象一致性信息，并且不受实体论的影响，这表明实体论和本质主义对认知过程的影响是一样的。所以，研究者主张将实体论作为心理本质主义的一个成分，建议将内隐观研究放在心理本质主义框架内进行考虑(Bastian & Haslam，2007；Haslam，et al.，2006)。

3.3　心理学家如何操作内隐观

人人都是科学家的隐喻表明内隐观与科学理论在结构和功能上具有相似性，内隐观是一些知识结构越来越成为研究者的共识，它们的激活和应用遵循了知识激活的基本原则，所以它们也可以通过采取与科学知识类似的方法来进行测量和评估(Hong，et al.，

2001）。

在当前有关内隐观的研究中，研究者通常将内隐观作为一个变量，采用两种方法来对其进行操作：一种是通过自我报告的方式来测量被试的内隐观；另外一种是通过实验操作的方式，即让被试阅读杜撰的"科学材料"来诱导被试持有某种内隐观（如实体论或渐变论等）。实证研究表明：无论是采取自我报告的测量方式，还是采取实验操作的方法，研究结果都具有一致性（Levy，Stroessner，& Dweck，1998；No，et al.，2008；Rydell，et al.，2007）。这种研究结果也进一步证实了内隐观具有知识结构的特征，具有动态性的特点，可以在一定的情景中被激活。某种内隐观被频繁激活就会变为长时通达性的和可利用的，进而影响人们的认知过程、情感和行为。

3.4 内隐观与群际关系

3.4.1 内隐观与社会认知

人们对社会群体的朴素解释，不仅影响着他们对特定社会群体的刻板印象的持有，同时还影响着对相关社会群体信息的认知加工。利维（Sheri R. Levy）主张，实体论者对人类属性的静态的观点深深地影响着其对社会群体信息的解释，与渐变论者相比，实体论者更易于持有社会刻板印象（Levy，et al.，2001）。研究发现，尽管实体论者和渐变论者在刻板印象知识的多少上没有差异，但是实体论者对种族和职业群体作出了更强烈的刻板化的特质判断，在有限的信息条件下对虚构的群体作出了更快、更极端的刻板化判断（Levy，et al.，1998）。内隐观除了影响着社会刻板印象的持有外，同时也影响着印象形成过程中对刻板化信息的加工。浦安迪等人的研究表明：实体论者对刻板印象一致性信息给予了更多的注意，而渐变论者对刻板印象非一致性信息给予了更多的注意（Plaks，et al.，2001）。可见，实体论者倾向于从特质来理解人的行为，或者倾向于通过个别行为来推断行为背后的特质，认为一个人或者群体的行为具有跨情景的一致性（Plaks，Grant，& Dweck，2004），而渐变论者在理解社会行为时更多地关注行为的情景、动机和目标等因素，认为人的行为在不同的情景中是变化的（Plaks，Levy，Dweck，& Stroessner，2004）。

群体实体性也影响着个体对有关群体信息的加工方式，即当一个群体被描述为高实体性的时候，有关该群体的信息加工以实时（on-line）方式进行，被试对该群体有关信息表现出了更好的回忆和首因效应，较少的错误判断，回忆和判断之间的低相关等；而当群体被描述为低实体性的时候，结果正好相反，被试采取了基于记忆（memory-base）的信息加工，信息加工方式缺少整合性（McConnell，Sherman，& Hamilton，1994；1997）。布鲁尔（Marilynn B. Brewer）及其同事们的研究证实，群体实体性与对群体信息的表征策略也有联系，即对高实体性群体更多地采取了原型（prototypic）表征策略，而对低实体性群体更多地采取了基于样例（exemplar-based）的表征策略（Brewer & Harasty，1996；Welbourne，Harasty，& Brewer，1997）。可见，上述对有关群体信息的加工方式以及心理表征的差异，似乎说明了为什么人们会很容易将高实体性群体中某个成员的特质推广到整个群体成员，进而形成对该群体的刻板印象（Crawford，et al.，2002）。

吕德尔（Robert J. Rydell）等人通过研究证实，人们对个体属性与群体属性的内隐观是有差异的，虽然它们都与刻板印象相关，但是有关群体属性的内隐观（群体属性是可变的还是不可变的）对刻板印象的影响是通过群体实体性这个中介变量来实现的，即对群体属性的内隐观通过改变感知到的群体实体性而影响着人们对该群体的刻板印象，实体论者较渐变论者更容易将群体视为一个实体而持有更多的刻板印象。由此表明，群体实体性在刻板印象形成中扮演着重要的角色(Rydell，et al.，2007)。

3.4.2 内隐观与社会偏见

奥尔波特主张群体本质主义信念是偏见人格形成的重要因素，并伴有刻板化的、是非分明和无法忍受不确定的认知风格。他认为偏见不仅仅是对特定社会群体的具体态度，它更多地反映出一个人对世界整体的思维习惯(Allport，1954)。当代人格心理学家和社会心理学家已经部分地支持了奥尔波特的观点，即与本质主义相关的信念的确与偏见存在相关，但是这种相关并不总是直接的、一致的，同时还因不同的分类群体而存在差异。例如：哈斯拉姆等人的研究表明，对女性和非裔美国人的本质主义信念，与外显测量的性别主义和种族主义并没有一致的相关，但是对男性同性恋的本质主义信念与反对同性恋的态度具有强烈的相关(Haslam，et al.，2002)；莫尔顿(Thomas A. Morton)等人在澳大利亚和英国社会背景中用实验的方法检验了种族本质主义信念如何与偏见相联系，他们发现，本质主义信念和偏见的联系，与种族是被如何使用的(即是包容性的还是排外性的)以及实验处理的对象(即是少数群体还是白人群体)有关系。研究结果表明：当种族被用来排除他人(外群体)时，怀有偏见的人赞成种族本质主义；而当被用来排除他们自己时，他们却拒绝种族本质主义(Morton，Hornsey，& Postmes，2009)。可见，本质主义与偏见的联系并不总是以同样的方式存在的，与人们的社会动机也有关系，需要具体分析。

群体本质主义信念影响着个体对群体信息的加工方式和对群体差异的解释，有时还为社会的不平等提供支持，造成消极的群际关系。有研究证实，那些在本质主义信念量表中得分高的被试更倾向于从内在的生物因素出发解释群体差异，将群体差异归因于生物因

素的差异（Yzerbyt，et al.，2004）。并且威廉姆斯（Melissa
J. Williams）等人的研究证明，相信种族群体成员是由生物性因素决
定的观念，为种族不平等现状和劣势群体持久的边缘化提供了正当
性，也削弱了种族间成员相互交往的兴趣和动机，并且这种效应独立
于种族偏见。研究者的解释是：当种族被视为个体的生物标志时，人
们将外群体成员知觉为与自我无关的，所以不值得去关心和归属（Wil-
liams & Eberhardt，2008）。

对于遭遇偏见的个体，内隐观在他们应对偏见时也扮演着重要
的角色。有研究表明，那些遭遇偏见的个体（包括实体论者与渐变论
者）中，渐变论者（即认为人是可以变化的）比实体论者（即认为人有
确定不变的特质）能更勇敢地面对偏见，并且在未来与偏见持有者的
交往中也表现出更少的退缩行为。这说明内隐观在应对偏见时具有
重要的动机作用，对于群际关系研究具有重要的理论和实践意义
（Rattan & Dweck，2010）。

3.4.3　内隐观与社会认同

社会认同取向的研究主张群体对人类具有重要的功能，人们通
过归属于某个群体（如性别、职业、种族、国家等）获得正面的社会
认同，降低了认知上的不确定性，并通过群体间的比较维持着积极
的自尊，具有重要的心理意义。根据自我归类论，内群体—外群体
归类的显著性的提高，往往增强了自我与内群体成员的一致性（相似
性、等价性、可交换性），同时也夸大了自我与外群体成员的差异
性，因而产生个体知觉的去个性化（即自我刻板化）过程。去个性化
决定着诸多群体现象（对内群体的偏爱和对外群体的排斥与歧视，内
群体与外群体的刻板化感知，种族中心主义等）过程。可见，社会认
同同时影响着自我概念和群体间的导向。社会认同的这些心理效应
得到了实证研究的证实，但是忽略了个体差异的研究，内隐观与社

会认同关系的研究填补了这一缺陷。豪格（Michael A. Hogg）等人根据自己的自我不确定减少理论，研究了自我不确定、群体实体性与社会认同的关系，发现人们在自我概念更加不确定和将群体视为具有更高的实体性时，对所属群体的认同更加强烈。越来越多的研究表明，人们对人类属性是否可变的内隐观调节着社会认同的心理效应（Hogg，Sherman，Dierselhuis，Maitner，& Moffitt，2007）。即人们对人类属性持有确定不变的观点并将不可改变的属性赋予社会群体时，这些人将社会认同视为不可改变的和坚固的实体，社会认同的心理效应就被加强了；但当人们对人类属性持有可变的观点时，社会认同则不被视为确定不变的和坚固的实体，从而这种社会认同的心理效应就被弱化了。

众多研究表明，人们持有的内隐观对社会认同有重要影响（Hong，et al.，2003；Hong，et al.，2004；Hong，Chiu，Dweck，Lin，& Wan，1999），这与个体在异文化背景中的文化适应有关（No，et al.，2008），还影响双文化个体的文化框架转换等（Chao，et al.，2007）。研究发现，那些持有人类属性确定不变观点的个体（即实体论者）更容易将一个群体也视为一个实体，从而基于特质维度进行社会比较，以达到群体间区分的目的；而渐变论者则聚焦于群体动态的方面（比如群体目标），很少从特质维度进行社会比较（Hong，Chiu，Dweck，Lin，& Wan，1999）。另外，当群体身份认同被激活后，那些认为人的道德特征不可变的个体（即实体论者）在自发的自我描述中表现出了更多社会责任（Hong，et al.，2003，研究 1）。与渐变论者相比较，实体论者认同的社会身份对他们的自我概念的影响更大（研究 2），内隐观与社会认同交互作用预测着群体间区分或整合，即实体论者（将社会群体视为不可变的实体）的社会认同显著地引导着他们的群体间导向，他们对自己所属群体的认同感更为强烈，而对于渐变论者，这种效应则比较微弱且不显著（研究 3）。另一项关

于群际偏见的研究(Hong, et al., 2004)进一步验证了内隐观与社会
认同的交互作用：研究 1 的结果表明，无论被试的社会认同是什么，
实体论者对外群体持有更多的排外性和偏见，而渐变论者则持有更
多的包容性(inclusive)和较少的偏见；研究 2 检验了亚裔美国人的内
隐观、社会认同(对亚裔美国人和美国人)和偏见(对非裔美国人)之
间的因果关系，结果与研究 1 一致。从以上实证研究可以发现：实
体论者将社会身份视为具体的一些实体，当认同的背景发生变化时
仍然很难调整他们作出的特质推断；相比较而言，渐变论者根据定
义他们的社会认同的背景，对同样的群体形成了不同的印象。

　　有关种族的内隐观的研究(Hong, Chao, & No, 2009)表明，人
们如何理解种族还影响着人们对不同族群文化的反应。对于少数群
体而言，本质主义种族内隐观(即认为种族有根深蒂固的和不可改变
的本质)使个体僵化地依附于他们的族群文化，而建构主义种族内隐
观(种族仅仅是一种社会分类，是可变的)则引导个体认同和融入主
流文化。

3.5　民族内隐观

3.5.1　民族内隐观的概念

　　多民族社会中，人们面对不同民族在语言、文化、体质、心理
与行为等方面表现出来的差异的时候，都会形成自己的理论来进行
解释，比如什么是民族、民族之间的差异是否可变等问题，普通大
众对民族性质的朴素理解就是所谓民族内隐观。研究发现，普通大
众对民族性质的理解通常有两类观点：一种观点认为民族是由不可
变的、根深蒂固的本质所决定，这个本质决定民族成员在跨情景当
中稳定的人格特征，即不同民族的文化、心理和行为都是由其根深
蒂固的本质所决定，是不可能发生改变的，这种观点被称为"民族本

质论"；另一种观点则与之对立，认为民族是在历史情景中由于社会和政治因素而人为创造的，因此民族边界是动态可变的，民族属性和各民族表现出来的差异都是可以变化的，这种观点被称为"民族社会建构论"（Hong, et al., 2009）。这两种观点分别代表着人们对民族性质相对静态和动态的理解，二者之间是连续统一的。一般人对民族的理解介于这二者之间，即要么倾向于民族本质论，要么倾向于民族社会建构论，持有这两种观点倾向的个体分别被称为民族本质论者和民族社会建构论者。

3.5.2　民族内隐观的操作化

在实证研究中，为考察民族内隐观与民族心理及行为的关系，研究者需要对民族内隐观进行操作化。正如前面所述，心理学家对内隐观的操作通常采用自我报告和实验诱导的方式来实现，对民族内隐观的操作也采用这两种方式。

诺（San No）和康（Ying-yi Hong）等人在心理本质主义的框架内首先开发了八个题目的种族内隐观量表，该量表包含八个题目，包括种族本质论维度和种族社会建构论维度，两个维度各四个题目（No, et al., 2008）。被试在6点计分量表（从"完全不同意"到"完全同意"）上打分。研究者可以分别计算本质论和社会建构论维度得分，也可以将其中一个维度分数反转之后计算量表总分，在一个维度（本质论或社会建构论）上探讨与其他群际变量之间的关系。

我对种族内隐观量表进行了本土化的修订，并以少数民族大学生和汉族大学生为被试，对其信效度进行了检验。量表在多个心理测量学指标上达标，可以作为民族内隐观的测量工具。量表前四个题目测量本质论信念，后四个题目测量社会建构论信念，国内已有多项研究使用了这个量表，如表3-1所示（高承海，2012）。

另一种操作是采用实验诱导的方式。这种操作方式基于心理学

表 3-1 民族内隐观量表

人们对"民族"有着不同的看法和观点，我们收集了一些人的观点，想知道您是怎样看待这些观点的。请仔细阅读每个陈述，表明您在多大程度上同意或者不同意它，请在相应的数字上画"√"，1 表示您"完全不同意"，2 表示您"不同意"，3 表示您"有点不同意"，4 表示您"有点同意"，5 表示您"同意"，6 表示您"完全同意"。	完全不同意	不同意	有点不同意	有点同意	同意	完全同意
1. 不同的民族有其独特的遗传特征，它决定了民族成员很多方面的特征，这点很难改变。	1	2	3	4	5	6
2. 一个人是很难改变他（她）的民族特有的属性的。	1	2	3	4	5	6
3. 一个人的许多特征（比如性格等）是植根于他（她）的民族的，这不可能改变太多。	1	2	3	4	5	6
4. 民族是一个人最基本的属性，不可能改变太多。	1	2	3	4	5	6
5. 民族仅仅是一种分类，如果需要的话，是可以改变的。	1	2	3	4	5	6
6. 民族分类完全是基于经济、政治和社会等因素建构的，如果社会政治背景变化了，民族分类也将会发生变化。	1	2	3	4	5	6
7. 民族没有内在的生物基础（遗传素质），所以是可以改变的。	1	2	3	4	5	6
8. 民族分类是一种动态的、可塑的社会建构。	1	2	3	4	5	6

家对内隐观与科学理论在认知表征、结构和功能上的相似性共识，认为内隐观的激活和使用遵循了科学知识激活的基本原则，所以它们也可以通过采取与科学知识类似的方法来进行测量和评估。实验诱导法通常的做法是：研究者杜撰两种"科学材料"，一种材料谎称科学家的研究表明民族之间的差异是由其独特的本质所决定的，民

族成员的属性是不能改变的(如材料 1)；另一种材料谎称科学家的研究表明民族是由环境和社会因素而人为建构起来的，是可以变化的(如材料 2)。以此分别诱导被试持有民族本质论和民族社会建构论观点。两种材料在字数、撰写模式上都保持基本一致，为避免被试的猜测，研究者还可以在诱导材料中加入其他一些与民族无关的真正的科学研究知识，以尽可能控制无关变量的影响。具体操作中，研究者将两种材料随机分发给被试阅读，然后测试启动效应，即两种材料是否成功诱导被试持有某种民族内隐观，接着被试完成其他变量的测试，最后通过数据分析考察不同启动条件下被试在其他群际变量上的差异情况(高承海，万明钢，2013)。

材料 1：民族本质论诱导材料

民族真的存在吗？不同民族的特性是独一无二和不可改变的吗？在经过广泛的田野研究和文献分析后，日内瓦大学人类学研究中心作出了一个结论：人类确实是由不同的民族组成的。每个民族都拥有其独特的、不可改变的属性，被称为民族本质。著名的跨文化研究者乔治·莱文杰(George Levinger)教授回顾了大量来自生物学、考古学和文化人类学关于民族和社会发展的研究，结果表明：每个民族群体的成员都有共同的特性，如他们共享着一种语言，居住于相似的社会经济环境，拥有相似的文化和心理特性。这些特性在每个民族中将其成员联系在一起，增强了民族凝聚力并展现了他们的民族精华。他作出结论：一个人的特性在很大程度上取决于他的民族生物性，这是很难改变的……

材料 2：民族社会建构论诱导材料

民族真的存在吗？不同民族的特性是独一无二和不可改变的吗？日内瓦大学的文化人类学部门做了一项调查，询问人们对"民族"的定义。结果表明：人们对民族的理解是模糊不清的。有人说存在一百多个民族，也有人说存在两百多个，还有人说存在几千个民族或者不确定。事实上，人们对"民族"所持的理所当然的观念，并不是显而易见的。著名的跨文化研究者乔治·莱文杰(George Levinger)教授回顾了大量来自生物学、考古学和文化人类学关于民族和社会发展的研究，结果表明：事实上，所有的人类都有共同的祖先和血统，民族的差异完全是适应不同环境导致的结果。他作出结论：民族的划分不是基于生物特征，民族仅仅是一种社会的分类和建构而已，是可以变化的……

3.5.3 民族内隐观对民族关系的影响

来自国内外的研究表明，虽然民族内隐观是人们对民族性质的朴素理解，但是持有何种观点(即民族本质论或者民族社会建构论)却影响着人们的民族交往和民族关系等群体心理现象。这主要表现在：民族内隐观影响民族认同；民族内隐观影响群际知觉；民族内隐观影响刻板印象；民族内隐观影响跨民族交往；民族内隐观还与维持不平等的社会地位有关。分述如下。

民族内隐观影响民族认同

简单来讲，持有民族本质论观点的个体，他们的内群体认同更为强烈，而对外群体的态度较为消极，民族边界固化。国内一项相关研究证实了这种联系。研究者以 351 名少数民族大学生和汉族大学生为研究对象，被试完成了民族内隐观(转换为本质论维度计分)、民族认同和外群体态度等变量的测量。结果表明，民族本质论与内群体认同存在显著正相关，而与外群体的态度存在显著负相关。无论少数民族被试还是汉族被试，在本质论量表上的得分越高，其在民族认同量表上的得分就越高，但是在外群体态度量表上的得分就越低。这项研究还发现，来自聚居地区的少数民族的民族认同与外群体的态度存在负相关，并且这种负相关被民族本质论中介了(高承海，万明钢，2013)。

在移民国家的研究发现，主流群体成员中的民族本质论者的内群体认同更为强烈，对移民的排外性更强烈，对移民持有的偏见也更大，而民族社会建构论者则对移民的包容性更好，偏见程度也更低（Bastian & Haslam，2008）。国内外研究结果充分表明，民族内隐观对民族认同有重要的影响。

民族内隐观影响群际知觉

民族本质论认为民族成员共享着一种潜在的本质，这种本质引起并决定着该类别成员可观察到的特征。这种信念的一个潜在影响就是它增强了群际差异和群内相似知觉，民族社会建构论则正好相反。例如，诺和康等人以亚裔美国人为被试，让其在大五人格的五个维度上对亚裔美国人和白人进行评定，结果发现：那些持有强烈本质论信念的被试，认为亚裔美国人和白人在人格维度上具有更大的差异性，而社会建构论者知觉到的差异性就相对小一些（No，et al.，2008）。国内研究者高承海等人采用了同样的方法，以少数民族大学生和汉族大学生（多数群体）为被试进行研究，发现无论少数民族被试还是汉族被试，其本质论信念越强烈，在大五人格维度（详细特质见表3-2）上对内、外群体进行评价时存在越显著的差异，并表现出内群体偏爱特征。比如，被试均认为自己民族的人更具宜人性，更富有责任感，情绪更加稳定等（高承海，万明钢，2013）。

另一项实验研究系统考察了民族本质论对社会分类的影响，结果表明：与持有民族社会建构论的被试相比较，持有民族本质论的被试在进行社会分类时更倾向于基于民族分类，并且他们识别民族的细微表型特征时表现得非常敏锐。这种结果在亚裔美国人和白人被试中都存在，这说明不管是少数群体还是多数群体成员，民族内隐观对其民族分类和社会知觉的影响是相似的（Chao，Hong，& Chiu，2013）。

表 3-2　简版大五人格特质量表

右侧数字 1～6 分别代表着您的某种态度，如 1 代表您"完全不同意"。6 代表您"完全同意"等，对于下方 P1～P10 描述人的一些特征，您在多大程度上同意或者不同意它是描述您自己民族的人或者其他民族的人，请您选择相应的代号，填写在表格中。	完全不同意	比较不同意	有点不同意	有点同意	比较同意	完全同意
	1	2	3	4	5	6
	我民族的人是			汉族人（或少数民族）是		
P1. 外向的，热情的。						
P2. 爱挑剔的，好争论的*。						
P3. 可信赖的，自律的。						
P4. 焦虑的，易烦躁的*。						
P5. 乐于接受新事物的，富有创造性。						
P6. 保守的，安静的*。						
P7. 有同情心的，热心的。						
P8. 无组织的，粗心的*。						
P9. 冷静的，情绪稳定的。						
P10. 传统的，缺乏创造性*。						

注：* 表示需要反向计分的题目。

民族内隐观影响刻板印象

民族刻板印象是人们对民族群体形成的僵化、固定化的认知，对民族关系有重要影响。积极的民族刻板印象对民族交往和民族关系有积极影响，消极的民族刻板印象则阻碍着民族交往，也是引起民族冲突和矛盾的重要心理因素。国内外研究都发现，民族本质论者对外群体的刻板印象更为强烈，而民族社会建构论者所持的刻板印象则相对较弱。比如国外的研究发现，人们持有的本质论信念越强烈，就越容易对 9 个不同的社会类别（包括种族和族群、性别、同性恋群体等）持有刻板印象（Bastian & Haslam，2006）。

我们以 104 名汉族大学生为研究对象（其中男性被试 62 名，占 59.6%，女性被试 42 名，占 40.4%，被试年龄范围在 18~35 岁），采用前述实验诱导范式（诱导材料见前文），诱导两组被试分别持有民族本质论和民族社会建构论观点，紧接着测量他们对少数民族持有刻板印象的程度。刻板印象特质词分别选择了 5 个典型的积极词和消极词，被试在 6 点计分量表（从 1"完全不同意"到 6"完全同意"）上对少数民族成员进行评价，即在上述 10 个特质词上被试在多大程度上同意它是描述少数民族成员的。为了克服顺序误差，问卷中随机按照一个积极词和一个消极词的顺序呈现形容词，计分时分别计算积极评价得分和消极评价得分，最后将积极得分和消极得分之和作为总分。被试得分越高，说明其持有的刻板印象程度越深，反之亦然。结果发现：被诱导持有民族本质论观点的汉族被试，对少数民族持有刻板印象的程度更深，尤其在消极刻板印象方面；而被诱导持有民族社会建构论观点的汉族被试，对少数民族持有刻板印象的程度显著低于持民族本质论观点者（高承海，万明钢，2013）。这充分说明，民族内隐观与民族刻板印象有密切的联系。

民族内隐观影响跨民族交往

与民族社会建构论者相比较，民族本质论者跨民族互动和交往的动机水平更低。国内研究者杨晓莉等人以藏族大学生为被试，采取杜撰的"科学材料"诱导被试持有民族本质论或者民族社会建构论观点，再测量藏族大学生与汉族大学生交往的意愿。实验研究发现，当被试被诱导持有民族本质论观点时，他们与汉族学生交往的意愿较低，而被诱导持有民族社会建构论观点的被试，他们交往的意愿则更高（杨晓莉，刘力，赵显，史佳鑫，2014）。

国外威廉姆斯等人的研究发现，民族本质论者的人际关系网中民族多样化的程度较低，因为他们对发展跨民族友谊的意愿更低，对维持与外民族群体成员关系的兴趣较低（Williams & Eberhardt,

2008)。另一项以在北京工作的美国白人为被试的研究也发现，与社会建构论者相比较，那些持有强烈本质论信念的美国白人，他们更少参与中国文化活动，这种影响在控制语言熟练程度、在北京居住时间后仍然存在(Hong & Zhang, 2006)。与之类似的研究发现，民族内隐观调节着移民在移入国的文化适应状况，即本质论者更加认同自己所属的族群文化，而很难融入主流文化当中(Bastian & Haslam, 2008)。较近的一项在美国进行的研究同样发现，民族本质论阻碍了亚裔美国人接触欧裔美国人、欧裔美国人接触少数民族的兴趣与意愿(Lee, Wilton, & Kwan, 2014)。可见，本质论信念对于跨民族交往及异文化背景中的文化适应均有消极的影响，而社会建构论则有着积极的影响。

民族内隐观与维持不平等的社会地位有关

持有何种民族内隐观，还与维持不平等的社会地位有关。与民族社会建构论者相比，民族本质论者持有的一个信念就是民族在时间维度上的稳定性和类别成员特征的不可变性，这一信念潜在的影响就是减少了个体改变被本质化的群体及其成员的动机，也包括自我。比如，研究者发现，那些对民族分类持有生物学观念(也是一种本质论观点)的个体，他们更能接受民族不平等的现实，认为民族不平等是很自然的事情，是没有疑问的，也是不可改变的(Williams & Eberhardt, 2008)。对于主流群体或主体民族而言，这显然就成为其维持不平等地位的"合法理由"，具有潜在的危险。一项叙事研究进一步揭示，少数群体和主流群体在讨论文化与族群之间的关系时都会使用民族本质论观点，但其目的和意义不一样，即主流群体运用民族本质论主要是表达偏见，维持现存的社会秩序和地位，而少数群体运用民族本质论主要在于表达身份认同。少数群体在谈到同化或其身份被否认时，往往对其族群身份和文化本质化。他们利用民族本质论重新澄清或凸显自己的族群身份。因此，民族本质论是少数群体表达身份认同的一种工具，它反映了个体对知觉到的威胁的一种自我防卫。这时的民族本质论具有"边界强化功能"，强调差异可以防卫和巩固个体的族群认同，以免被主流群体同化或忽视（Verkuyten，2003）。

在另一项同类研究中，研究者对本质论的实体性（entitativity）成分进行操作，研究了其与民族偏见、认知闭合需要、民族主义之间的关系。研究结果发现，主流群体被试在实体性量表上的得分越高，他们持有的各种形式的民族主义也越强烈（如现代民族主义、隐晦民族主义）（研究1），认知闭合需要激发了实体性信念（研究2），并且实体性信念在认知闭合需要和民族偏见之间存在中介作用（研究3）。因此，研究者主张对民族群体的实体本质信念是动机性社会认知的一种表现，它能满足人们进行快捷社会判断的需要（Roets & Hiel，2011）。

3.6　改变民族内隐观可以改善民族关系

3.6.1　民族内隐观影响民族交往和民族关系的启示

虽然民族内隐观是普通大众对民族的朴素理解，但是它广泛影响着群际心理和行为，在民族交往和民族关系中扮演了重要的角色。相比较而言，民族本质论对民族交往和民族关系的影响是消极的，即它严重固化了群际边界，增强了群际差异知觉，使人们持有更为强烈的刻板印象和偏见，从而阻碍着跨民族的互动和交往。民族社会建构论对民族交往和民族关系的影响则与之相反，在个体的跨文化交往方面有着积极的意义。最近的研究发现，民族内隐观还与个体的一般创造性有关，即那些持有社会建构论观点的个体，他们的一般创造性能力优于持有本质论观点的个体，这表现在思维的灵活性、联想和领悟能力等方面（Tadmor，Chao，Hong，& Polzer，2013）。

国外研究者比较了人们对重要社会类别(比如性别、同性恋、种族、族群、宗教等)持有的内隐观,结果发现种族或者族群是最容易被人们本质化的群体,或者说也是被本质化程度最高的群体(Haslam, et al., 2000),这主要是由于不同民族在身体特征(比如肤色、体型)、语言、信仰、习俗等方面表现出来的巨大差异。国内研究者对多民族大学生的研究发现,约 60% 的被试对民族性质的理解倾向于本质论的观点,认为民族之间的差异是由生物本质所决定,不同民族的文化是不可改变的,人们表现出来的心理与行为也是不可改变的(高承海,2012)。由此可见,改变民族内隐观可以促进民族交往和民族关系,即通过减弱人们持有的民族本质论信念,让人们持有更多的民族社会建构论观点,可以间接地促进民族交往、改善民族关系。

3.6.2 民族内隐观的可变性

心理学的研究表明,内隐观或者内隐观的形成没有像科学理论那样经过严格的检验,但内隐观与科学理论在结构和功能上具有相似性。内隐观是一些知识结构越来越成为研究者的共识,它们的激活和应用遵循了知识激活的基本原则,所以它们也可以通过采取与科学知识类似的方法来进行测量和评估(Hong, et al., 2001)。据此,研究者采用实验的方法,以杜撰的"科学材料"成功诱导被试持有了民族本质论或者民族社会建构论的观点。这些证据表明,内隐观像科学知识一样是可以学习的,或者说可以通过教育而得到改变,正如学生已有的错误知识可以被老师纠正一样。在促进各民族交往的实践过程中,可以将普通大众持有的民族内隐观作为一个中介来进行干预,以达到促进民族交往和改善民族关系的目的。从当前的研究来看,就是要弱化人们持有的民族本质论信念,增强民族社会建构论信念。

3.6.3 改变民族内隐观的策略

那么，如何来改变民族内隐观呢？正如前文所言，民族内隐观作为外行人持有的"科学理论"，有着与科学知识和理论相似的结构和特点，因此，首先可以采取教育的方式来加以改变。众所周知，科学知识是可以学习的，错误的认知也可以通过教育和学习的方式加以纠正或改变。前面的讨论已经表明，民族本质论对民族交往和民族关系有广泛而消极的影响，而民族社会建构论则有着多方面的积极影响，比如促进跨民族的交往和文化适应，减少民族偏见和刻板印象等，从而改善民族关系。因此，我国在民族团结教育的社会实践中，可以通过教育的方式来让人们减弱民族本质论的观点，强化民族社会建构论的观点。即明确告知大众，民族之间的差异不是由根深蒂固的生物因素所致，民族之间的差异（心理、行为和文化等）是可以变化的，民族仅仅是一种社会分类而已，等等。事实上，至今为止，对于不同的种族、族群，科学家并没有发现基因的本质差异。正如前文所述，研究者通过杜撰的"科学材料"，成功诱导被试持有了某种观点，这说明教育是改变民族内隐观的一种策略。

其次，民族接触也是最为重要的社会策略，要广泛创造各民族之间实质性接触的机会（比如共事、共居、共学等），通过跨民族的互动和交往，让社会成员在自然的社会交往过程中改变已有的民族本质论观点。我的博士论文考察了民族接触减弱民族本质论及其机制问题：第一，该研究以我国少数民族大学生和汉族大学生为研究对象，考察了二者彼此接触的数量和质量，测量了大学生的民族内隐观（本质论 vs. 社会建构论）和交往态度，检验了三者之间的关系。研究结果表明，民族接触与民族本质论存在显著的负相关，与交往态度存在显著的正相关。这说明民族接触程度越高，被试持有的本质论信念越弱，社会建构论观点则越强烈，对外群体的态度越积极。

第二，该研究考察了民族接触减弱民族本质论的机制问题，结果发现：民族认同和文化相似性知觉在民族接触与民族本质论之间存在显著的中介作用，即民族接触通过弱化内群体认同、增加民族之间文化相似性知觉而减弱民族本质论、增加民族社会建构论的观点（高承海，2015）。这说明民族接触能够让人们相互学习彼此的文化，增加更多的共同性和相似性感知。当这种共同性和相似性感知增多，原来持有的那种差异感知就减少，对民族理解的本质论观点自然也就弱化甚至转变为社会建构论的观点。

最后，弱化民族分类、强调共有的社会身份，可减弱民族本质论，改善民族关系。根据社会认同理论和自我归类论的观点，社会分类是社会偏见和歧视的认知根源，一旦个体将自我和他人归入"内群体"和"外群体"，产生"我们"和"他们"意识，在认知上就会增大内群体的相似知觉，夸大群体之间的差异性，在态度和情感上则会产生内群体的偏爱现象，即人们总是偏袒内群体，对外群体则持有更多偏见（Tajfel & Turner，1986）。因此，如果一个多民族社会处处强调社会分类，即凸显民族身份，势必会强化群际差异，增强内群体认同和本质论信念，对民族关系产生消极影响。为减少群际偏见，社会心理学家在社会认同理论和自我归类论的基础上，又提出了一个"共同内群体身份模型"。该模型的基本主张是：如果诱导不同群体将他们归入一个共有的、更具包容性的社会身份，则会减少群际偏见，改善群际关系，同时能增强对共有身份的认同（Gaertner & Dovidio，2012）。

"共同内群体身份模型"的基本观点在多个国家的不同社会群体当中得到了证实，并被作为减少偏见的一种策略，用来改善群际关系和解决群际冲突，尤其对于种族和族群关系的改善较为有效。从该理论可知，不同群体成员将自己归入共有的身份，会出现"我们"意识，将外群体成员纳入自我当中，因此会减少群际差异知觉，增加相似性感知，最终弱化本质论信念，更多地持有社会建构论的观点。因此，我国在促进民族交往和改善民族关系的实践中，可以在尊重民族差异、坚持民族平等、维护民族团结的基础上，通过各种方式强调各民族共有的身份，比如中华民族身份或者中国人身份，在政策制定或社会宣传、媒体报道过程中，不要过度强调各民族的民族身份，这将对民族关系产生积极的影响。

3.7 总结

每个人对所处的世界都有自己的理解和解释，这就是所谓内隐观。人们如何看待民族及其表现出来的差异被称为民族内隐观。人们对民族持有的观点有两种倾向，即民族本质论观点和民族社会建构论观点。前者主张民族是由一些根深蒂固的生物因素所决定的，因此导致人们在心理和行为上表现出来的差异也是不可改变的。这种观点强化了民族边界，个体更容易将自己所属群体和外群体看作独立的实体，并形成民族刻板印象和民族偏见等，进而阻碍多民族社会成员在异文化背景当中的社会交往和文化适应。相反，持有民族社会建构论观点的人，他们认为民族之间的差异是可以改变的，这种可变性观点使得个体较为灵活，在社会当中具有较多的跨民族交往，对异文化的适应也较好。无论对个体还是对群体，持有民族社会建构论观点都有更为积极的作用。

民族内隐观作为一种外行人观点，具有与科学知识相似的结构和特征，因此是可以学习的，也是可以变化的。本章给我们的一个重要启示是，可以将民族内隐观作为一个中介，通过干预人们持有的民族内隐观，间接地促进民族交往和改善民族关系。其中重要的策略有三种：一是增加民族接触和交往的机会，在接触和交往的过程中自然地改变人们的本质论观点，增强其社会建构论观点；二是进行教育，即明确告知多民族社会成员，民族之间的差异不是根深蒂固的本质所决定的，而是社会建构的结果，是可以改变的；三是通过社会分类改变人们的社会认知，即将不同民族的成员归入一个更具包容性的社会身份，使之在心理上产生"我们"意识（包括自己所属民族和其他民族的成员），进而减少差异知觉，增强共同性认知。共同性、相似性增加，差异感减少，人们的本质论信念减弱，社会建构论信念增强，可以对民族交往和民族关系产生积极的影响。

4

热情还是能力？ 民族刻板印象的内容与结构

一位男性访谈对象曾经向我描述他第一次去某少数民族地区的经历，他的话生动地诠释了本章与下一章我要探讨的核心问题，即民族刻板印象和民族接触。这位访谈对象当年37岁，也是一名教师，当时正在攻读硕士学位，因调研和同学一起去某少数民族地区学校。他对我说："我们刚去那里的时候，还不敢单独出去转。但是过了几天，我们觉得也没什么呀，那里的少数民族同胞非常热情，晚上我一个人都敢出去街上转了……"这段话的前半部分隐含的是他们对少数民族先入为主的认知，这就是本章的主题——民族刻板印象。他们认为少数民族具有容易冲动等特质，这种判断使他们产生不安全感。后半部分则表明民族接触的重要性，即民族之间有了接触之后，先前持有的刻板印象就减少或者消失了。这同时也说明了刻板印象的两个重要特征，即人们持有的刻板印象不一定是正确的，刻板印象是可变的。

刻板印象是人们对某种社会群体形成的固定化、僵化的认知。从一般社会认知的功能角度来讲，刻板印象是基于社会类别而作出的认知判断，很多时候是自动化的认知加工，人们不假思索就对一些社会分类作出了判断，这有助于节省认知资源。但是需要指出的是，我们所持有的刻板印象，从内容上来看，有些是正确的，有些是错误的；从性质上来看，有些是积极的，有些是消极的。错误的、消极的刻板印象是社会偏见形成的认知基础和前提，而严重的偏见导致社会歧视行为，最终引发社会冲突。因而，刻板印象在群际关系中扮演重要角色。

本章主要关注民族刻板印象的内容与结构，探讨民族刻板印象对民族交往的影响及相关机制。具体而言，本章首先介绍了刻板印象及其特征，刻板印象的功能与影响，刻板印象与偏见、歧视之间的关系以及刻板印象的测量问题，为理解民族刻板印象奠定理论基础。其次，重点介绍了刻板印象内容模型（SCM）理论。根据这一理论，刻板印象主要由"热情"和"能力"两个维度构成，人们对社会群体的刻板印象反映着群体的社会地位和权力关系。比如人们通常将那些社会地位高的人视为有能力的，反之亦然。刻板印象内容模型的基本观点和假设得到了跨文化社会背景下的验证。最后，介绍了我国民族刻板印象的实证研究成果，具体包括两个研究：第一个研究发现了民族刻板印象的结构；第二个研究以少数民族和汉族的互动为例，考察了民族刻板印象在民族交往中的作用。研究结果显示，我国少数民族和汉族彼此持有的刻板印象结构中，的确包括"热情"和"能力"这两个维度。比如少数民族对汉族的刻板印象中，"能力"维度更为凸显，少数民族认为汉族开放、勤劳、有创造性、有能力；而汉族对少数民族的刻板印象中，"热情"维度更为凸显，汉族认为少数民族热情、好客、团结、能歌善舞。从日常的社会生活经验来看，这个结果与现实是一致的。从理论层面来看，这个结果部分验证了刻板印象内容模型的基本观点和假设，即"热情"和"能力"的双维假设。与刻板印象内容模型不一致的是，民族刻板印象的结构中还出现了其他维度，即汉族和少数民族彼此都有消极的刻板印象，但是具体内容是不同的。

实证研究结果进一步表明，积极的刻板印象与积极的外群体态度相关，消极的刻板印象与消极的外群体态度相关。消极的民族刻板印象是产生群际焦虑的重要因素，它们共同作用，阻碍着跨民族的互动与交往，对民族关系具有消极的影响。因此，减少消极的民族刻板印象是促进民族交往和改善民族关系的认知策略。

4.1 刻板印象及其特征

美国记者李普曼（Walter Lippmann）1922 年在其著作《公众舆论》（*Public Opinion*）中首先使用"刻板印象"这一术语，他将其视为"头脑当中的图片"，用来指代社会上存在的各种稳定的成见或偏见。此后，刻板印象就一直是社会心理学的重要研究主题，关于刻板印象的定义也层出不穷。20 世纪 70 年代之前，代表性的观点是社会心理学家奥尔波特的定义：与某个范畴相连的一种被夸大的观念（Allport，1954）。当前社会心理学领域将刻板印象定义为：人们对不同社会群体（比如性别、民族、宗教、国家、地域）的特征、属性和行为的一种概括化、固定化的看法与观点（Whitley & Kite，2009；钟毅平，2012）。随着 20 世纪末无意识和内隐社会认知研究的兴起，内隐刻板印象逐渐成为心理学家们研究和关注的焦点。内隐刻板印象最具代表性的定义是格林沃尔德（Anthony Greenwald）等人提出的："内隐刻板印象是指调节某一社会类别成员的属性的不能内省辨别或不能准确辨别的过去经验的痕迹。"（Greenwald & Banaji，1995）

通过以上各种定义可以看出，刻板印象的定义离不开社会类别或社会分类。这需要从两个方面来理解：一是刻板印象是人们对某个特定社会类别群体持有的一种概括化的认知和观点，刻板印象持有者认为这个群体的多数成员具有某种特质；二是从刻板印象的激活和使用来看，刻板印象是以社会类别激活为前提的，没有类别意识，就不会产生刻板印象。比如我说门外站着十个人，你可能只知道是十个人，没有更多的想法，但如果我告诉你门外有十个藏族人，或者十个回族人，或者五个男人、五个女人，这时候你脑海里出现的东西可能就比较丰富了。类别意识的激活，就会使你对某个社会类别产生刻板印象。

理解刻板印象，需要把握其四个关键特征（Whitley & Kite，2009）。第一，刻板印象具有共识性，它是某种文化共享信念的一部分。所谓共识性，是指一个文化背景中的多数成员认为另一个文化群体的多数成员具有某些特质。从刻板印象的形成来讲，个体对外群体持有的刻板印象通常来自电视、网络、报纸等社会媒体的报道，也有可能从与同伴的交往过程中获得，从父母亲那里习得，或者来自自己对某个群体成员的实际观察。

第二，个体对某个群体持有的刻板印象有些是准确的，有些是不准确的。以性别为例，我们知道大多数男性比女性高，这就是其准确性的一面，但同时并不是所有男人都比女人高；再如一个学生，一开始认为某个民族的人都好冲动，可是在实际相处中发现这个民族的人非常热情，并不是自己本来想象的那样。

第三，刻板印象同时具有描述性和预测性的特征。比如，我们说某群体的成员是聪明的，这是描述性的特征；当知道某个个体属于该群体时，我们就期待这是个聪明的人，这就是预测性的特征。

第四，对某个群体的刻板印象既可以是积极的，也可以是消极的。比如，美国白人认为亚裔美国人是有能力的，但同时又认为其不热情。积极的刻板印象往往促进跨群体的互动与交往，消极的刻板印象则导致偏见和歧视行为，对群际关系产生破坏性的影响。

4.2 刻板印象的功能及影响

从认知功能的角度来看，刻板印象对于人们认识社会世界具有积极的意义。刻板印象的存在对于个体的认知具有重要的意义，它是人们认识世界的一种图式，能够简化人的认知过程，降低认知负荷，也是人们理解自己和他人的依据，归因的特殊方式，具有约束群体成员的价值观念等作用（Whitley & Kite，2009）。但由于刻板印象不一定全是准确的，如果人们对某个群体形成很多消极的刻板印象并将之固定化，则会使人们对该群体的偏见合理化，并进一步转化为人们对该群体及其成员的歧视行为。这会导致消极的群体关系，甚至引发冲突与战争，历史上的种族大屠杀就是典型代表。对个体而言，消极的刻板印象会阻碍人们进行跨群体的互动与交往。刻板印象也会产生刻板印象威胁效应，影响个体在相应领域的表现（Derks，Inzlicht，& Kang，2008；Schmader，Johns，& Forbes，2008）。比如，人们普遍认为女性的数学能力比男性弱，黑人的运动能力比白人强，当这两种刻板印象被激活的时候，再去测量被刻板化群体成员在相应领域的成就，他们的表现就变糟糕了。

4.3 刻板印象、偏见与歧视

刻板印象是奥尔波特所言偏见的错误信念成分，即消极的刻板印象是偏见的认知成分。奥尔波特主张偏见包括两个必不可少的因素，一是喜欢或者厌恶的态度，二是过度概括化的错误信念（Allport，1954）。当代社会心理学家们将偏见定义为对某一社会群体的一种直接的消极态度，它包括认知、情感和行为三个成分。认知成分是指对内、外群体持有的刻板化的特质判断和信念，情感成分涉及对内、外群体的情感和评价，行为成分是指对外群体成员的行为意向或者反应（Hewstone，Rubin，& Willis，2002）。根据奥尔波特的观点，人们对某个群体的态度可以是积极的，也可以是消极的，这正如人们对一个社会群体既有积极的刻板印象，也有消极的刻板

印象一样。只不过积极的刻板印象和态度不会产生社会问题，而消
极的刻板印象和态度往往带来社会问题，从而受到更多的关注。

　　刻板印象是个体对社会群体的信念和观点，偏见是对社会群体
的态度，而歧视则是一种行为，它被定义为人们基于群体身份而对
他人进行的区别对待。歧视包括个体水平的歧视，也包括制度性的
歧视和文化歧视（Whitley & Kite，2009）。刻板印象、偏见和歧视三
者之间的关系是复杂的。比如，刻板印象和偏见有内隐特征和外显
特征，个体有时候没有意识到自己对某群体持有刻板印象和偏见，
但仍然会表现在其行为上；偏见程度高的个体和偏见程度低的个体，
他们可能对某群体的刻板印象在知识上没有显著差异，但是偏见程
度低的个体更倾向于拒绝刻板印象。由于刻板印象和偏见联系紧密，
大多数时候研究者更关注其消极方面，有时候甚至将二者混淆，不
加区分，这是需要注意的。一般认为消极的刻板印象是偏见的认知
基础，极端的偏见将会导致歧视行为，引发社会冲突和矛盾（历史上
的种族大屠杀就是典型代表）。因此，改变消极的刻板印象和偏见是
促进群际关系的一个重要方面。

4.4　刻板印象的测量

　　对刻板印象的测量，决定着刻板印象的研究深度和广度。自从
李普曼提出刻板印象这个概念以后，社会心理学研究者就一直在不
断地变革对刻板印象的测量，这使得对刻板印象的研究不断深入。
正如心理学的发展受到研究方法变革的深刻影响一样（即实验心理学
的诞生才使得心理学成为一门独立的科学），刻板印象的定义和刻板
印象的测量是紧密相关的。研究者如何定义刻板印象，决定了刻板
印象的测量方法。回顾刻板印象的心理学研究历史，其测量方法一
直在革新，产生了众多研究。这些测量方法大致可以分为两类，一

类属于直接测量的方法，另一类属于间接测量的方法。需要指出的是，每种方法都有其自身的优势，也存在一些受到质疑的地方，研究者应根据实际研究来选择使用。

4.4.1　直接测量方法

自由联想法

自由联想法是测量刻板印象内容最为简单的一种方法，通常是给定一个社会群体，让被试报告其头脑中关于该群体最为典型的一些特质或者属性。研究者可以限定被试报告特质的数量，也可以不限定，最后统计被试报告特质词的频率，那些高频特质词就被认为是对该群体典型的刻板印象。

在早期刻板印象的内容研究中，很多研究者使用了这一方法，但是该方法现在越来越受到质疑，研究者们认为它不是一个理想的测量方法，最为主要的批判理由是自由联想可能没有得到最为准确、真实的刻板印象内容。比如在民族刻板印象内容的研究中，由于社会赞许效应，人们会避免报告那些带有民族偏见的刻板印象，也即消极的刻板印象，大多数被试偏向于报告积极的刻板印象内容，这也是我们在实际研究当中面临的一个问题。不能获得准确、真实的刻板印象内容的另一个原因是，很多时候我们自己也没有意识到对某个群体持有的刻板印象内容，但这种刻板印象会在具体的言行中表现出来，而外显的测量方式是无法评估内隐刻板印象的（Greenwald & Banaji, 1995）。此外，自由联想法在最后的计分环节也存在一些困难，比如，某个刻板印象特质词被报告的比例达到多少就是对一个群体持有的典型刻板印象？相同的特质或属性，被试却用了不同的词语来表达，这又如何处理？等等。

Katz-Braly 法：特质核检

针对自由联想法的一些缺点，卡茨（Daniel Katz）和布莱利（Ken-

neth Braly)提出了特质核检法，又称 Katz-Braly 法(Katz & Braly，
1933)，相对来讲应用更为广泛。Katz-Braly 法基本的做法是给被试
呈现一份描述人的品质的形容词表，要求被试尽可能多地选择其认
为符合某一个(或几个)给定群体特质的词，那些以最高频率检出的
特质被认为是对该群体持有的刻板印象的内容。这种方法具有简单、
省时、易操作且便于进行量化分析等优点。但是其局限性在于：首
先，这种方法与自由联想法一样，也只能用于评估刻板印象的内容。
其次，从研究程序上来看，它是一种反应式的测量方法，即被试是
被迫在给定的形容词表当中作出选择的，因而有可能出现两种情况
并最终致使研究结果不准确。一种可能的情况是被试压根就对某个
群体没有特别的印象，我们要求被试作出选择，被试当然可以完成
任务，但是其结果没有意义；另一种可能的情况就是被试对某个群
体的确持有刻板印象，但是研究者提供的形容词表里却没有这个特
质词，而被试只能在给定的词表中选择。这两种情况最终导致研究
结果出现偏差。最后，与自由联想法一样，Katz-Braly 法同样无法
避免社会赞许效应的影响，尤其是在种族和族群刻板印象的研究中。
还有研究者对自由联想法和 Katz-Braly 法进行了一个比较研究，发
现自由联想法获得的刻板印象的共识性程度低于 Katz-Braly 法，两
种方法获得的刻板印象特质的重叠程度也比较低(Ehrlich & Rine-
hart，1965)。

　　特质评定法

　　在 Katz-Braly 法中，被试也许很容易从词表当中找出一些特质
来描述某个社会群体，但是研究者无法得知每个特质在多大程度上
可以应用于这个群体。因此，又有几种方法被研究者开发出来，包
括等级评定法、刻板印象语义区分法。

　　等级评定法的测量程序是给被试呈现一些特质词，让被试在等
级量表中就该特质在多大程度上符合某个群体的特征进行等级评定。

这种方法的最大好处就是被试提供了具体数字，便于进行统计和比较。

刻板印象区分法是由加德纳（R. C. Gardner）于 1973 年提出的（Gardner，1973），他将刻板印象的操作性定义界定为"一种存在于群体标识和特征之间的联想，而且是以强度来划分等级的"。该方法具体要求被试对目标群体在语义区分量表中进行等级评定，比如要求被试对某个群体"是不是精明的"这个特质进行判断，被试在"精明—不精明"之间进行等级评定，研究者计算所有被试在这个量表中的均值，然后对均值与量表的理论中值是否有显著差异进行 t 检验。如果被试均值显著高于理论中值，那么这个特质就可以作为该群体典型的刻板印象内容；反之则不能作为典型的刻板印象内容。刻板印象语义区分法对于测量刻板印象的共识性以及刻板印象的个体差异是比较精确的。方法的提出者布里格姆（John C. Brigham）主张，刻板印象是对某一群体作出特质属性的概括。基于这个定义，刻板印象就应该测量这种概括的程度，即被试认为目标群体中有多大比例的人持有某个特质属性。他建议的比例是 80%，即被试认为某个群体 80% 以上的成员都有某个特质，那么这个特质就是一个典型的刻板印象（Brigham，1971）。这种方法对于测量刻板印象的个体差异较有优势，但是 80% 的比例标准似乎过于严格，很难达到，因此受到其他研究者的质疑。

4.4.2　间接测量方法

从以上讨论可以看出，刻板印象的直接测量方法在研究刻板印象内容时具有一定的优势，但是也存在一些问题。最主要的问题有两个方面：一是大多数直接测量的方法是反应性质的，即刻板印象特质词多数时候是研究者给定的，被试要么在词表中选择，要么就特质词符合某个目标群体的程度进行等级评定，估计目标群体中有这种特质的人口的比例等，反应均具有一定的强迫性。二是直接测量方法无法避免社会赞许效应，被试通常不愿意报告消极的刻板印象，也就是说，被试报告的刻板印象也许并不是他们实际持有的刻板印象。

20世纪90年代以后，随着社会认知研究方法的形成与发展，越来越多的间接测量方法被引入刻板印象的测量当中。间接测量方法克服了直接测量方法的不足，其中比较典型的有投射测量、加工分离程序、内隐联想测验（Implicit Association Test，IAT），以及把归因与内隐社会认知的测量相结合的刻板印象解释偏差（Stereotypic Explanatory Bias，SEB）。邹庆宇和姜月对内隐刻板印象的研究方法进行了较为详细的介绍（邹庆宇，姜月，2006），分别转述如下。

投射测量要求被试对一些模糊的图片或者一些抽象刺激进行描述，让被试把自己的思想、态度、愿望、情绪或特征等不自觉地反映出来（McClelland & Rumelhart，1988）。

加工分离程序最初是由雅戈比（Larry L. Jacoby）提出的（Jacoby，1991），目的是对意识加工与无意识加工的贡献进行定量分析。雅戈比等人根据实验指导语设计了两类测验：一类是包含测验（inclusion test），要求被试首先考虑用先前学习过的信息来完成测验；另一类是排除测验（exclusion test），要求被试选用首先进入意识但又不能是先前学习过的信息来完成测验。排除测验中包含这样一种测验逻辑，即无意识加工提高测验成绩，而意识加工则起相反作用。

内隐联想测验（IAT）是由格林沃尔德等人提出的（Greenwald，McGhee，& Schwartz，1998）。IAT以反应时为指标，通过一种计算机化的分类任务来测量两类词（概念词与属性词）之间自动化联系的紧密程度，继而对个体的内隐社会认知进行测量。格林沃尔德等人运用IAT对黑人—白人种族刻板印象进行了研究，结果发现人们更易于将白人和好的属性连在一起，而将黑人和坏的属性连在一起，从而证实了种族刻板印象的存在，并发现种族内隐刻板印象和相应的外显态度测量之间是相对独立的。

刻板印象解释偏差（SEB）是人们在与刻板印象不一致的情景中所表现出的解释偏差，它作为测量内隐态度的一种指标，反映了个人对某一社会群体的刻板印象在其信息加工过程中无意识地发生的作用（Sekaquaptewa，Espinoza，Thompson，Vargas，& von Hippel，2003）。SEB 的测量产生于社会认知方面的研究，实验具体要求被试完成相关问卷，以检测被试是否存在 SEB。问卷由若干个原因填空句子构成，但它们均只向被试呈现前半句，这半句写出的是事件的结果，而后半句要求被试根据自己的状况填写，即对前半句所描述的事件结果进行归因。而研究者则通过计算个体归因后提出解释的数量以及确定解释本身的性质（内/外归因，或者个人/环境归因）来计算出 SEB 值。俞海运和梁宁建认为，SEB 研究方法把归因作为切入点来研究人的内隐态度，利用被试对不同社会群体的行为结果进行归因来分析他们在态度上是否存在刻板印象，或者他们对社会群体的刻板印象是否对其信息加工过程产生了影响，这使得 SEB 具备了结合情景、自然激发人的内隐态度的特点，这是使用 IAT 所无法实现的。SEB 方法所得的结果，对随后刻板印象影响下的相关行为具有较好的预测性（俞海运，梁宁建，2005）。

刻板印象的间接测量方法得益于社会认知心理学的发展，与直接测量方法相比较，它最大的优势在于较为有效地避免了社会赞许效应，探测了刻板印象的内隐性，排除了直接测量方法存在的一些问题。这是不是意味着传统的直接测量方法就无用了呢？答案也许是否定的，或者说是难以确定的，这也是由刻板印象的复杂性决定的。一方面，内隐认知测验在使用时还存在一些问题，它通常是被试在计算机面前通过按键反应完成任务，多以反应时作为指标来衡量刻板印象的存在性。但是如果研究者仅仅想知道被试对某个群体持有何种刻板印象，内隐认知测验还是有局限的。另一方面，虽然一些研究者获得了内隐认知测验和外显认知测验之间的正相关，但是这种相关比较低，这有可能说明内隐认知和外显认知是相互独立的认知过程，它们在不同的情景当中预测了行为的不同方面。因此，与其回答究竟哪一种测量方法更为有效，还不如考虑特定情景中哪种测量方法在预测行为时更为有效。

进入 21 世纪，大量新兴脑科学技术（如 ERP、fMRI 等）的诞生，为研究者进一步探索刻板印象的神经机制提供了技术支持。研究者发现了刻板印象和偏见的神经基础，这为深入理解刻板印象的形成、刻板印象对行为的影响，以及刻板印象的控制机制提供了脑科学的证据（Amodio，2014）。由于本书主要探讨中国社会背景中的民族刻板印象的内容，因而对此方面的研究不多作介绍。

4.5 刻板印象内容模型理论

4.5.1 刻板印象内容模型简介

无论是刻板印象的认知加工过程还是刻板印象的认知神经机制，都需要在具体的刻板印象实例（比如民族或者性别刻板印象）中加以研究，这样刻板印象的内容就成了社会心理学始终难以回避的问题。但刻板印象的内容研究一直没有形成理论性的成果。进入 21 世纪，刻板印象的内容研究取得了较大的进展，研究者已经提出了不同的刻板印象内容和结构模型，其中最有影响的是菲斯克（Susan T. Fiske）等人提出的刻板印象内容模型（Stereotype Content Model，SCM）（Fiske，Cuddy，Glick，& Xu，2002）。

菲斯克等人通过回顾前人的研究发现，进化压力会反映在人的社会认知当中，即遇到陌生的个人或者群体时，人们会本能地判断两个问题：一是他人或者群体的行为意图是善意还是恶意；二是他人或者群体是否具备实现其意图的能力。来自实验社会心理学和跨文化的比较研究都已经证明，无论在个体水平还是群体水平，热情和能力都是人类社会认知的普遍维度。并且，人们在这两个维度进行判断的时候，热情维度是被首先判断的，其次才是能力维度，这说明了热情维度的重要性（Cuddy，Fiske，& Glick，2007）。

刻板印象的内容模型有四个基本假设（Cuddy，et al.，2004；Fiske，et al.，2002；佐斌，张阳阳，赵菊，王娟，2006）。第一个假设是双维结构假设，即人们对社会群体的刻板印象包括热情和能力两个维度，热情和能力决定外群体的分布。其中热情维度反映的是感知到的意图特质，包括友好、助人、真诚、信任和道德等；能力维度则反映的是与能力相关的特质，包括智力、技能、创造性和效率等。

第二个假设是混合刻板印象假设，即人们对不同社会群体的评价在热情和能力上是不同的。根据热情和能力两个维度的评价，可以将社会群体划分为四个群体丛，即高热情—高能力群体（High Warmth-High Competence，HW-HC）、低热情—高能力群体（Low Warmth-High Competence，LW-HC）、高热情—低能力群体（High Warmth-Low Competence，HW-LC）和低热情—低能力群体（Low Warmth-Low Competence，LW-LC）。并且存在四种群际情绪与之相对应，即对 HW-HC 群体的羡慕（admiration）、对 LW-HC 群体的嫉妒（envy）、对 HW-LC 群体的怜悯（pity）以及对 LW-LC 群体的轻视（contempt）。这些都得到了实证研究的证实（Fiske，2004；管健，2009）。

第三个假设是社会结构假设，即群体地位可以预测人们对该群体的刻板印象。该假设有两个相关判断，一是社会地位与能力存在正向关系，人们倾向于将社会地位高的人视为能力也强；二是竞争性与热情呈负相关，与本群体有竞争关系的群体通常会被认为是缺乏热情的,在热情维度上会被给予较低的评价。比如,高社会地位的群体往往被视为有能力的,但是缺乏热情;低社会地位的群体往往被视为热情的,但是能力差。

第四个假设是群体偏好假设,即人们评价内群体和外群体时系统性存在的内群体偏爱和外群体贬损现象,这也是社会生活中人们持有强烈而持久的偏见的重要原因。

为验证刻板印象内容模型的相关假设和理论主张,研究者在美国、欧洲、东亚等国家和地区进行了跨文化的比较研究。研究结果表明:刻板印象内容模型的主要假设都得到了验证,部分假设在个别国家和地区没有得到完全验证,比如混合刻板印象假设和群体偏好假设在德国没有被完全验证。研究者认为,这与没有提供原型社会群体和欧洲的经济状况对刻板印象的影响有关(Cuddy, et al., 2009;佐斌等,2006)。在中国选取的样本来自香港,并没有来自内地的样本。香港与内地在社会经济发展、社会制度和社会结构等方面有很大的不同,因此很有必要在内地开展实证研究来进一步验证刻板印象内容模型的假设,推动刻板印象内容模型的发展。

4.5.2　刻板印象内容模型的发展:偏差地图

刻板印象内容模型(SCM)是用来描述和预测某一群体在既定社会分类中的框架结构的。该模型依靠热情和能力这两个维度,将社会群体划分为四个群体丛:高热情—高能力群体、低热情—高能力群体、高热情—低能力群体和低热情—低能力群体。心理学家一般认为偏见包括认知成分(刻板印象)、情绪、情感成分(情感偏见)和行为成分(比如歧视)(Fiske,2004)。SCM 是刻板印象内容的理论性成果,并提出了相对应的四种群际情绪,但是它尚未涵盖刻板印象和情绪对行为模式的预测。新近的偏差地图(BIAS Map)则将 SCM 与群际情绪、行为反应倾向相结合,并凸显了道德维度的重要性,开创性地形成了群际情绪—刻板印象—行为趋向系统模型（Cuddy，et al.，2007；2008）。

BIAS Map 作为 SCM 的扩展模型，增加了由热情和能力维度交互作用的情绪与行为结果。具体而言，人们根据某群体热情和能力的高低所引发的行为反应包括：主动助长（active facilitation），如帮助与保护行为；主动伤害（active harm），如攻击与反抗行为；被动助长（passive facilitation），如合作与关联行为；被动伤害（passive harm），如藐视与轻视行为。BIAS Map 是对 SCM 有意义的延伸，二者的有机结合进一步促进了刻板印象与认知—情绪—行为之间的联系。

4.5.3　刻板印象内容模型研究反思

刻板印象内容模型是刻板印象内容与结构研究的重要理论性成果，其建立在对大量已有刻板印象的研究的基础之上，开创性地将刻板印象的内容与结构总结为热情和能力两个维度以及四个假设，显得比较简洁，为在不同社会背景、不同文化、不同群体中理解刻板印象提供了一个统一的理论框架，这是其优点。但不可否认，刻板印象内容模型也有一些问题需要进一步探讨。

首先，刻板印象内容模型是一个理论导向的研究取向，即热情和能力两个维度的形成是从人类进化的观点分析得出的，亦是对现有关于刻板印象内容研究结果的总结。在对其进行验证的过程当中，一般是根据给定的两个维度（热情和能力）上的一些特质对社会群体进行评价，这是刻板印象内容模型的双维假设能够在世界多个国家得到证实的重要原因。但是，当不限定这两个维度对刻板印象的结构进行研究时，则会出现其他维度。国内研究者关于农民工刻板印象的内容与结构的研究就发现，这两个维度在大学生对农民工的刻板印象内容中都没有出现。因此，正如国内研究者所主张的（佐斌等，2006），刻板印象的内容与结构是否只是由能力和热情这两个维度构成需要进一步验证。

其次，刻板印象内容模型的一个重要用途是预测既定社会分类在社会结构当中的位置，这对宏观上认识社会分类及其特征具有重要的意义。研究过程往往是让被试同时对一个社会背景当中的所有重要群体在能力和热情两个维度进行评价，然后采用聚类分析的方法，将社会群体划分为 4 类，在社会结构当中给予其一个位置。这种研究范式会带来的一个严重问题就是：它忽视了内群体和外群体之间的边界，或者说没有考虑到两个具有重要关系的群体(无论是合作关系还是竞争关系的群体)彼此持有的刻板印象的内容是否会有差异，因为刻板印象内容受到群际边界(成员身份)、群体接触历史、群际关系等因素的影响。因此，未来要进一步细化研究的问题是：特定社会背景当中具体的某些群体(比如少数群体和主流群体)，他们彼此持有的刻板印象内容有何差异？

最后，刻板印象内容模型的跨文化普遍性需要进一步验证。尽管刻板印象内容模型的基本观点和假设在多个国家得到验证，被试既有来自集体主义文化社会的，也有来自个体主义文化社会的，但是在东亚被试当中，对于集体主义社会的中国，被验证的被试仅仅来自香港地区，这具有很大的特殊性。近年来国内有个别研究进一步验证了刻板印象内容模型的基本假设，但同时也有新的发现，比如高明华的研究就发现了道德维度的重要性，并对刻板印象内容模型进行了修订(高明华，2010)。国内对刻板印象内容模型的研究总体还比较少，研究样本一般比较小，地域跨度也相对局限于研究者所在地区，因此需要来自更多地区的样本来进一步验证。

4.5.4　国内刻板印象内容模型研究进展

基于刻板印象内容模型的研究范式，国内研究者高明华以大学生为被试，对中国社会群体的刻板印象内容进行了一项开创性的研究(高明华，2010)。该研究发现：大学生对社会群体的感知和评价包括能力与道德两个维度，并且人们对大部分群体持有的刻板印象是混合型的，相对于能力，道德居于更具主导性的地位，它既不同于早期刻板印象内容模型的热情和能力的双维度模式，也区别于利奇(Colin Wayne Leach)等学者发现的道德—能力—社会性的三维度模式(Leach，Ellemers，& Barreto，2007)。该研究还发现：竞争性与道德维度存在负相关，社会地位对道德有预测作用，即教育、职业声望与道德呈显著正相关，而经济成功要么不能预测道德，要么反向预测道德。该研究结果表明，知识群体(比如大学教师)属于社会榜样群体，人们给予他们更多的积极评价。

　　管健和程婕婷基本复制了刻板印象内容模型的研究范式，进一步验证了刻板印象内容模型和系统模型对中国大陆群体的适用性，并检验了心理卷入对刻板印象的影响。该研究结果表明：刻板印象内容模型在中国大陆具有很好的信度和效度，并且根据热情和能力维度，也可以将社会群体(该研究收集了 32 个群体)划分为 4 类，即高热情—高能力群体、低热情—高能力群体、高热情—低能力群体和低热情—低能力群体。以农民工为例，该研究发现，人们对农民工的刻板印象是混合的，并且心理卷入对刻板印象内容模型具有较大影响，人们对农民工群体的刻板印象、情绪唤醒和行为反应会因心理卷入程度的影响发生变化(管健，程婕婷，2011)。

　　上述两项研究都采用了与刻板印象内容模型的创立者相同的研究方式，即被试是在给定的维度(热情和能力)上对各种群体进行评价，研究结果总体上与国外研究一致，也支持了刻板印象内容模型的大多数假设。但是，采用不同的研究方法时，国内有一项针对单一、具体的群体刻板印象的研究却出现了例外：郑健和刘力以大学生为被试，运用形容词检核表法和形容词评定法，研究了大学生对农民工的刻板印象内容与结构。该研究发现，大学生对农民工的刻板印象包括三个维度，即勤劳朴实、地位低下和强壮有力，既没有出现热情维度，也没有出现能力维度（郑健，刘力，2012）。这说明刻板印象内容模型可能不具有普遍适用性，尤其是针对具体的某一个社会群体而言时，其表现更为明显。

4.6 民族刻板印象的内容与结构

4.6.1 研究构想

民族刻板印象是依据某一民族成员的心理和行为特征形成的对民族群体概括而固定的看法（周晓虹，2014），它是一种具体化的刻板印象。与其他的刻板印象相比，民族刻板印象在具有一般刻板印象基本特征的基础上又有其自身的特点。民族刻板印象也是基于社会类别而形成的社会认知，在多民族国家，民族是一种重要的社会分类，民族身份也较为凸显，因而广泛存在着民族刻板印象。根据本章开始关于刻板印象、偏见和歧视的关系的讨论可知，消极刻板印象是偏见的认知基础，而极端的偏见则是歧视行为的根源。民族之间如果持有较多的消极刻板印象，就会彼此产生偏见，严重者还会导致民族歧视行为，最终引发社会冲突和暴力事件，对社会的安定团结造成威胁。这就是民族刻板印象不同于其他刻板印象的地方。

中国是一个由 56 个民族构成的统一多民族国家，研究我国民族刻板印象的内容与结构，尤其是少数民族和汉族彼此持有的刻板印象的内容与结构，在理论方面能够丰富当前刻板印象内容模型的研究对象，也可以为验证和发展刻板印象内容模型提供新的例证，在实践方面能够为国家促进民族交往、构建和谐民族关系提供社会心理学的依据。

近几年来，国内研究者针对民族刻板印象开展了为数不多的实证研究。由于起步比较晚，民族刻板印象的研究目前还未产生理论化的成果，处于碎片化状态。从现有的几项实证研究来看，国内研究者主要是证实了民族刻板印象的存在，即研究了一个或者多个民族对另外一个或者多个民族的刻板印象（蔡浩，西林，买合甫来提·坎吉，2009；丁慧芬，2011；苏昊，2014；朱洁琼，2011），也有研究者采用 ERP 技术研究了民族刻板印象的神经机制，并比较了内隐与外显民族刻板印象的差异（贾磊，2010），但是还没有研究考察民族刻板印象的结构问题。

我对少数民族和汉族彼此持有的刻板的印象的内容与结构进行了探索性研究，以此验证刻板印象内容模型的观点，并尝试构建民族刻板印象的理论模型，从而加深对民族交往和民族关系的心理学认识，为国家促进民族交往、构建和谐民族关系提供理论支持。需要说明的是，在我的研究中，我将"少数民族"作为一个类别，考察了汉族对其刻板印象的内容与结构，也许有人会说，少数民族有 55个民族，这样是不是存在一些问题呢？这个担忧是可以理解的，我之所以将"少数民族"作为一个类别，原因有两个。一是"少数民族"在中国的确是一个重要的社会分类。我国自 20 世纪 50 年代开展民族识别后，将汉族以外的民族统称为"少数民族"，少数民族无论对汉族还是少数民族本身都是一个重要且凸显的社会类别，各少数民族以"少数民族"自称，汉族也将自身以外的民族统称为"少数民族"，这说明"少数民族"是一个实实在在的社会分类。二是无论是居住格局还是国家对民族事务的管理，我国都形成了一个少数民族和汉族的二元社会结构，类似城乡社会的二元结构（马戎，2010）。这些因素必然塑造着人们的社会认知，汉族对少数民族这个类别持有刻板印象，不同少数民族对这个处于主体民族地位的汉族也存在刻板印象。因此，将少数民族作为一个类别进行研究，是有依据的，也许可以发现更有意义的结果。

考虑到刻板印象在测量方面的问题，获得准确的刻板印象内容是探索刻板印象结构的前提，这也是我在研究之前着重考虑的问题。直接测量方法最大的问题就是社会赞许效应和被迫性选择带来的研究偏差。在获得民族刻板印象的时候，我采取了多种方法来获得刻板印象内容，最大限度保证刻板印象内容的准确性。具体而言，我首先通过自由联想法获得少数民族和汉族彼此持有的刻板印象的内容。正如前面所讨论的，采用自由联想法测量刻板印象，被试可能偏向于报告积极的刻板印象，而避免报告消极的刻板印象，尤其是民族刻板印象，被试报告的刻板印象也许不是其真正持有的。那如何来克服这个问题呢？根据刻板印象的"共识性"这个特征，如果一个群体对另一个群体持有明显的刻板印象，那么这个刻板印象应该是多数人都持有的，并且也是能够被对方所感知到的。因此，我们可以从客位的角度去测量，即可以去问被刻板化的群体，比如问少数民族被试"您认为汉族对你们民族持有什么样的印象"，问汉族被试"您认为少数民族对汉族持有什么样的印象"，以此来弥补自由联想法的不足。

从主位和客位两个角度初步获得刻板印象内容之后，再次将高频的刻板印象特质词转换为等级量表，让被试再次进行等级评定，比如让少数民族被试评定"自私的"这个特质在多大程度上符合汉族。如果被试评定平均值高于等级量表理论中值，那么这个特质就可以保留下来作为典型的刻板印象内容，否则予以删除。

通过自由联想法、客位的深度访谈和等级评定确定刻板印象内容之后，为了进一步确认获得的刻板印象内容是否与社会生活实际中表现的一样，再次对相关专家进行访谈，征求意见。在认为刻板印象内容没有太大的误差时，采用探索性因素分析和验证性因素分析得到民族刻板印象的内容与结构。具体研究过程包括三个相互独立的研究，分别介绍如下。

4.6.2　确定民族刻板印象的内容

研究方法

首先，选取 284 名大学生为被试，包括汉族大学生 136 名、少数民族大学生 148 名，其中男性 101 名、女性 183 名，被试的年龄范围在 17～24 岁（$M_{年龄} = 20.94$，$SD = 1.27$）。采用集体作答的方式，被试的任务是在 15 个空白处尽可能多地填写出一些表示人格特质的形容词，形如"_____ 的"。指导语是："请您思考一下，您和您本民族的大多数人对少数民族（或者汉族）持有什么样的印象，请您在下面的空白处按照这些印象出现在您脑海中的先后顺序依次填写，您的答案没有对错之分，请不要有任何顾虑。"之后将被试报告的刻板印象内容全部转录为电子文本，在录入过程当中对不规范的描述进行规范化处理，比如被试填写的"非常狡猾的"，简化为"狡猾的"之后再录入。接着，对被试填写的刻板印象特征词的频次进行统计，初步统计出频次最高的 15 项特征词。

其次，选取 22 名少数民族大学生和 23 名汉族大学生为访谈对象，分别进行 4 次团体访谈。访谈内容由两个核心问题构成：一是请被试对使用自由联想法获得的民族刻板印象内容进行评定，即让被试回答获得的这些刻板印象特征词是不是本民族大多数人持有的；二是对遗漏的刻板印象进行补充，补充的内容需要参加访谈的人员全部认可，方可加入。

最后，访谈了三位长期从事民族教育与心理研究的专家，其中一名为少数民族。访谈的主要目的是让专家对使用自由联想法和团体访谈法获得的刻板印象内容进行评价，即评价其是否符合现实特征，并从历史、文化、经济和政治等层面分析产生这些刻板印象的原因，也为进一步探索民族刻板印象的结构奠定理论基础。

结果

在自由联想法研究过程中发现，被试报告的刻板印象内容以积极的刻板印象为主，但是也有消极的刻板印象。这充分说明社会赞许效应对被试产生了影响，被试在尽量避免报告消极的刻板印象，以减轻社会压力。但是，在团体访谈的过程当中，比如少数民族被试被问到"您认为汉族对少数民族持有的印象是什么，请您列举几个最为典型的特征"时，报告出来的内容几乎全部是消极的刻板印象，这种从客位的角度来获得刻板印象的内容，能够弥补社会赞许效应带来的不足。在专家访谈过程中，三位专家都对获得的刻板印象内容高度赞同，认为这些都是典型的民族刻板印象，也反映着民族文化差异和社会结构特征。

4.6.3 探索民族刻板印象的结构

研究方法

选取西北地区多民族混合院校的 688 名大学生为被试，剔除 5 名无效被试后（有效率为 99%），包括少数民族大学生 325 名（$M_{年龄} = 20.26$，$SD = 1.76$），汉族大学生 358 名（$M_{年龄} = 20.8$，$SD = 1.41$），少数民族大学生和汉族大学生人数基本平衡。另外，被试中有男生 230 名，占总数的 33.7%，女生 453 名，占总数的 66.3%。采用形容词评定法，要求被试在 6 点计分量表（1 代表"完全不符合"，6 代表"完全符合"）上对 15 项人格特质词（少数民族对汉族、汉族对少数民族的刻板印象各 15 个）符合目标群体的程度进行评定。为了控制形容词评定过程当中的顺序误差，编排问卷时对形容词进行随机排序。研究采取集体测试、当场收回问卷的方式收集数据，被试首先填写基本信息，然后进行形容词评定和相关量表的测试。

结果

少数民族大学生和汉族大学生在 15 项人格特质词上对彼此持有的印象评定得分结果表明：被试在积极人格特质词上的评定得分均在 4 分以上（总分为 6 分），在个别特质词上的评定得分甚至超过了 5 分（比如汉族对少数民族持有的"能歌善舞"和"团结"印象），说明这些特质词整体上符合他们心目当中对目标群体的印象，具有非常好的典型性。数据结果同时显示，被试在消极人格特质词上的评定得分虽然整体低于积极特质词，但是高于理论中值或者接近理论中值，这与社会赞许效应有重要关系。

运用 SPSS19.0 软件对民族刻板印象的结构进行探索性因素分析，因子萃取方法为主成分法，旋转方法采用正交旋转法，根据因素分析的一些原则和标准，剔除了四个项目，最终确定了一个二维度的民族刻板印象的结构模型。数据结果表明，少数民族被试的 $KMO=0.83$，Bartlett 球形检验结果 $\chi^2(55)=1037.86$，$p<0.001$；汉族被试的 $KMO=0.77$，Bartlett 球形检验结果 $\chi^2(55)=1053.64$，$p<0.001$。模型中两个因子的方差解释率分别达到 52.39% 和 50.24%。

在进行探索性因素分析的过程当中，遵循了以下原则和标准：

第一，理论和经验相结合的原则；

第二，尽量寻求简洁的结构模型；

第三，剔除项目在因子当中载荷值低于 0.4 的特质词；

第四，剔除交叉载荷值高于 0.4 的项目；

第五，避免少于两个项目（包括两个）构成一个因子，或者删除影响结构稳定的项目；

第六，尽量使两个样本的结构保持一致。

从民族刻板印象的内容与结构来看，少数民族和汉族彼此持有积极的印象，比如汉族认为少数民族热情、豪爽、好客、能歌善舞等，少数民族认为汉族开朗、开放、自信、具有创造性等，因此将其命名为"积极刻板印象"；但同时少数民族和汉族也彼此持有一些消极的印象，因此将其命名为"消极刻板印象"。

4.6.4　验证民族刻板印象的结构

研究方法

选取 427 名大学生为被试，其中汉族大学生 180 名（$M_{年龄}$ = 20.26，SD = 1.76），少数民族大学生 247 名（$M_{年龄}$ = 19.41，SD = 1.41），与探索性因素分析中选取的被试并非同一批。被试的任务是在 6 点计分量表中在探索性因素分析确定的 11 项（少数民族和汉族彼此持有的刻板印象各 11 项）人格特质词上对彼此进行评价，数据录入 SPSS19.0 软件进行管理，采用 Amos18.0 软件进行验证性因素分析。

结果

根据探索性因素分析结果，分别在 Amos18.0 软件中绘制模型（初步模型未建立残项之间的相关），并将各变量代入方程进行计算，结果表明两个模型的各项拟合指数已经比较理想。但是，根据模型修正指数，各因子内有些项目之间还存在相关，因此我们建立了这些项目之间的相关，然后分别再次进行运算。

表 4-1　民族刻板印象内容模型验证性因素分析拟合指数

拟合指标	χ^2	df	χ^2/df	RMSEA	RMR	GFI	NFI	CFI
模型 1（汉族）	50.55	38	1.33	0.04	0.05	0.95	0.94	0.98
模型 2（少数民族）	57.24	39	1.46	0.04	0.06	0.96	0.93	0.97

表 4-1 呈现的是两个模型的各项拟合指数。从数据结果来看，两个模型的 χ^2/df 都小于 2（严格标准是小于 2，宽松标准是小于 5），RMSEA 和 RMR 的范围是 0.04～0.06（严格标准是小于 0.05，

宽松标准是小于 0.08)，GFI、NFI 和 CFI 均大于严格标准 0.9。由此可见，几乎所有的拟合指数都达到了结构方程模型拟合的严格标准，这充分说明探索性因素分析得到的民族刻板印象的结构具有非常好的结构效度。此外，几个维度的内部一致性系数分别为：少数民族对汉族刻板印象"积极刻板印象"维度的克朗巴赫系数为 0.78，"消极刻板印象"维度的克朗巴赫系数为 0.82；汉族对少数民族刻板印象"积极刻板印象"维度的克朗巴赫系数为 0.83，"消极刻板印象"维度的克朗巴赫系数为 0.84。这表明得到的刻板印象结构下各维度内项目之间具有很好的一致性。从路径系数可见，各个项目在所在维度下的载荷值范围为 $0.41 \sim 0.90$，均达到相应的标准。从结果还可以看到，民族刻板印象下两个维度之间均存在显著的负相关，其中少数民族对汉族的刻板印象中"积极刻板印象"和"消极刻板印象"之间的相关 $r = -0.27$，$p < 0.01$，汉族对少数民族的刻板印象中"消极刻板印象"和"积极刻板印象"之间的相关 $r = -0.49$，$p < 0.01$。

4.7 民族刻板印象对民族交往的影响

一个很有趣的现象能够表明民族刻板印象对民族交往和民族关系的影响，即为什么在具备跨群体交往和互动的社会条件时，群际交往和群际互动仍然很难，或者不够理想。比如，我们很容易观察到，在多民族混合学校，各民族学生日常交往的对象基本上是本民族成员，民族之间出现相互"自我隔离"的现象，回避跨群体的互动。这其中的原因可以列举出很多，比如文化差异，宗教信仰、历史、信念和价值观不同等。但这些都是群体层面的因素，这些因素要阻碍群际互动，必须通过群际互动情景中的个体的心理因素发挥作用，其中刻板印象和群际焦虑这两个因素可以帮助理解为什么跨群体互动比群体内的互动更难。

斯蒂芬(Walter G. Stephan)提出的群际焦虑理论模型表明，刻板印象和群际焦虑是影响群际交往和群际互动的重要因素。该理论认为群际焦虑由情绪、认知和生理三个成分构成；引起群际焦虑的前因变量有 4 类，分别是人格特质及相关个体特征(比如权威主义)、消极的态度及认知(比如偏见和消极刻板印象)、个人经历(比如消极的接触经历)和情景因素(比如竞争)，而群际焦虑又影响群际互动过程的认知、情感和行为三个方面的结果变量(Stephan，2014)。

群际接触理论视角的研究表明，消极刻板印象和群际焦虑是影响群际关系的重要因素。一项关于群际接触减少偏见的机制研究的元分析发现，群际接触减少偏见的认知因素是消极刻板印象的减少，情绪因素是群际焦虑，即群际接触减少偏见的程度取决于群际焦虑的减少程度。元分析还发现，群际接触减少偏见的所有中介变量中，群际焦虑的中介效应是最大的(Pettigrew & Tropp，2006)。国外研究者针对各类群体(国家、种族、宗教、同性恋、精神病患者、老年人等)开展的大量群际互动的实证研究表明，群际焦虑对群际互动有消极影响(Stephan，2014)。比如，个体的群际焦虑水平越高，他们对外群体的态度越消极(Castiglione，Licciardello，Rampullo，& Campione，2013；Price-Blackshear，Kamble，Mudhol，Sheldon，& Bettencourt，2017)，持有的偏见越强烈(Delgado，Ariño，Betancor，& Rodríguez-Pérez，2018；Zagefka，et al.，2017)，刻板印象也越强烈(Amodio & Hamilton，2012；Mereish & Poteat，2015)。众多研究表明，无论是在传统的面对面的群际接触减少偏见(Mak，Brown，& Wadey，2014；高承海，侯玲，万明钢，2014)的过程中，还是在间接的扩展性接触(Turner，Hewstone，& Voci，2007；Turner，Hewstone，Voci，& Vonofakou，2008)和想象性接触减少偏见(Miles & Crisp，2014；Turner，West，& Christie，2013)

的过程中，刻板印象与群际焦虑都起着中介作用。

在群际焦虑理论模型框架内（Stephan，2014；管健，2017），以我国少数民族大学生和汉族大学生的群际交往为例，选取少数民族大学生和汉族大学生为研究对象，考察他们彼此持有刻板印象的程度、在互动过程中的群际焦虑水平，以及外群体态度等几个变量，主要目的是考察民族刻板印象在民族交往过程中的作用，分析刻板印象和群际焦虑、外群体态度之间的关系。根据群际焦虑理论模型和已有的研究经验，当前研究有两个具体的假设，一是少数民族和汉族被试的刻板印象、群际焦虑与外群体态度存在显著差异，二是刻板印象、群际焦虑与外群体态度存在显著相关。

4.7.1　研究方法

本研究的被试为西北地区某省会城市多民族混合高校的 598 名大学生，其中少数民族大学生占 51.7%（他们都以民族班和预科班的形式单独组织教学），汉族大学生占 48.3%，$M_{年龄} = 20.6$，$SD = 1.29$；男性占 32.3%，女性占 67.7%；63.3% 的被试来自农村，36.7% 的被试来自城镇。采用集体测试、当场收回问卷的方式收集数据。

刻板印象

采用前面研究获得的民族刻板印象内容来测量汉族大学生和少数民族大学生彼此持有刻板印象的程度。要求被试在 6 点计分量表中分别在 11 项人格特质词上对彼此进行评定。收集的数据结果表明：汉族对少数民族刻板印象的"积极"和"消极"维度的内部一致性系数分别为 0.69 和 0.79，总量表的一致性系数为 0.69；少数民族对汉族刻板印象的"积极"和"消极"维度的内部一致性系数分别为 0.73 和 0.85，总量表的一致性系数为 0.62。这表明量表的内部一致性系数均达到可以接受的心理测量学标准，可以考察少数民族和汉族彼此持有的刻板印象。

外群体态度

同时采用了两个工具来测量少数民族和汉族彼此的外群体态度。一个是外群体感觉温度量表（feeling thermometer scale）（Haddock，Zanna，& Esses，1993），要求被试对外群体的喜欢程度进行评定，从"不喜欢"到"喜欢"的得分范围是 0～100 分，得分越高说明被试对外群体的态度越积极，反之亦然；另一个是语义区分量表（semantic-differential scale）（Turner，et al.，2008），要求被试在 5 个极性相反的形容词（如冷漠对热情、小气对大方等）量表上对外群体进行 7 个等级的评定，每个项目的得分范围是 0～6 分，5 个量表的平均得分就是被试对外群体态度的得分。在本研究中，汉族被试 5 个项目的内部一致性系数为 0.84，少数民族被试 5 个项目的内部一致性系数0.90。这表明该量表具有较为理想的内部一致性系数，可以考察被试对外群体的态度。

群际焦虑

采用斯蒂芬编制的群际焦虑量表来测量被试单独与陌生的其他民族成员接触和交往时的群际焦虑水平（Stephan & Stephan，1985）。该量表由 11 项典型的情绪特征（如尴尬、怀疑、谨慎等）构成，采用 5 点计分量表（从 1"一点也不"到 5"非常的"）进行评定，将其中 4 项积极的情绪特征（如愉快、舒适等）反向计分后计算总分，得分越高，说明被试在单独与陌生的其他民族成员接触和交往时的焦虑水平越高。本量表是测量群际焦虑水平的经典量表，在多个国家、不同群体当中被广泛使用，具有很好的信度和效度。在本研究中，汉族被试量表内部一致性系数为 0.77，少数民族被试量表内部一致性系数为 0.90，这表明该量表具有较好的一致性，可以作为考察群际焦虑的工具。

4.7.2　研究结果

表 4-2 呈现的是主要变量的描述统计和相关系数，其中相关矩阵

部分(第 6 列到第 10 列)对角线上方为少数民族被试的相关分析结果，下方为汉族被试的相关分析结果。

表 4-2　主要变量的描述统计和相关系数

变量	汉族		少数民族		积极印象	消极印象	感觉温度	语义态度	群际焦虑
	M	SD	M	SD					
积极印象	4.79	0.63	4.47	0.62		-0.21^{**}	0.31^{**}	0.23^{**}	-0.15^{**}
消极印象	3.50	0.87	3.51	0.98	0.02		-0.39^{**}	-0.36^{**}	0.32^{**}
感觉温度	66.24	16.90	67.94	18.09	0.28^{**}	-0.34^{**}		0.42^{**}	-0.38^{**}
语义态度	3.83	1.02	3.78	1.17	0.29^{**}	-0.19^{**}	0.43^{**}		-0.39^{**}
群际焦虑	2.40	0.55	2.12	0.58	-0.08	0.34^{**}	-0.41^{**}	-0.25^{**}	

注：** 表示 $p < 0.01$。

从均分结果可见，除了群际焦虑得分，被试在各量表当中的得分均在理论中值以上。这说明少数民族被试和汉族被试整体上彼此持有明显的刻板印象(包括积极和消极方面)，彼此的态度也整体比较积极，同时在接触与互动时存在一定程度的群际焦虑现象。相关分析结果表明，民族刻板印象与外群体态度存在显著的相关，积极刻板印象与外群体态度存在显著的正相关，消极刻板印象与外群体态度存在显著的负相关；少数民族被试和汉族被试的消极民族刻板印象与群际焦虑均有显著的正相关($r_{消极-焦虑} = 0.34$，$p < 0.01$；$r_{消极-焦虑} = 0.32$，$p < 0.01$)，少数民族对汉族的积极刻板印象与群际焦虑存在显著的负相关($r_{积极-焦虑} = -0.15$，$p < 0.01$)，汉族对少数民族的积极刻板印象与群际焦虑存在负相关，但不显著($p > 0.05$)。

民族和性别差异检验

分别采用独立样本的 t 检验来检验民族刻板印象、外群体态度和群际焦虑的民族(少数民族和汉族之间)和性别差异(表 4-3)。结果表明，少数民族和汉族在感觉温度、语义态度和消极刻板印象得分上无显著差异($p > 0.05$)，但在群际焦虑和积极刻板印象得分上存在显著差异。具体表现为：汉族被试的群际焦虑得分显著高于少数民族被试 $[t(596)=6.18，p<0.001]$，同时，汉族被试对少数民族持有的积极刻板印象的程度显著高于少数民族对汉族持有的积极刻板印象的程度 $[t(596)=6.28，p<0.001]$。性别方面，男性和女性在感觉温度、群际焦虑和积极刻板印象的程度上无显著差异（$p>0.05$），但在语义态度和消极刻板印象方面存在显著差异，即女性比男性持有更为积极的外群体态度，语义态度得分更高 $[t(596)=-2.40，p<0.05]$，男性比女性持有更强烈的对外群体的消极刻板印象 $[t(596)=2.13，p<0.05]$。

表 4-3　主要变量的民族和性别差异检验

变量	民族差异				性别差异			
	民族	M	SD	t	性别	M	SD	t
感觉温度	汉族	66.19	16.91	−1.21	男	66.40	17.32	−0.69
	少数民族	67.94	18.09		女	67.46	17.64	
群际焦虑	汉族	2.41	0.55	6.18***	男	2.30	0.51	1.33
	少数民族	2.12	0.58		女	2.24	0.61	
语义态度	汉族	3.83	1.03	0.46	男	3.65	1.04	−2.40*
	少数民族	3.78	1.17		女	3.88	1.12	
积极印象	汉族	4.79	0.63	6.28***	男	4.56	0.67	−1.63
	少数民族	4.47	0.62		女	4.66	0.63	
消极印象	汉族	3.50	0.87	−1.42	男	3.62	0.94	2.13*
	少数民族	3.51	0.98		女	3.45	0.92	

注：* 表示 $p<0.05$，** 表示 $p<0.01$，*** 表示 $p<0.001$；图 4-1 亦同。

民族刻板印象、外群体态度和群际焦虑的关系

为了验证研究假设，即研究者认为民族刻板印象对外群体态度和群际焦虑有显著的影响，在相关理论和相关分析的基础上，采用 Amos18.0 软件，就少数民族被试和汉族被试分别构建民族刻板印象影响群体态度和群际焦虑的路径关系图（图 4-1）。在该模型当中，

民族刻板印象的两个维度是自变量。外群体态度（包括感觉温度和语义态度）和群际焦虑是因变量。研究者假设积极的刻板印象对外群体态度有显著的正向预测作用，消极的刻板印象对外群体态度有显著的负向预测作用，同时，消极的刻板印象对群际焦虑有正向预测作用。根据这些假设，将相关变量代入方程进行运算，结果（表 4-4 和图 4-1）表明，从路径分析的模型拟合情况来看，模型 1（汉族）和模型 2（少数民族）χ^2/df 大于 2 而小于 5，RMSEA 大于 0.05 但小于 0.08，NFI 和 CFI 均大于 0.9，综合各拟合指标情况，两个模型的拟合性良好，完全可以接受。

表 4-4 民族刻板印象影响外群体态度和群际焦虑的路径关系模型拟合指数

拟合指标	χ^2	df	χ^2/df	RMSEA	NFI	CFI
模型 1（汉族）	2.35	1	2.35	0.06	0.98	0.99
模型 2（少数民族）	2.50	1	2.50	0.07	0.99	0.99

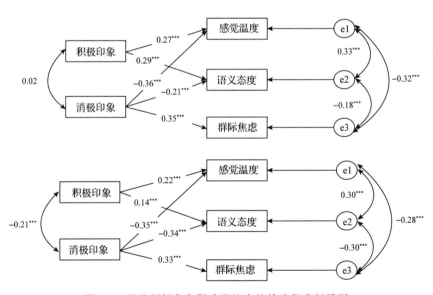

图 4-1 民族刻板印象影响民族交往的路径分析模型

图 4-1 显示的是各变量相互作用的标准化估计值，从图中可知，

汉族大学生和少数民族大学生彼此持有的积极刻板印象均能够正向
预测外群体态度（包括感觉温度和语义态度），而消极刻板印象能够
正向预测群际焦虑的水平。也就是说，少数民族大学生和汉族大学
生彼此持有的消极刻板印象程度越高，他们在相互接触过程当中的
群际焦虑水平就越高。

4.7.3　讨论

民族刻板印象内容的准确性

采用自我报告的方法研究民族刻板印象，最大的弊端是被试受
到社会赞许效应的影响，被试以报告积极或者中性的特征为主，避
免报告消极的刻板印象。为了最大限度地获得准确的研究结果，本
研究采用了多种方法进行研究，弥补社会赞许效应带来的不足。首
先，采用自由联想法，让被试尽可能多地写出内群体对外群体可能
持有的最为典型的印象，并统计频次最高的 15 个词作为刻板印象的
一部分。其次，采用团体访谈的方法，对采用自由联想法获得的刻板
印象内容进行评定和补充，并从客位角度出发，让被试报告他们感知
到的外群体对他们所属群体持有的印象，以此来弥补社会赞许效应带
来的不足。研究者在访谈过程中发现，受访人报告的几乎全是外群体
对内群体的消极刻板印象。之所以可以这样做，是因为刻板印象所具
有的一项特征，即共识性。如果一个群体对另外一个群体持有明显的
刻板印象，那么被刻板化的群体会感知到这一点。再次，我们将前两
部分获得的特征词转化为形容词等级评定量表，让被试再次进行等级
评定。数据结果表明，在 6 点计分量表中，被试在积极刻板印象上的
平均得分为 4.15～5.09，在消极刻板印象上的平均得分为 3.2～3.8，
这说明总体上被试对这些刻板印象内容具有很高的认可度。

在获得少数民族和汉族彼此持有的刻板印象内容之后，本研究
进一步验证了研究结果的准确性。一种方法是与国内同类研究（比如

大学生对维吾尔族、蒙古族、壮族、汉族等的刻板印象的研究）的结果进行比较，结果表明，本研究获得的民族刻板印象与国内同类研究在内容上大多具有重合性，与针对具体少数民族的刻板印象也具有重合性（蔡浩等，2009；丁慧芬，2011；苏昊，2014；朱洁琼，2011），这说明汉族对少数民族持有的刻板印象具有一致性。本研究很好地捕捉了这一点，具有重要的意义。另外一种方法是专家访谈法，我们将本研究结果呈现给三位与民族心理、民族教育相关的专家进行了讨论，他们对此高度认同，认为这些都是少数民族和汉族彼此持有的最为典型的刻板印象，并且体现出民族刻板印象的文化与社会结构之间的关系。这些证据充分说明本研究的研究方法在一定程度上克服了社会赞许效应，研究结果具有很好的准确性。

热情还是能力：民族刻板印象的结构

本研究结果验证了刻板印象内容模型（SCM）的基本观点，同时也暴露出刻板印象内容模型的局限性。根据刻板印象内容模型的观点，人们对社会群体的刻板印象由热情和能力两个维度构成。我们之前的一项研究就初步验证了这一观点（高承海，党宝宝，万明钢，2013）。该研究采用自由联想法，对少数民族和汉族彼此持有的刻板印象内容进行了初步研究，通过词频统计方法，提取出了少数民族和汉族彼此持有的最为典型的 10 项刻板印象特质词。少数民族和汉族彼此持有的刻板印象内容包括了刻板印象内容模型主张的热情维度和能力维度的内容，热情方面的特征如热情、友好、善良、乐于助人等，能力方面的特征如聪明、有创造性、勤劳等；相比较而言，少数民族对汉族的评价在能力维度上的得分更高，而汉族对少数民族的评价在热情维度上的得分更高。民族之间形成的这种社会认知，也是社会现实的一种反映。由于历史、地理和社会因素，我国少数民族和汉族在经济、社会和教育等方面的发展还存在较大的差距，汉族在社会各领域处于相对优势位置，这就使汉族在少数民族的认知当中形成了勤劳、开放、有创造性等能力方面的特征，而少数民族则在汉族的认知当中形成了热情、友好等热情方面的特征。

从刻板印象内容的结构来看，本研究结果间接验证了刻板印象内容模型的基本观点和主张。之所以说是间接验证，是因为刻板印象内容模型关于刻板印象是由热情和能力两个维度构成的观点，是基于对生物进化的观点和已有研究结果的总结而提出的。在验证其观点的时候，通常是对被试给定热情和能力这两个维度的特征词，让他们对一些社会群体分别进行评价，然后通过聚类分析的方法将这些群体置于社会结构当中的某个位置，比如某个群体属于高热情、低能力，或者属于高能力、低热情等。该模型的重要意义就在于从普遍意义上来理解社会群体的刻板印象和群体地位、群体关系。正如已有研究者研究的结构（郑健，刘力，2012），当针对某个具体的社会群体且不限定这两个维度的时候，就会出现新的刻板印象维度。本研究结果是在自我报告、团体访谈等方法的基础上获得民族刻板印象的内容，然后在此基础上采用形容词评定法进行因素分析，来获得民族刻板印象的结构。从结果来看，少数民族对汉族持有的积极刻板印象内容主要体现的是能力维度，而汉族对少数民族持有的积极刻板印象内容主要体现的是热情维度，同时两个群体又彼此形成了新的维度，且在内容上也有所不同。

消极刻板印象阻碍民族交往

首先，描述统计结果表明，汉族大学生和少数民族大学生彼此持有的态度无显著差异，在感觉温度量表和语义态度量表的得分上也均不存在显著差异（$p > 0.05$）。从得分来看，虽然整体上得分高于理论中值，即汉族和少数民族整体上彼此的态度是积极的，这与我国民族关系现状是比较一致的，但是得分相对处于低水平，说明汉族和少数民族彼此之间在心理上还存在一定的距离，需要进一步促进民族之间的相互了解与欣赏。此外，汉族大学生和少数民族大学生在消极刻板印象上也不存在显著差异（$p > 0.05$），这与他们对彼此持有的态度是一致的。存在显著差异的是群际焦虑和积极刻板印象两个变量，具体而言，汉族在与少数民族接触过程中感知到的群际焦虑水平更高，在交往过程中存在警惕、不安全感、不信任等负面情绪更多。这其中的原因就在于：多数汉族人与少数民族接触的程度较低，接触机会少，对少数民族缺乏了解，带有偏见。群际焦虑也可能是导致汉族接触少数民族的意愿更低的重要原因，国内之前的研究结果就表明，汉族接触少数民族的意愿要低于少数民族接触汉族的意愿（高承海，党宝宝，万明钢，2013）。本研究结果表明，汉族对少数民族的积极刻板印象的程度要高于少数民族对汉族持有的积极刻板印象的程度。造成这种差异的原因可能有两个，一个是汉族对少数民族的确持有更积极的刻板印象，另一个就是研究误差的存在。因为汉族和少数民族持有的积极刻板印象的内容是不同的，汉族对少数民族的积极刻板印象以热情内容为主，而少数民族对汉族的积极刻板印象以能力内容为主，这种不对等性可能是导致这种差异的一个原因。

其次，性别差异检验结果发现，男性和女性的外群体态度存在显著差异。具体表现为：女性对外群体的态度更为积极，对外群体持有的消极刻板印象的程度更低。这种差异也许反映了男性和女性的人格差异。国内有相关的研究发现，大学生的性别角色与人格的基本维度存在显著相关，即男性化得分与外向性、处世态度和才干有较高的正相关，而女性化得分与善良、人际关系有较高的正相关（卢勤，苏彦捷，2004）。男性和女性的人格差异，体现在与群体有关的态度和认知当中。国内还有相关的研究发现，相比较而言，女性对国家的认同水平要显著高于男性（高承海，万明钢，2015）。男性和女性在有关群际关系当中的性别差异，需要将来进一步去证实，探明其中的原因。这些性别差异对于促进群际关系有着重要的启示意义。比如，在儿童的民族认同的发展过程当中，应该充分发挥母亲的重要作用，培育儿童积极的民族认同，同时对其他民族持有更积极的态度。

最后，民族刻板印象和外群体态度、群际焦虑存在显著相关。相关分析结果表明，少数民族大学生被试和汉族大学生被试彼此持有的积极刻板印象和外群体态度（感觉温度和语义态度）存在显著的正相关，消极刻板印象与外群体态度存在负相关，并且消极的刻板印象与群际焦虑存在显著的正相关。路径分析模型进一步表明，刻板印象对外群体态度和群际焦虑有显著的影响，积极的刻板印象能够正向预测外群体态度，而消极的刻板印象能够负向预测外群体态度，正向预测群际焦虑水平，这说明民族刻板印象对民族交往有重要影响。在促进民族交往的过程当中，要增加民族之间积极刻板印象的持有，减少消极刻板印象的持有，从而改变民族之间的态度，降低民族交往过程当中的焦虑，最终促进民族之间的交往。如何减少消极刻板印象和偏见，这是下一章重点要探讨的问题。

4.8　总结

民族刻板印象是人们对其他民族形成的一种固定化、僵化的认知和观点，其源于社会分类，也是对社会现实的一种反映。积极的民族刻板印象是促进民族交往交流的认知基础，对于民族团结具有重要的促进作用。消极的民族刻板印象则是民族偏见和歧视形成的认知基础，对民族交往和民族关系产生破坏性影响。消极刻板印象是民族交往当中群际焦虑产生的重要因素，它阻碍了跨民族的交往意愿。严重的消极刻板印象是偏见和社会歧视行为的基础，有时候会导致民族之间产生矛盾和冲突。我国民族之间存在积极刻板印象和消极刻板印象，为促进民族交往和民族关系，要加强对积极的民族刻板印象的宣传力度，同时大力减少消极的民族刻板印象，这是促进民族团结的认知策略。

5

民族接触：改善民族关系
最有效的社会策略

"我们刚去那里的时候，还不敢单独出去转。但是过了几天，我们觉得也没什么呀，那里的少数民族同胞非常热情，晚上我一个人都敢出去街上转了……"上一章我们讨论了这段话的前半部分反映出来的社会心理现象，即刻板印象和偏见。这段话的后半部分反映的则是本章要探讨的问题——群际接触。为什么过了几天他们就没有一开始的担心和害怕心理，反而觉得那里的少数民族同胞非常热情？这是因为经过几天与当地少数民族同胞的接触之后，他们改变了原来对少数民族同胞或少数民族地区的偏见认知。本章探讨的核心问题就是民族接触减少偏见的机制及其实践。

本章首先对群际接触假说产生的社会背景和基本观点进行了介绍。群际接触的理论研究源于奥尔波特 1954 年提出的群际接触假说。基于对美国黑人、白人种族关系的观察和实验研究，奥尔波特主张种族之间的接触如果能满足四个条件，即平等的社会地位、有共同的目标、相互合作以及制度支持（法律和习俗等），简单的接触就能够减少种族偏见。

其次，总结了群际接触假说提出以后各国研究者开展的实证研究成果。自群际接触假说提出以后，研究者开展的研究主要有三个方面：一是在更为广泛的社会群体（即不限于种族和族群关系）当中对群际接触假说的基本观点进行了验证；二是重点探讨了群际接触减少偏见的社会心理机制问题，构建了更为完善的群际接触理论；三是提出了新的接触策略——间接接触策略，包括扩展性接触和想象性接触，以适用于不同的群际关系现状和社会背景。

元分析研究结果表明，群际接触能够有效减少偏见，甚至在没有满足奥尔波特提出的四个条件时仍能够减少偏见，并且群际接触可以产生次级转移效应，即与当前接触群体产生的积极效应可以转移到其他非接触群体中去。群际接触产生的积极效应涉及认知、情感和态度的变化。群际接触之所以能够减少偏见，主要是因为与外群体的接触有助于增加对外群体的了解，获得更多有关外群体的知识，改变原有认知。群际接触还可以降低人们的群际焦虑水平，增加共情和观点采择，增加群际信任等。这些因素导致偏见减少，改善了群际关系。

在现实社会中，出于多种原因，比如群体之间在地理位置上高度隔离，不是所有的群体成员之间都有面对面接触的机会。或者在群际关系高度紧张的社会中，面对面的直接接触有可能导致群际冲突和暴力事件的发生。因此，研究者又提出了扩展性接触和想象性接触策略。扩展性接触是指如果内群体成员感知到他们群体的成员拥有外群体成员朋友，这会改变他们自己对外群体的态度，对外群体的偏见也会减少。想象性接触则主张通过想象在心理上模拟与外群体成员之间的积极接触，也能够减少偏见、改善群际关系。研究者主张，在促进群际关系的社会实践当中，决策者可以根据不同的社会背景，灵活使用这三种接触策略，扬长避短。具体来讲，在高度缺乏接触机会甚至缺少扩展性接触的社会背景中，可以先采取想象性接触策略，然后逐渐进入扩展性接触和面对面的直接接触，这样能够降低群体成员的群际焦虑，避免消极接触效应的出现和冲突的发生。

最后，介绍了我在国内关于少数民族和汉族交往的几项实证研究，研究验证了群际接触理论的基本观点，也在另一些方面进行了推进。我的研究发现，族际接触能够弱化内群体（本民族）的认同，减弱人们持有的民族本质论信念，减少消极刻板印象的持有，还能够降低群际焦虑水平，这些改变产生了积极的民族态度，促进了民族交往，改善了民族关系。由于民族接触减弱民族本质论是群际接触减少偏见的一个新的发现，我在此基础上进一步研究了为什么群际接触可以弱化民族本质论的问题。最终结果表明，民族接触通过增加文化相似性感知、降低内群体的认同水平而减弱了民族本质论。

需要指出的是，这也是当前群际接触研究的新问题，即本章主要探讨了积极接触条件下产生的积极接触效应，而对于消极接触导致的紧张关系如何加以化解，这是将来要着重研究的一个问题。

5.1 群际接触假说

群际接触的学术研究几乎与社会心理学同时诞生，始于 20 世纪三四十年代，其研究兴趣来源于对美国种族暴力冲突现象的观察。其中最为典型的是 1943 年美国底特律的种族冲突，这是第二次世界大战以来美国国内最大的一次种族冲突。观察发现，尽管白人和黑人之间的暴力冲突肆虐街头，但是那些相互了解较多的白人和黑人之间不仅能够避免冲突，而且能相互帮助和保护。研究者在其他工作场合和大学里都发现了相似的接触效应现象，即种族之间的接触能够减少偏见（Pettigrew，Tropp，Wagner，& Christ，2011）。1947年，美国社会科学研究理事会要求康奈尔大学著名的社会学家罗宾·威廉姆斯（Robin Williams）做关于群际关系的报告时，威廉姆斯提出了群际接触理论的最初构想。1950 年，美国借助纽约公共房屋项目，采用准实验设计，对该理论进行了初步的检验，观察了种族隔离和非种族隔离房屋居住条件下白人和黑人彼此的态度。研究结果表明：取消种族隔离居住的情况下，白人和黑人之间的态度更为积极，也更支持种族混合居住的房屋计划（Works，1961）。

在威廉姆斯和纽约城市房屋居住项目研究的基础上，奥尔波特1954 年在其经典著作《偏见的本质》（*The Nature of Prejudice*）中正式介绍了接触假说的基本观点。他认为缺少接触是产生种族偏见的重要原因，主张群体之间的接触如果能满足四个条件，即平等的社会地位、有共同的目标、相互合作以及制度支持（法律和习俗等），不同群体成员之间的相互接触能够减少偏见，促进积极的群际态度（Allport，1954）。虽然奥尔波特提出的群际接触假说至今仍然具有强大的生命力，但是他并没有对提出的条件进行过验证，也没有对群际接触减少偏见的机制进行系统研究。因此，在其之后，以他的学生佩蒂格鲁（Thomas F. Pettigrew）为主要代表的、来自世界各地的研究者，在各种社会背景当中，以不同的社会群体为研究对象，检验群际接触假说的观点及其机制问题（Wagner，Tropp，Finchilescu，& Tredoux，2009），并形成了群际接触理论（Brown & Hewstone，2005；Pettigrew，1998）。到目前为止，群际接触是被验证的最能有效减少偏见的社会策略之一，它还能够预防暴力冲突的发生，在多个国家被用于解决种族、族群和宗教冲突（Ramiah & Hewstone，2013）。

5.2 群际接触减少偏见的效应检验

60 多年来，研究者将研究对象不断扩展，在各类社会群体（如民族、宗教、同性恋、年龄等）中开展了大量实证研究，探讨了群际接触减少偏见的心理机制问题。为了进一步检验和总结半个世纪以来关于群际接触的研究，促进群际接触理论的发展，佩蒂格鲁和乔普

(Linda R. Tropp)对来自 38 个国家的 515 项研究中的 713 个独立样本（被试总数超过 25 万人）做了一项元分析研究（Pettigrew & Tropp，2006），元分析得出以下结论。

第一，94%的样本研究结果证实，群际接触在整体上与偏见呈负相关（$r_{平均} = -0.21$），这说明群际接触的确能够减少偏见，并且这种相关在主流群体被试当中更大（$r_{主流群体} = -0.227$；$r_{少数群体} = -0.175$）。例如，有关实证研究专门比较了主流群体和少数群体在相互接触过程当中的效应大小问题（Tropp，2007；Tropp & Pettigrew，2005）。

第二，元分析结果发现，当群际接触满足奥尔波特提出的四个条件时，接触更能减少偏见（$r_{平均} = -0.29$），但是当没有满足这些条件时，接触仍然能够减少偏见（$r_{平均} = -0.20$），这说明奥尔波特提出的条件并不是减少偏见的必要条件，但其有助于偏见的减少。

第三，51%的样本研究的是种族和族群之间的接触，因为奥尔波特最初的主要目的就是减少种族和族群冲突。但是元分析发现，其他非种族和非族群接触研究（如同性恋群体、精神病群体、宗教群体、国家、老年人群体）当中同样存在接触效应，接触和偏见的相关（系数）在 -0.218 至 -0.220 之间，这说明群际接触理论的基本观点在各类社会群体当中都具有适用性。

第四，存在群际接触的态度泛化效应和次级转移效应，即接触效应能够从当前接触的情景泛化于新的接触情景当中，甚至能够将这种积极的接触效应转移到当前并未接触的其他群体当中（Pettigrew，2009）。

第五，接触效应在年龄和性别上没有明显差异，无论儿童还是成人，接触都能够有效减少偏见。但是研究发现，相比较而言，大学生被试比其他年龄更大的成年被试的接触效应更大，这也许是因为大学生对"改变"持更加开放的态度，容易在态度上发生变化，老年人的态度则更为稳定。

第六，72%的研究来自美国，其他国家和地区的研究只占了少部分，但是检验发现，美国样本和非美国样本在接触效应大小上无显著差异，前者的相关为-0.215，后者的相关为-0.217，这似乎说明群际接触效应具有跨地区的普遍适用性。

5.3 群际接触减少偏见的机制

自群际接触假说提出以后，研究者普遍关注的一个问题就是积极的群际接触效应是如何产生的，或者说群际接触减少偏见的中介变量是什么。到目前为止，研究者已经发现了一些重要的中介变量，最为主要的几个是外群体知识、群际焦虑、共情和观点采择（Pettigrew, et al., 2011）。

早期理论家主张，接触之所以能够减少偏见，是因为群际接触有助于学习和了解外群体的知识，这种新获得的知识能够使人们看到内群体和外群体更多的相似性，从而减少偏见。群际焦虑是指个体在与外群体成员互动时产生的消极情感反应（Stephan & Stephan, 1985），如果群体成员之间先前的接触经历非常少，在跨群体互动中就更容易产生被拒绝或者歧视的消极期待，担心自己或者对方会出现冒犯行为。其他消极的情绪因素还包括害怕、生气和威胁。这些因素也在接触和群际焦虑之间起着中介作用。共情和观点采择是指对他人思想、感情、行为的认识与理解，接触能够促进共情和观点采择，从而会减少偏见。

佩蒂格鲁和乔普对这三个中介变量的研究进行了一项元分析，结果表明，三个中介变量的效应均显著，但相比较而言，知识增加的效应最弱，而群际焦虑与共情和观点采择的中介效应都比较强烈，尤其群际焦虑被研究者认为是最为关键的一个中介变量。由此可见，情绪因素在接触减少偏见的过程中起着非常重要的作用。此外，元分析发现，三个中介变量之间也存在着相关，外群体知识与群际焦虑($r=-0.24$；$p<0.01$)和共情($r=-0.32$；$p<0.01$)都存在显著的负相关，但是共情和群际焦虑之间没有显著相关(Pettigrew & Tropp，2008)。

5.4　群际接触减少偏见的理论解释

　　大量实证研究证实，群际接触的确可以减少偏见。研究者从 20 世纪 70 年代开始建构群际接触减少偏见的理论模型，用来解释群际接触为什么能够减少偏见。有代表性的理论模型包括：(1)个体化模型(personalization model)，或者称为去分类模型(decategorization model)(Miller，2002)；(2)凸显类别模型(salient categorization model)(Macrae，Stangor，& Hewstone，1996)；(3)共同内群体认同模型(common ingroup identity model)(Gaertner & Dovidio，2012)。这三个模型都以社会认同理论为基础来解释接触如何减少偏见。社会认同理论的一个基本观点是，人们产生偏见的原因是个体将他人分类为内群体和外群体，人们都认同内群体，乐见内群体成员比外群体成员更好，这样能够获得更高水平的自尊。这三个模型都认为群际接触能够改变人们操作内群体和外群体的方式(Whitley & Kite，2009，pp.520—521)，分述如下。

　　个体化模型主张群际接触减少偏见是因为：接触导致人们将外群体成员视为个体而不是某个社会类别的成员，以个体的方式来看待外群体引起对他们的喜欢而减少对他们的偏见。该模型将这一过程描述为：当具有平等地位的群体合作完成共同的目标时，两个群体的成员都会以更为复杂的方面来看待另一个群体，而不是将他们视为单一的、刻板化的社会类别，从而把外群体成员异质化、独特化。也就是说，在这个过程当中人们将群体边界模糊化，即所谓去分类（decategorization）产生了。实证研究支持了个体化模型的观点，去分类过程的确减少了群际偏见，但其并没有完全消除偏见，而且还有一个不足的方面是：个体化过程增强了对一些外群体成员的喜爱，但是通常并没有泛化到整个外群体，只是对接触过的外群体成员产生积极的态度。

与个体化模型不同，凸显类别模型则主张，要使群际接触效应产生泛化效应，即对整个外群体减少偏见，那么在接触的过程当中对外群体的区分是必要的，并且始终要将这种群体身份在接触的过程凸显出来。此外，该模型主张，接触过程当中的外群体成员越典型，这种泛化效应产生的可能性就越大。

个体化模型聚焦于去分类，凸显类别模型聚焦于外群体的类别凸显性，共同内群体认同模型则聚焦于引导内群体成员和外群体成员，将他们重新置于一个更具包容性或者一个共同的身份之下。该模型主张接触效应产生的四个条件是否具备，影响着两个群体成员四种可能的群体表征：（1）单一群体表征，人们将他们自己归属于共同的内群体；（2）双重表征，将自己归类为一个群体（共同身份），但该群体下包含两个保持原初身份的次级群体；（3）分离群体表征，即仍然将他们视为两个不同的群体，没有共同身份；（4）个体化表征，即将其他群体成员个体化，从个体的角度而不是从群体的角度来看待。不同的群体表征影响着人们对其他群体的态度和行为：分离的群体表征对群际态度没有影响，并且有群际冲突的潜在性；个体化表征则能够导致对接触过的外群体成员产生积极的态度，但是很少或者不能将积极的态度泛化至整个外群体；单一或者双重身份表征导致对整个外群体成员产生积极的态度。

比较三个模型，似乎它们存在矛盾，因为个体化模型强调去分类化，而凸显类别模型强调类别的凸显性和区分性，共同内群体认同模型则强调新的群体身份，三个模型的观点都得到了实证研究的支持。但是，佩蒂格鲁（Pettigrew，1998）很好地整合了这三个模型，认为这三个模型都是正确的，三个模型的观点只不过代表着偏见减少的不同阶段。在此基础上，他提出了一个整合的群际接触模型。在该模型当中，情景和个体因素促进了群际接触效应，在合适的条件下（即平等的地位、共同目标、合作和制度支持），接触首先导致去分类化，这一过程减少了对外群体的刻板印象，降低了群际焦虑，提高了共情水平，对内群体进行重新评价，改变行为。个体开始喜欢与之接触的外群体成员，但是这种喜欢并没有泛化到整个外群体。随着时间的推移，通过类别凸显化，外群体成员被视为他们群体的典型成员，他们的积极特征则被归于他们整个群体，积极的态度也泛化至整个外群体。最后，原来的内群体和外群体成员开始形成一个共同的内群体身份，他们被视为同一个内群体，最终使得偏见的减少达到最大化。

5.5 群际接触理论的研究进展——想象性接触

在现实社会中，并不是所有的群体成员都有面对面的接触机会，为所有的群体成员创造接触的机会也并不是一件容易的事情，在高度隔离的社会环境或者严重冲突的社会中，面对面的接触有时候还会加剧群体冲突，产生适得其反的效果（Pettigrew & Tropp，2012）。针对传统群际接触形式的局限性，群际接触理论得到了进一步的完善和发展，研究者已经提出了新的接触策略，包括间接接触和想象性接触（高承海，杨阳，董彦彦，万明钢，2014）。元分析发现，直接接触并不是改善群际关系的唯一方式，在没有面对面接触的情况下，间接的接触也可以减少偏见，甚至在缺少奥尔波特提出的四个条件的时候亦然。当前，间接的接触策略主要包括扩展性接触

(Tausch, Hewstone, Schmid, Hughes, & Cairns, 2011; Turner, Hewstone, Voci, & Vonofakou, 2008; Wright, Aron, McLaughlin-Volpe, & Ropp, 1997)、替代性接触和想象性接触(Crisp & Turner, 2009; Crisp, Husnu, Meleady, Stathi, & Turner, 2010)。

扩展性接触假说(extended contact hypothesis)主张，如果个体感知到内群成员拥有亲密的外群成员朋友(即跨群体友谊，cross-group friendships)，就能够导致更积极的群际态度(Wright, et al., 1997)。扩展性接触效应得到了一系列研究的证实(Paolini, Hewstone, Cairns, & Voci, 2004; Turner, et al., 2008)。研究发现，扩展性接触减少偏见的中介变量包括群际焦虑的减少，感知到内外群体的规范以及将他人纳入自我当中，等等(Turner, et al., 2008)。扩展性接触已经被作为一种干预策略成功地运用于减少学生之间的偏见(Cameron, Rutland, Brown, & Douch, 2006)。

替代性接触是指个体观察到内群体成员与外群体成员之间积极的互动，实现的途径包括直接观察、书籍、电视等。研究者从认知失调理论、社会观察学习理论出发解释了替代性接触促进群际关系的心理过程，并比较了扩展性接触和替代性接触在机制上的异同(Dovidio, Eller, & Hewstone, 2011; Vezzali, Hewstone, Capozza, Giovannini, & Wölfer, 2014)。

想象性接触假说是欧洲社会心理学群体关系领域新产生的一个理论，它弥补了传统群际接触理论的不足，是传统群际接触理论的进一步完善和发展。国外已经开展了一系列研究，对其基本观点、心理机制和影响因素等方面进行了系统研究，目前该理论已经趋于成熟，并形成了该领域的研究范式。本章重点对这一新的进展予以介绍。

5.5.1　想象性接触的概念

想象性接触是指在心理上模拟与外群体成员进行积极的社会互

动。想象性接触假说认为模拟积极的群际接触，能够激活在真实情景中与外群体成员成功互动时的相关经验（Crisp & Turner，2009），从而促进积极的群体关系。这一观点在不同的目标群体（指接触的外群体类别）当中得到了验证，如同性恋群体（Turner，Crisp，& Lambert，2007）、国家和族群（Stathi & Crisp，2008）、宗教群体（Turner & Crisp，2010）、肥胖群体（Turner & West，2011）、精神病群体（West，Holmes，& Hewstone，2011）等。

5.5.2 想象性接触效应的原理

想象性接触假说的基本原理是心理表象或心理意象（mental imagery）。表象克服了人的感知活动依赖于直接经验的局限，具有重要的认知功能。在表象的基础上，人还可以进行想象和心理模拟活动，创造出新的事物。所以，心理活动的想象能力受到了心理学家的极大重视，被广泛运用于心理和行为现象领域（如健康心理学、消费心理学、人格心理学、心理咨询、体育等），用来改变人们的态度和行为，取得了良好的效果（详细文献回顾见：Crisp，et al.，2010）。例如，为了阻止心理问题的复发，心理咨询师将心理模拟技术运用于认知行为疗法当中（Holmes，Lang，& Shah，2009），消费心理学研究者采用心理模拟技术来增加人们购买广告产品的意愿（Escalas & Luce，2004）等。克里斯普（Richard J. Crisp）等人通过文献回顾，认为心理模拟是一个核心的认知过程，它影响着人们的社会判断、自我调节、目标追求、计划和决策等，是促进行为改变的心理工具（Crisp & Turner，2012）。功能性神经影像的研究也已经发现，心理模拟过程与记忆、情感和自动控制采用了一样的神经机制（Kosslyn，Ganis，& Thompson，2001）。这些研究表明心理表象在社会认知当中具有关键的作用。基于心理想象和模拟的重要作用，研究者设想，在心理上模拟一些积极的社会互动，同样能够改变人们的态度，并就此开展了丰富的研究。

5.5.3　想象性接触的研究方法

　　想象性接触与群体关系的研究主要采用了实验的方法（Crisp，et al.，2009），其自变量为想象类型（想象性接触和非想象性接触），因变量为衡量群际关系的各种变量（如群体态度、刻板印象、偏见、群际焦虑、信任和共情等）。具体操作时将被试随机分配成实验组（即想象性接触）和控制组，然后分别给予不同的指导语和任务，接着完成因变量的测试。其中实验组被试通用的指导语如下：

　　　　"请您花一分钟时间来想象您第一次与一个陌生的（外群体成员）进行互动，并想象您与他（或她）的这次互动是积极的、放松的和舒服的。"

　　这个指导语中有两个关键成分，一是心理模拟成分，即只有被试在心理上进行模拟互动，才能够产生互动的心理脚本程序，从而观察到积极的接触效应。如果被试仅仅是想到一个外群体成员而没有进行模拟互动，这对群体态度没有积极的影响（Turner，et al.，2007）。二是积极的互动语气，这与面对面的直接接触一样。研究发现，积极的互动语气要比中立的互动语气下的接触效应更为明显，如果没有评价性的互动，甚至会对群体态度产生消极影响（Stathi & Crisp，2008），尤其是被消极刻板化的群体。例如，一项以英国的大学生为被试、精神分裂症病人为目标群体（即外群体）的研究表明，中立的想象性接触产生了消极的效应，增加了群际焦虑，而只有积极的、高质量的想象性接触才能最大限度地减少群际偏见（West，et al.，2011）。同时满足这两个成分时，则会观察到积极的接触效应。

　　在想象性接触研究范式中，控制条件也是非常重要的，基本的要求是控制组被试不能被激活相关的群体分类，但是要保证其在认知上与实验组被试经历同样的认知加工过程。控制组被试通用的指导语如下：

> "请您花一分钟时间想象一个户外风景，并尝试想象这个风景的方方面面(如海岸、森林、山脉等)。"

以上为想象性接触实验研究的两种最为典型的研究指导语。实际操作中，研究者也可以采用适当的变式，比如想象的时间也可以增加为两分钟或更长一些(如 Turner & Crisp，2010，实验2)，想象的对象和具体内容也可根据需要进行变化。为增强两种实验条件下的想象效果，达到实验研究的预期目的，实验者通常会要求被试将所想象到的场景或者积极的体验写在纸上。进行有效的想象性接触后，被试完成相关因变量的测试。

5.5.4 想象性接触的效应

采用想象性接触假说的研究范式，研究者选取了群体关系的各种变量，对想象性接触与群体关系进行了广泛而深入的研究。研究发现，想象性群际接触能够促进积极的内隐和外显的外群体态度(Turner & Crisp，2010；Turner，et al.，2007；Vezzali，Capozza，Giovannini，& Stathi，2012)，在刻板印象内容模型的热情与能力维度上，还能改变对外群体刻板印象的内容(Brambilla，Ravenna，& Hewstone，2012)。想象性接触还能够降低刻板印象的威胁效应(Abrams，et al.，2008)，有效地减少群际焦虑(Turner，et al.，2007；West，et al.，2011)，增加对外群体的信任感(Turner，West，& Christie，2013；Vezzali，et al.，2012)。在进行积极的想象性接触后，人们对外群体产生了更多积极特质的投射(Stathi & Crisp，2008)和人性化理解(Vezzali，et al.，2012)，能够提高群体成员将来与外群体接触的自我效能感(Stathi，Crisp，& Hogg，2011)，增加将来与外群体接触的意愿(Husnu & Crisp，2010；2011)和相关的行为表现。最后，与群际接触的次级转移效应(Pettigrew，2009)

一致，想象性接触的次级转移效应也被哈伍德（Jack Harwood）等人发现（Harwood，Paolini，Joyce，Rubin，& Arroyo，2011）。次级转移效应是指，与一个外群体的个体接触后，积极的接触效应不仅能够扩展到这个外群体整体，还能够转移到其他的群体当中。从想象性接触影响群体关系的这些变量可以看出，接触影响群体关系的心理机制是一致的。

5.5.5　想象性接触效应的心理机制

　　研究者普遍关注的一个问题是想象性接触为什么会促进积极的群体关系，或者说想象性接触效应的心理机制是什么。为了回答这一问题，克里斯普等人对想象性接触效应的实证研究进行了回顾，提出了想象性接触效应的双路径模型（A dual route model of imagined contact effects），具体包括情感机制和认知机制（Crisp，et al.，2010），之后又进一步扩充了这一模型，完整地提出了想象性接触假说（Crisp & Turner，2012），分述如下。

　　情感机制

　　关于面对面的直接接触的研究表明，情感因素在接触效应中起着重要的作用，对群际焦虑的作用尤为重要，它扮演着中介作用的角色，佩蒂格鲁和乔普所进行的元分析证实了这一点（Pettigrew & Tropp，2006）。间接的扩展性接触研究也证实了群际焦虑的中介作用（Turner，et al.，2008）。群际焦虑是指在遇见外群体时可能会产生的消极情感反应。如果群体成员之间先前的接触经历非常少，在跨群体互动中就更容易产生一些拒绝或者歧视的消极期待，担心自己或者对方会出现冒犯行为（Stephan & Stephan，1985）。这些担心和害怕会导致人们避免与外群体进行接触和交往（Plant & Devine，2003；Shelton & Richeson，2005）。概言之，成功的群际接触降低群际焦虑，减少群际偏见，产生积极的群体态度和行为意向，这是接触影响群体关系的重要心理机制。那么，想象性接触是否有同样的影响机制？研究表明，想象性接触效应与直接接触效应有相似的情感机制，并且存在群际焦虑和群际信任两个重要的中介变量。

特纳等人最早在一项实验中发现，以异性恋男性年轻人为被试，让他们想象与男同性恋进行积极的互动，结果想象性接触条件下的被试比控制条件下的被试对男同性恋的评价更加积极，感知到的变异性更大，体验到更少的群际焦虑，这种积极的效应被群际焦虑所中介（Turner，et al.，2007，实验 3）。以老年人为目标群体的研究发现，大学生的想象性接触、积极的态度和接触意愿的效应，同样被减少了的群际焦虑所中介。另外，以精神分裂症病人为目标群体的研究，同样发现了群际焦虑的中介作用，这表明群际焦虑的减少是积极的接触效应的一个重要心理机制。

另外一个情感的中介变量是群际信任。所谓群际信任是指外群体对内群体的积极期待（Lewicki，McAllister，& Bies，1998）。群际信任能够增强合作、信息共享、促进交流和推动问题的解决，这些终将产生积极的群体关系（Nahoko，Ostrom，Walker，& Yamagishi，1999）。最新的一项研究以难民、同性恋等为目标外群体，系统考察了想象性接触、群际焦虑、外群态度、群际信任、行为接近倾向和行为躲避倾向之间的关系。路径分析表明，想象性接触预测了更少的群际焦虑、更多积极的外群体态度和更多的外群体信任。而更少的群际焦虑预测了更强烈的接近外群体的倾向，更多的信任降低了对外群体的躲避倾向（Turner，West，& Christie，2013）。维扎利（Loris Vezzali）等人在意大利一所小学里，以五年级学生为被试，进行了一项为期三周的想象性接触干预，来检验小学生对移民儿童的外显态度和内隐态度的影响。研究结果表明，那些进行了积极想象性接触的儿童，对移民儿童表现出较积极的行为意向和更少的内隐偏见，并且这种效应被自我揭露（self-disclosure）所中介，这同样说明了信任的重要作用(Vezzali，et al.，2012)。

认知机制

克里斯普等人认为，想象性接触效应的认知因素是心理脚本程序的可利用性(Crisp，et al.，2010)。心理脚本是指一系列行为的认知表征(Schank & Abelson，1977)，其基本观点是当个体想象一个执行某特定行为的场景时，大脑当中就会形成相应的行为脚本，并储存在记忆当中，一旦这种心理脚本形成并被激活，它就能够影响个体对当前事件的期待、意图和解释，并产生在这种情景下的相应的行为(Anderson，1983)。克里斯普等人基于以上观点，认为也存在一种群际接触脚本，并且这种接触脚本可以通过想象或者面对面的接触而获得。他们主张想象性接触可以为知觉者提供一个积极的心理脚本，这种积极的心理脚本减少了群际焦虑，为以后与外群体成员实际的接触奠定了基础(Crisp，et al.，2010；Husnu & Crisp，2010)。研究者就此开展了一些研究，证明了这种接触脚本的可利用性对想象性接触效应的影响，发现获得牢固、清晰的认知脚本产生的接触效应更为明显，如想象的精细化、生动性、前期的接触经验都能够提高这种效应。

影响想象性接触效应的因素

为了在实际应用时能够取得最优的效果，知道影响想象性接触效应的调节因素是非常重要的，正如在面对面的接触时，若满足平等、合作、制度支持等条件时，群际接触最能减少群体偏见一样。克里斯普和特纳提出了影响想象性接触效应的两类调节变量(Crisp & Turner，2012)，一类是被称为"聚焦于任务"的调节因素，即这些因素是关于想象任务本身的变化因素，它包括对想象任务的精细阐述、想象任务的生动性、观点采择和外群体成员的典型性四个方面。所谓精细阐述是指，在基本的想象任务范式基础上，要求被试进一步想象与外群体成员接触的时间、地点、积极事件和感受。

研究者以本科生为研究对象，让他们想象与老年人进行接触，发现那些在简单想象任务条件下的被试和精细化想象任务条件下的被试在当前与老年人的接触数量上并没有显著差异，但是在将来可能接受与老年人交往的预期中，精细化想象任务条件下的被试的预期数量显著大于简单想象性接触条件下的被试（Husnu & Crisp，2011，实验 2）。另一项研究也同样发现，精细化想象条件下的非穆斯林被试在将来与穆斯林接触的意愿显著高于简单想象性接触条件下的被试。精细化想象的接触效应之所以比简单想象的更好，这是因为前者能够产生更加生动、线索丰富的场景，这样就使得群际接触的认知脚本更为清晰、牢固（Husnu & Crisp，2010）。想象的生动性也可以支持这一观点，即在想象性接触的过程中，那些被要求闭眼想象性接触的被试比被要求睁眼想象性接触的被试将来与外群体接触的意愿更为强烈（Husnu & Crisp，2011，实验 1）。想象与一个典型的外群体成员（如典型的英国穆斯林，穿着传统、忌酒、一天祈祷五次等特征）比想象与不典型的外群体成员（如不典型的英国穆斯林，穿着西服、饮酒、不祈祷等特征）接触的积极效应要大，且更容易产生普遍化的效应，即从个体效应到整个群体的积极效应（Stathi, et al.，2011）。克里斯普等人发现以第三人称视角进行想象的接触效应要比第一人称视角的更大（Crisp & Husnu，2011）。最新一项研究还发现，想象与外群体的合作更能提高想象性接触的效应（Kuchenbrandt, Eyssel, & Seidel，2013）。这些因素的发现，对于理解想象性接触效应的原理和加强其在实践当中的应用有着重要的意义。

另外一类是"聚焦于知觉者"的调节因素，即关于被试特征和经验方面的因素。它包括知觉者之前与想象的外群体实际接触的情况、群体地位（即，是少数群体还是多数群体）以及知觉者的内群体认同程度三个方面。研究发现，前期与外群体有较好接触（数量与质量两个方面）的被试，在进行想象任务后，其报告将来与外群体成员（穆斯林）接触的意愿要比之前接触少的被试强烈（Husnu & Crisp，2010）。此外，直接的群际接触研究表明，少数群体被试的群际接触与偏见之间的关系要比主流群体的更弱（Pettigrew & Tropp，2006）。一项研究系统验证了群体地位、群体认同对想象性接触效应的影响(Stathi & Crisp，2008)。其中，实验 1 在墨西哥进行，研究表明主流群体成员在积极特质的重叠性上显著高于少数群体成员；实验 2 在英国进行，那些对英国高度认同的被试对法国学生的积极投射显著少于那些认同感比较低的被试；实验 3 中，研究者操纵了被试的个体自我和社会自我的凸显性，发现那些社会自我凸显的被试，对外群体的积极特质投射要显著低于个体自我凸显的被试。最近，一项研究(Birtel & Crisp，2012)发现，对于之前群际焦虑就比较高的被试而言，他们在进行想象性接触时需要付出的认知能力更多一些，但接触效应并没有完全消失。虽然，想象性接触效应在少数群体与多数群体、高认同群体与低认同群体被试中表现出了差异，但这并不意味着想象性接触效应的完全消失，而是体现出不同人群当中其程度的差异。

5.6　群际接触理论研究总结

　　群际接触是被实践证明能减少偏见的最为有效的社会策略之一，60 多年来研究者对此进行了广泛而深入的研究，寻求接触减少偏见、改善群体关系的最佳效果的条件和内在机制（Brown & Hewstone，2005）。到目前为止，研究者已经提出了两种不同形式的群际接触干预策略，即面对面直接接触和间接接触，扩展性接触属于间接接触，想象性接触比扩展性接触在形式上更为间接。从改善群体关系的效果来看，直接接触的效果最好，因为这是个体亲身经历的一种接触过程，它比间接接触的效果好。由于想象性接触虽说是心理模拟接触，但是它也是个体的一种直接经验，所以，在理论上它的接触效应也要比扩展性接触好。从接触效应的心理机制上来看，接触效应最为重要的心理过程是情感过程，即接触主要是通过减少群际焦虑、增加群际信任而导致积极的群体关系（Pettigrew & Tropp，2006），这一过程也是想象性接触效应的重要心理过程。然而想象性接触是一种理论导向的干预策略，所以，它更为重要的心理过程是认知过程，即群际接触的认知脚本获得，心理模拟过程在想象性接触效应中扮演着重要的作用。从三种接触的实践应用来看，直接接触可以在群体成员有接触机会的社会中使用，扩展性接触可以在接触机会非常少的环境中使用，想象性接触则可以在没有接触机会或者群体之间有激烈冲突和相互隔离比较严重的社会环境中使用，它最大的优点在于使用灵活、社会成本低，在实际干预过程中引起人们群际焦虑的水平较低。

5.7 民族接触减少偏见的机制——中国的实证研究

正如佩蒂格鲁和乔普所做的元分析研究结果，当前关于群际接触的研究 70%以上来自美国，50%以上的实证研究以种族和族群为研究对象（Pettigrew & Tropp，2006），来自国内关于民族接触的实证研究很少。我国是一个世居的统一多民族国家，民族关系的历史和现状都与国外种族社会背景有很大的差异。因此，很有必要在我国的民族社会背景中开展该领域的研究，进一步扩展和完善群际接触理论。

关于群际接触减少偏见的机制，仍然是目前和将来研究者研究的热点问题（Wright，Mazziotta，& Tropp，2017）。已有研究表明，群际接触之所以会减少偏见，主要是因为接触导致个体在认知和情感方面发生了改变。比如，群际接触能够增加对外群体知识的了解，从而减少刻板印象（Aberson ＆ Haag，2007；Brambilla，et al.，2012；Stathi，Tsantila，＆ Crisp，2012），减少对群际互动的消极期待（Plant ＆ Devine，2003），减弱对内群体的认同（Pereira，Green，＆ Visintin，2017），使个体感知到内群体和外群体更多的共同性、相似性（Eller ＆ Abrams，2003；2004；Ng，Kulik，＆ Bordia，2016；Stathi，Cameron，Hartley，＆ Bradford，2014）；它能够降低群际焦虑（Paolini，et al.，2004；Turner，et al.，2008），增加与其他群体的共情（Aberson，Shoemaker，＆ Tomolillo，2004）和观点采择能力（Aberson ＆ Haag，2007；Wang，Tai，Ku，＆ Galinsky，2014）。其他因素还有个人威胁和群际威胁等（Pettigrew，et al.，2011）。

　　尽管研究者已经就群际接触减少偏见的机制问题做出了卓有成效的工作，但是相关研究仍需完善和发展。首先，研究者发现了群际接触减少偏见的一些中介变量，但是这些研究都是比较分散的研究，缺乏整合性。群际接触减少偏见的过程中，一些中介变量之间也是相互作用的，比如消极刻板印象和群际焦虑之间，我认为正是个体对外群体成员持有消极的刻板印象才导致群际焦虑。因此群际接触减少偏见的过程中，其中一个可能的机制是：群际接触能减少消极刻板印象的持有，从而减弱群际焦虑，最终减少了偏见。其次，奥尔波特主张的群际接触假说已经被完全验证，但是对于另一个观点，即对社会群体的本质论信念也是产生偏见的重要原因，当前研究者还没有把本质论信念纳入接触减少偏见的机制研究当中，只是探讨了本质论信念对群际关系的消极影响（Chao ＆ Kung，2015；高承海，万明钢，2013）。群际接触减少偏见的另一个原因是它通过减弱人们持有的本质论信念而减少偏见，这是一个值得验证的问题。

　　基于以上考虑，本研究以我国少数民族大学生和汉族大学生为研究对象，考察了民族接触、民族认同、民族本质论、消极刻板印象、群际焦虑和民族交往态度等变量，目的是分析和探讨民族接触减少偏见的整合机制。

研究方法

以 321 名少数民族大学生为被试，被试来自西北某省会城市一所综合性大学的民族班，年龄范围为 17～24 岁（$M_{年龄}=20.37$，$SD=1.09$），男生 101 名，女生 220 名；192 名被试的家庭所在地为农村，129 名被试的家庭所在地为城镇。

民族接触采用群际接触量表（Islam & Hewstone，1993）中的题目测量少数民族大学生与汉族学生接触的数量与质量。其中 4 个项目测量接触的数量，5 个项目测量接触的质量，所有项目采用 7 点计分。在分析变量关系的时候，将接触数量和接触质量计算标准分并合并为一个变量，总分越高，说明被试接触汉族的数量越多，质量越高。本研究中，接触数量分量表的内部一致性系数为 0.85，接触质量分量表的内部一致性系数为 0.68，接触数量和接触质量所有项目的内部一致性系数为 0.82，这表明民族接触量表具有很好的一致性，可以测量少数民族大学生接触汉族学生的状况。

民族认同采用修订版的多民族认同量表（Phinney & Ong，2007）。该量表测量了认同的"探索"和"承诺"两个核心维度，共由 6 个题目构成，被试在 6 点计分量表上进行回答，总分越高表明被试对所属民族的认同程度越高。国外多项研究证实该量表具有较好的跨文化一致性和良好的结构效度（Brown, et al.，2014；Yap, et al.，2014），是民族认同领域使用最为广泛的测量工具，国内研究者已有的研究表明该量表具有很好的信效度（高承海，安洁，万明钢，2011；高承海，万明钢，2013）。本研究中"探索"分量表的内部一致性系数为 0.87，"承诺"分量表的内部一致性系数为 0.91，总量表的内部一致性系数为 0.92，表明量表具有较好的稳定性，可以用来测量被试的民族认同。

消极刻板印象测量工具采用前一章介绍的研究成果。要求被试对 5 个消极刻板印象特质词符合汉族人的程度进行评价，采用 6 点计分量表，1 代表"完全不符合"，6 代表"完全符合"，本研究当中 5 个项目的内部一致性系数为 0.85。

群际焦虑采用斯蒂芬等人编制的群际焦虑量表来考察少数民族大学生与汉族成员交往过程中的焦虑水平（Stephan & Stephan，1985）。被试在 5 点计分量表（从 1"一点也不"到 5"非常的"）上对 11 项情绪特征（如怀疑和谨慎等）进行评定。本研究获得的数据结果表明，群际焦虑量表的内部一致性系数为 0.78，具有较好的一致性。

交往态度采用菲尼编制的民族交往态度量表（Phinney，1992）测量少数民族大学生被试与汉族大学生交往的态度。量表包括 6 个题目（如"我喜欢与汉族同学交朋友"），采用 6 点计分评定（从 1"完全不同意"到 6"完全同意"），其中一个题目是反向计分项（如"我感觉和少数民族同学不要居住在一起更好一些"）。量表总分越高说明少数民族被试与汉族交往的态度越积极。本研究获得的数据表明，量表内部一致性系数为 0.85，可以用来测量交往态度。

民族本质论采用民族内隐理论量表（No，et al.，2008）中的民族本质论分量表考察被试的民族本质论倾向的程度。分量表包括四个题目，分别是："不同的民族有其独特的遗传特征，它决定了民族成员很多方面的特征，这点很难改变"；"一个人是很难改变他（她）民族特有的属性的"；"一个人的许多特征（比如性格等）是植根于他（她）的民族的，这不可能改变太多"；"民族是一个人最基本的属性，不可能改变太多"。采用 6 点计分评定（从 1"完全不同意"到 6"完全同意"）。本研究数据表明量表内部一致性系数为 0.85。

结果

表 5-1 呈现的是本研究考察的核心变量的描述统计，以及变量之间的相关系数。结果表明，被试的民族认同、民族本质论、消极

刻板印象和群际焦虑与交往态度均存在显著的负相关（$p<0.01$），说明这些因素在民族交往当中具有消极的影响，而民族接触与交往态度存在极其显著的正相关（$r=0.68$，$p<0.01$），而民族接触与民族认同、民族本质论、消极刻板印象和群际焦虑存在显著的负相关，这表明民族接触在民族交往中具有积极的作用，即它能够减弱内群体认同（即民族认同），减少持有民族本质论信念的程度，降低消极刻板印象的程度，还能够减少群际焦虑的水平。

表 5-1　核心变量的描述统计和相关系数

变量	M	SD	民族接触	民族认同	民族本质论	消极刻板印象	群际焦虑
民族接触	0.003	1.70	—				
民族认同	4.77	0.97	-0.27^{**}	—			
民族本质论	4.18	0.97	-0.26^{**}	0.31^{**}	—		
消极刻板印象	3.51	0.98	-0.27^{**}	0.14^{*}	0.09^{a}	—	
群际焦虑	2.12	0.59	-0.56^{**}	0.19^{**}	0.19^{**}	0.34^{**}	—
交往态度	4.19	0.89	0.68^{**}	-0.30^{**}	-0.31^{**}	-0.34^{**}	-0.52^{**}

注：* 表示 $p<0.05$，** 表示 $p<0.01$，^{a} 表示 $0.05<p<0.1$。

民族认同、民族本质论、消极刻板印象和群际焦虑的中介作用

在 Amos18.0 中构建变量相互作用的路径模型图（图 5-1），其中民族接触是自变量，民族认同、民族本质论、消极刻板印象和群际焦虑是中介变量，交往态度是因变量。

将各变量代入模型进行运算，根据模型修正指数对模型进行修正，最终得到图 5-1 的模型，模型拟合指数 χ^2/df 小于 2，RMSEA 和 RMR 小于 0.05，NFI、CFI、GFI 均大于 0.9。图 5-1 显示的是各变量相互作用的标准化估计值，所显示的路径系数除了民族认同和交往态度之间的系数达到边缘显著（$0.05<p<0.1$）外，其余路径

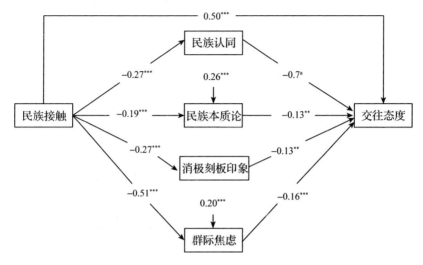

注：** 表示 $p<0.01$，*** 表示 $p<0.01$，a 表示 $0.05<p<0.1$。

图 5-1　民族接触促进民族交往的路径分析模型

系数均在 0.001 水平上显著。路径分析结果初步表明，民族认同、群际焦虑、民族本质论和消极刻板印象四个变量均在民族接触和交往态度之间存在部分中介作用。中介效应检验结果表明，除民族认同的中介作用不显著外（$p>0.05$），民族本质论、消极刻板印象和群际焦虑的中介效应均显著（$p<0.05$），所有中介变量的中介效应值占总效应的 26.54%。此外，路径分析模型显示，民族认同在民族接触和民族本质论之间、消极刻板印象在民族接触和群际焦虑之间存在中介作用。因此，进一步对中介效应的显著性进行检验。检验结果表明（表 5-2），民族认同在民族接触和民族本质论之间存在中介作用（$p<0.01$），消极刻板印象在民族接触和群际焦虑之间存在显著的（$p<0.01$）部分中介作用，其中民族本质论的中介效应占总效应的 27.13%，消极刻板印象的中介效应占民族接触对群际焦虑总效应的 9.71%。

表 5-2　民族接触对民族本质论和群际焦虑的间接效应及其占总效应的百分比

中介变量	因变量	Sobel 检验		总效应	百分比
		Z	P		
民族认同	民族本质论	3.17	0.00	0.14	27.13%
消极刻板印象	群际焦虑	3.14	0.00	0.19	9.71%

讨论

　　首先，少数民族成员与汉族成员接触程度高的被试，其民族认同得分更低，二者之间存在显著的负相关($r=-0.27$，$p<0.01$)，这说明民族接触能够降低群体成员对内群体的认同水平。本研究结果与国内已有类似研究结果一致，比如高承海等人的研究表明，"聚居"地区的少数民族大学生比"散居"少数民族大学生的民族认同水平更高，其对汉族的态度也相对消极(高承海，万明钢，2013)。另外一项研究表明，少数民族大学生进入主流社会接受高等教育的过程中，随着年级的增高，其民族认同和宗教认同水平有下降的趋势(高承海，万明钢，2015)。这两项研究虽然没有对接触变量进行具体操作，但是都能间接说明民族接触的作用。因为前一研究中"散居"在汉族社会当中的少数民族被试，其与汉族接触的时间更久，接触的机会更多、频率更高，而"聚居"地区的少数民族大学生，其来到主流社会才更多地开始接触汉族，接触程度显然要比"散居"少数民族更低。而后一项研究当中的时间维度，即年级的增高也在一定程度上代表着少数民族与汉族接触的程度。这些结果说明少数民族与汉族的接触越多，越能够减弱其对内群体的强烈认同。社会心理学有关群际关系的理论也可为这一推断找到支持，比如共同内群体认同模型就主张，强化或者凸显两个群体的共同身份，能够减少对内群体的偏好，同时增加对外群体的积极态度。因为共同的身份意识，会增强群体成员同属一个群体的"我们"意识，从而对群际关系有着

积极的促进作用(Gaertner & Dovidio，2012)。

其次，民族接触与民族本质论存在显著的负相关($r = -0.26$，$p < 0.01$)，这说明民族接触能够改变民族本质论信念，使个体更多地持有民族社会建构论的信念。本研究结果充分说明人们对社会群体的本质论信念与群体认同是相互作用的：一方面，强烈的本质论信念增强了内群体认同，固化着群体边界，阻碍着跨群体的互动与交往(高承海，万明钢，2013)；另一方面，当群体成员有了更多的跨群体交往，感知到内群体和外群体在文化上更多的相似性，从而减少了群际差异感，这种变化导致人们对社会群体的本质论信念减弱。本研究结果为群际接触改善群际关系增添了新的中介变量。

最后，与群际接触理论的基本观点相一致，本研究结果表明，民族接触与消极刻板印象存在显著的负相关($r_{数量} = -0.26$，$p < 0.01$)，与群际焦虑也存在负相关($r = -0.56$，$p < 0.01$)，即民族接触数量越多、质量越高，被试对外群体持有的消极刻板印象程度就越低，在可能的跨群体互动时产生的群际焦虑水平也越低。这说明民族接触能够改变消极刻板印象的持有，减少群际焦虑水平。本研究还检验了消极刻板印象在民族接触和群际焦虑之间的中介作用。检验结果表明，消极刻板印象在民族接触和群际焦虑之间存在部分中介作用，中介效应占其总效应的9.71%。这说明消极刻板印象是群际焦虑的重要来源，该结果验证了研究假设。从心理成分上来看，消极刻板印象属于个体的认知范畴，而群际焦虑则属于情绪范畴，正是因为人们对他人持有消极的认知，所以在进行跨群体的接触过程中产生了消极的预期，产生不安全感、尴尬和谨慎等负面情绪反应，从而避免与外群体成员接触。国内研究者以汉族大学生为被试的研究同样发现，那些与少数民族有较多接触的大学生，其对少数民族持有积极刻板印象的程度更高，而消极刻板印象的程度则更低，群际焦虑水平也更低，并且群际焦虑完全中介了消极刻板印象与群

际态度的负相关（高承海，杨阳，董彦彦，万明钢，2014）。这进一
步说明消极刻板印象是群际焦虑的来源。本研究结果对于群际接触
理论和整合的群际威胁理论有重要的理论建构意义。因为整合的群
际威胁理论将消极刻板印象和群际焦虑并列为群际威胁的范畴，将
群际接触视为消极刻板印象和群际威胁产生的前因变量，将群际态
度和行为视为因变量（张婍，冯江平，王二平，2009）。本研究认为，
消极刻板印象和群际焦虑属于不同的心理变量，消极刻板印象是群
际接触和群际焦虑之间的中介变量，它是群际焦虑的重要来源，而
群际接触通过改变消极刻板印象降低了群际焦虑水平，能促进积极
的群际关系。

5.8　民族接触弱化民族本质论及其机制

　　奥尔波特在其经典著作《偏见的本质》中提出了两个重要观点：
一个观点主张人们对社会群体的本质化信念是偏见人格的重要特征；
另一个是群际接触假说，认为在满足一些基本条件（即平等的地位、
有共同的目标、相互合作和制度支持）后，群际接触可以有效减少偏
见，促进群际关系（Cherry，2000）。后一个观点已经被大量研究证
实，群际接触的确可以减少偏见。那么，群际接触在减少偏见的过
程中，本质论信念是否也变化了？或者说，本质论信念在这个过程
中是否发挥了作用呢？前面的研究使我们发现群际接触改善群际态
度过程中，民族本质论扮演了中介作用的角色，即群际接触是通过
弱化本质论信念间接地促进了群际态度（以交往态度为指标）。这又
产生了一个新的问题，即群际接触是否可以弱化本质论信念？如果
可以，这个机制是什么？在之前研究的基础上我对这个问题进行了
进一步的探索，仍然以少数民族大学生和汉族大学生为研究对象，
探讨民族接触减弱民族本质论及其机制问题。

　　民族本质论是普通大众对民族性质的朴素理解，用来解释人们观察到不同民族在外部（比如身体特征）和内部特征（比如人格和能力等）上的差异，持有这种观点的人认为民族是由不可变的、根深蒂固的某种本质所决定的，它决定着民族成员稳定的人格特征（高承海，万明钢，2018）；还有一种观点与民族本质论相反，被称为民族社会建构论，持有这种观点的人认为民族是由于政治、经济和社会等因素在历史情景中人为建构的，因此民族及其民族成员的属性都是可变的（Chao & Kung，2015；No，et al.，2008；高承海，万明钢，2018）。民族的本质论和社会建构论分别代表着人们对民族性质理解的静态和动态观点，二者是一个连续体，个体对民族的理解往往介于二者之间或偏向某一个观点，实证研究往往在一个维度上进行操作，即本质论或者社会建构论维度。

　　民族、种族和族群是最容易被人们本质化的社会群体（高承海，万明钢，2018），并且这种本质论在儿童时期就已经形成（杨晓莉，孟霄，刘力，2017）。研究表明：民族本质论固化了民族边界，增强了差异性知觉，表现为民族本质论者在人格特质上对内群体和外群体进行评价时存在显著差异，他们比民族社会建构论者更容易识别内、外群体成员在各方面表现出来的差异性（Chao & Kung，2015；杨晓莉，刘力，崔淼，杨萌，2012；于海涛，张雁军，金盛华，2014）；民族本质论强化了内群体认同，即持有强烈民族本质论的个体，其内群体认同更强烈（高承海，万明钢，2013）；民族本质论者比民族社会建构论者持有更强烈的民族偏见（Andreychik & Gill，2015；Diesendruck & Menahem，2015；Hodson & Skorska，2015；Tsukamoto，Enright，& Karasawa，2013）；民族本质论信念还阻碍着跨民族交往和文化适应（Lee，Wilton，& Kwan，2014）（杨晓莉，刘力，赵显，史佳鑫，2014），民族本质论信念强烈的个体，他们的人际关系网中跨民族友谊较少，跨民族交往的动机也更弱，在异文

化背景当中的文化适应也更为困难。民族本质论还与不平等的社会
地位有关联,民族本质论往往成为主流群体或主体民族维持不平等
地位的"合法理由"(Verkuyten,2003),而民族社会建构论在这些方
面都有积极影响。由此推论,减弱人们的民族本质论信念,增强民
族社会建构论观点,能够促进积极的民族交往和民族关系。但当前
关于民族本质论的研究,都聚焦于民族本质论对民族交往和民族关
系的消极影响方面,对于"民族本质论是否可以改变,如果可以改
变,改变的机制是什么?"这些问题还没有进行研究。

相关理论和实证研究结果表明人们持有的民族本质论是可以通
过接触而改变的。首先,国内两项实证研究结果表明群际接触可以
减弱民族本质论信念。一项研究是高承海等人发现不同居住环境(即
聚居和散居少数民族)的个体,其本质论信念程度存在显著差异,其
本质是民族接触程度不同所致(高承海,万明钢,2013);杨晓莉等
人在一项以藏族大学生为被试的研究中发现群际接触和民族本质论
之间存在显著的负相关(杨晓莉等,2014),但是该研究没有进一步
探讨其机制问题。其次,从群际接触减少偏见的机制研究来看,群
际接触之所以减少偏见,是因为接触增加了群体成员相互学习的机
会,从而在认知方面增加了对外群体知识的了解,使群体成员感知
到自己所属群体与其他群体更多的相似性(Ng,et al.,2016;Stathi,
et al.,2014)。根据共同内群体认同理论,群际接触会减弱内群体认
同,增加对共有身份的认同(Gaertner & Dovidio,2012),即当不同
群体成员意识到他们属于一个共有的群体类别时,内群体认同水平
会降低,对共有身份的认同会增强,群际差异性知觉也就减少了。
最后,民族本质论是普通大众对观察到的民族差异的一种朴素解释,
人们感知到的差异越大,本质论信念就越强烈。民族之所以是被高
度本质化的一个社会群体,就是因为人们感知到了更多的文化差异
(语言、宗教、习俗等)。由此可以推断:当跨民族的接触与交往增

多，人们感知到更多的文化相似性的时候，其持有民族本质论的程度就会减弱。

　　基于以上考虑，我采用两个研究探讨民族接触减弱民族本质论及其机制问题。研究 1 以少数民族大学生和汉族大学生为被试，主要目的是考察变量之间的相关，验证民族本质论的消极影响和民族接触的积极作用。之所以选择少数民族和汉族，是因为：其一，我国由 56 个民族构成，民族关系复杂，但是最重要的一对关系是少数民族和汉族的关系，我国促进民族关系的重点也是少数民族和汉族的关系；其二，民族接触是民族相互之间的接触，同时选取少数民族和汉族被试，可以相互对照，发现更有意义的结果，正如本研究结果及其讨论所示；其三，如果民族接触能够减弱民族本质论，那么在少数民族和汉族被试中都应该得到验证。基于这些考虑，本研究选取了少数民族大学生和汉族大学生为被试。根据文献回顾和理论推理，研究 1 的假设是：民族接触与民族交往态度之间存在显著的正相关（H1），民族接触与民族本质论之间存在显著的负相关（H2）。研究 2 是在研究 1 的基础上进一步探索民族接触减弱民族本质论的机制问题，研究 2 的假设是：少数民族被试与汉族的接触与内群体认同、民族本质论存在显著的负相关，与本民族和汉族的文化相似性感知存在显著正相关（H3），并且文化相似性感知和文化认同在民族接触和民族本质论之间存在中介作用（H4）。研究 1 结果表明，少数民族被试的民族接触变量与民族本质论之间存在显著的负相关，汉族被试在两个变量之间存在负相关但是不显著。因此，研究 2 只选取少数民族作为研究被试，在最后讨论中说明为什么汉族被试和少数民族被试结果存在差异。

研究 1：民族接触弱化民族本质论

研究方法

本研究被试为西北某省会城市一所多民族混合院校的 670 名少数民族大学生和汉族大学生，其中少数民族大学生占 48.1%，汉族大学生占 51.9%，少数民族被试主要来自西北地区，在该校当中少数民族大学生均以"民族班"的形式单独组织教学，本研究采取整班集体测试方式收集数据；被试平均年龄 20 岁；其中男性 221 名，女性 449 名；64.3% 的被试来自农村，35.7% 的被试来自城市。

民族接触采用群际接触量表（Islam & Hewstone，1993）测量少数民族与汉族相互接触的状况。该量表测量了群际接触的数量和质量两个维度，所有项目均采用 7 点计分，被试回答他们与外群体的老师、同学等接触的数量（例如："您在学校与汉族同学接触交流的情况是？"1 代表"从不接触"，7 代表"非常多"），以及接触的质量（例如："我与汉族人的交往是实质性的，而不是表面的。"1 代表"完全是"，7 代表"完全不是"）。本研究中，测量接触数量的四个项目的克朗巴赫系数为 0.89，测量接触质量的五个项目的克朗巴赫系数为 0.67。

民族本质论采用民族内隐观量表（No，et al.，2008）测量被试持有的民族本质论倾向。该量表由八个项目构成，前四个项目测量民族本质论，后四个项目测量民族的社会建构论观点，所有题目均采用 6 点计分，1 代表"完全不同意"，6 代表"完全同意"。四个社会建构论的项目反向计分后计算总平均分，在一个维度（即本质论）上进行统计分析，得分越高说明被试持有民族本质论的信念越强烈，反之，持有民族社会建构论信念更强烈。我们对该量表进行了修订并做了相关研究，其研究表明该量表在中国的少数民族被试和汉族被试中都具有较好的信度和效度，量表一致性系数为 0.76～0.84，结构效度也得到了验证（高承海，万明钢，2013）。本研究正式施测收集的数据结果显示，民族本质论分量表一致性系数为0.73，民族社会建构论分量表的克朗巴赫系数为0.67，总量表的克朗巴赫系数为0.71。

交往态度选取菲尼编制的、在多个国家被广泛使用的多民族认同量表中的他民族倾向（Other-group orientation）分量表（Phinney，1992），来测量少数民族大学生与汉族大学生彼此交往的态度，量表共6个题目（如"我喜欢接近和了解汉族人"），均采用6点计分，1代表"非常不同意"，6代表"非常同意"，有一个反向计分题目"我感觉和汉族（少数民族）不要居住在一起更好"。量表得分越高说明被试与外群体成员交往的态度越积极，反之则更为消极。本研究中两个样本群体（少数民族大学生和汉族大学生）的内部一致性系数分别为0.91和0.71，说明量表具有很好的内部一致性，可以作为本研究测量少数民族和汉族彼此交往态度的工具。

结果

表 5-3　主要变量的描述统计和相关分析

	变量	M	SD	本质论	接触数量	接触质量
少数民族	本 质 论	3.77	0.76	—		
	接触数量	4.67	1.46	-0.27^{**}	—	
	接触质量	6.18	0.76	-0.22^{**}	0.46^{**}	—
	交往态度	4.19	0.88	-0.33^{**}	0.60^{**}	0.55^{**}
汉族	本 质 论	3.90	0.76	—		
	接触数量	2.53	0.95	-0.09	—	
	接触质量	6.07	0.71	-0.09	0.26^{**}	—
	交往态度	3.90	0.78	-0.12^{*}	0.37^{**}	0.51^{**}

注：表中"本质论"为"民族本质论"的缩写；* 表示 $p < 0.05$，** 表示 $p < 0.01$，*** 表示 $p < 0.001$；表5-4、表5-5亦同。

表5-3是两个被试群体在主要变量上的描述统计和相关系数。

从相关系数可见，少数民族被试和汉族被试的民族接触与交往态度之间存在显著的正相关，说明民族接触可以促进民族交往态度。同时，少数民族被试和汉族被试的民族本质论与交往态度均有显著的负相关；汉族被试的民族本质论与民族接触呈负相关但不显著，少数民族被试的民族本质论与民族接触存在显著的负相关。结果验证了假设 1 和假设 2。

分别采用独立样本的 t 检验，检验主要变量在性别、民族（少数民族/汉族）、家庭所在地（城市/农村）上的差异。结果表明：所有变量在性别上不存在显著差异，家庭所在地为城市的大学生的民族接触数量（$M = 3.87$，$SD = 1.80$）显著高于［$t(668) = 3.76$，$p < 0.001$，Cohen's d $= 0.29$］来自农村的大学生的民族接触数量（$M = 3.38$，$SD = 1.49$），少数民族被试的民族接触数量［$M_{少数} = 4.67$，$SD = 1.46$；$M_{汉族} = 2.53$，$SD = 0.95$；t（668）$= 22.31$，$p < 0.001$，Cohen's d $= 1.73$］和接触质量［$M_{少数} = 6.18$，$SD = 0.76$；$M_{汉族} = 6.07$，$SD = 0.71$；t（668）$= 1.96$，$p < 0.05$，Cohen's d $= 0.15$］均显著高于汉族。但是，汉族被试的民族本质论得分显著高于少数民族被试［$M_{汉族} = 3.89$，$SD = 0.76$；$M_{少数} = 3.77$，$SD = 0.76$；t（668）$= -2.16$，$p < 0.05$，Cohen's d $= 0.16$］。少数民族接触汉族的态度要显著比汉族接触少数民族的态度更为积极［$t(668) = 4.44$，$p < 0.001$，Cohen's d $= 0.34$］。

研究 2：民族接触弱化民族本质论的机制

研究方法

被试为 241 名"民族班"的少数民族大学生，其中回族 80 名，藏族 31 名，维吾尔族 24 名，东乡族 17 名，其他少数民族共 89 名；男性占 21.6%，女性占 78.4%；被试年龄范围为 17～23 岁（$M_{年龄} = 19.74$，$SD = 1.28$）；户籍类型中有 63.8% 的被试来自农村，其余来自城市；被试未参与研究 1。问卷集体测试、当场收回，收集的问卷有效率达到 97%。

民族接触量表采用布朗（Rupert Brown）等人研究中所使用的两个项目，测量本研究中少数民族被试与汉族接触的状况（Brown，Vivian，& Hewstone，1999）。探查少数民族拥有汉族朋友的数量以及跟他们在一起的时间，能很好地反映接触的质与量，被试在两个项目当中的得分越高说明被试与汉族的接触越好，反之亦然。第一个题目问被试"您有多少朋友是汉族人？"，被试从"没有""1 个""2 至 5 个""5 至 10 个""多于 10 个"五个选项当中选择回答；第二个题目问被试"通常情况下，您与汉族朋友相处的时间多还是少？"，被试从"从未""偶尔""有时""相当多""一直在一起"五个选项当中进行选择。两个项目均采用 5 点计分，分别赋予分值 1 到 5 分，两个项目的总均分越高，民族接触程度就越高。本研究当中，两个项目的一致性系数为 0.73，这说明两个项目之间有很好的一致性，可以作为本研究的测量工具。

本民族的文化相似性与文化认同的测量，借鉴乔普和赖特（Stephen Wright）测量"将内群体包容进自我"的方式（Tropp & Wright，2001）以及阿伦（Arthur Aron）等人测量"将他人包容进自我"的方式（Aron，Aron，& Smollan，1992），本研究设计了类似的方式，采用图片形式的项目来测量被试对本民族的文化认同，以及被试感知到的本民族文化与汉族文化的相似性。这两个项目分别由五对大小和重合程度不同的圆圈组成，即从完全不重叠到完全重叠五种，分别赋予分值 1 到 5 分，得分越高，表明感知到的文化相似性程度越大，对本民族文化有更强烈的认同。测量本民族文化认同的时候[图 5-2（上）]，被试被询问："在您看来，哪一张图片最能代表您自己与您的民族文化之间的关系？如果您完全不认同您的民族文化，请选择没有重叠的两个圆圈。如果您非常认同您的民族文化，请选择重叠最多的两个圆圈。"测量被试感知到的本民族文化与汉族文化相似性的时候[图 5-2（下）]，被试被询问："在您看来，哪一张图片最能代表您的民族文化与汉族文化之间的差异和相似程度？如果您认为二者完全不同，请选择没有重叠的两个圆圈。如果您认为二者尤其接近，请选择重叠最多的两个圆圈。"

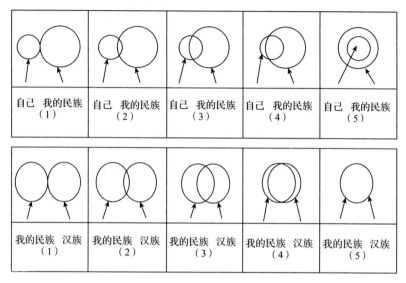

图 5-2　文化认同(上)和文化相似性知觉测量(下)项目

民族本质论的测量工具与之前研究相同。本研究中，民族本质论分量表的克朗巴赫系数为 0.73，民族社会建构论分量表的克朗巴赫系数为 0.67，总量表的克朗巴赫系数为 0.71。

研究结果

表 5-4　主要变量的描述统计和相关分析

变　量	M	SD	1	2	3
民族接触	4.17	0.77	—		
民族本质论	4.15	0.77	-0.18^{**}	—	
文化认同	4.10	1.10	-0.18^{**}	0.38^{**}	—
文化相似性	2.66	0.97	0.32^{**}	-0.31^{**}	-0.27^{**}

注：文化认同为"本民族文化认同"的缩写，文化相似性指"本民族文化与汉族文化的相似性"，表 5-5 亦同。

　　从被试平均分来看(表5-4)，民族接触、民族本质论和文化认同三个变量的平均分都在理论中值以上，说明少数民族被试与汉族有着良好的接触，对本民族的文化有积极的认同，对民族性质的理解持有较为明显的民族本质论观点；但是，被试感知到的文化相似性得分低于理论中值，说明他们感知的文化相似性水平整体比较低。

　　相关分析结果表明，四个变量之间都有显著的相关，其中民族接触和民族本质论、文化认同呈负相关；民族本质论与文化认同呈正相关，而与感知到的文化相似性呈负相关；文化认同与文化相似性呈负相关。结果验证了假设3。

　　采用层次回归来检验被试的文化认同和感知到的文化相似性在民族接触与民族本质论之间的中介作用，验证假设4。以民族本质论为因变量，性别、年龄、所在地(农村/城市)为控制变量，民族接触为自变量，分别以文化认同和与汉族的文化相似性感知为中介变量进行回归分析。

　　结果表明(表5-5)：在两个回归当中，第一步中的控制变量均不能显著预测因变量；在第二步中，自变量民族接触均能显著负向预测民族本质论($\beta=-0.18$，$p<0.01$)；在第三步回归中，当中介变量进入回归方程，民族接触对民族本质论的预测作用消失，但是文化认同和文化相似性对民族本质论的预测作用显著($\beta_{认同}=0.44$，$p<0.001$；$\beta_{相似性}=-0.29$，$p<0.001$)，其中文化认同是正向预测作用，文化相似性是负向预测作用。研究结果证实文化认同和文化相似性感知在民族接触与民族本质论之间存在完全中介作用。

　　根据回归分析结果，在相关理论探讨基础上，为了以整合的视角来考察民族接触减少民族本质论的机制，在Amos软件里构建了如图5-3的模型，将各变量代入模型运算，结果表明该模型拟合非常好($\chi^2/df=0.92$，$p>0.05$，NFI=0.99，IFI=1.00，GFI=0.99，CFI=1.00，RMR=0.02)，模型结果进一步说明了民族接触减少民

表 5-5　文化认同和文化相似性感知的中介作用

变量		文化认同					文化相似性				
		ΔR^2	F	SE	β	t	ΔR^2	F	SE	β	t
第一步控制变量	性别	0.00	0.48	0.13	0.05	0.72	0.01	0.50	0.13	0.05	0.77
	年龄			0.04	-0.05	-0.68			0.04	-0.05	-0.68
	农村/城市			0.10	0.01	0.09			0.11	0.00	0.05
第二步民族接触	性别	0.03	2.23ᵃ	0.13	0.05	0.68	0.02	2.19ᵃ	0.13	0.05	0.67
	年龄			0.04	-0.03	-0.43			0.04	-0.03	-0.43
	农村/城市			0.10	0.03	0.53			0.11	0.03	0.52
	民族接触			0.05	-0.18	-2.73**			0.05	-0.18	-2.69**
第三步中介变量	性别	0.21	12.36***	0.12	-0.05	-0.75	0.10	5.79***	0.12	0.05	0.76
	年龄			0.04	-0.07	-1.14			0.04	-0.03	-0.41
	农村/城市			0.10	0.06	1.04			0.10	0.02	0.30
	民族接触			0.05	-0.09	-1.48			0.05	-0.08	-1.22
	中介变量			0.05	0.44	7.14***			0.05	-0.29	-4.41***

注：ᵃ 表示 $0.05 < p < 0.1$。

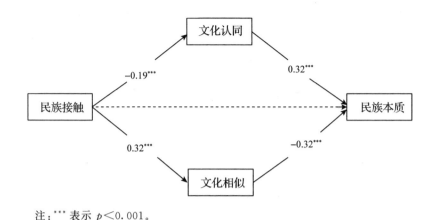

注：*** 表示 $p < 0.001$。

图 5-3　民族接触减弱民族本质论的路径分析

族本质论的机制问题，验证了假设 4。

讨论

研究 1 的描述统计和相关分析结果表明，民族接触的两个维度（数量和质量）均与民族本质论存在负相关，但少数民族大学生被试的负相关达到显著性水平，汉族大学生被试的负相关不显著，我认为这与两个被试群体在民族接触和民族本质论上的得分本身存在差异有关。具体而言，从主要变量的差异检验结果来看，少数民族接触汉族的程度在数量和质量两个维度上都显著高于汉族接触少数民族，这与我国现实社会背景是一致的，因为大多数汉族成员接触少数民族的机会比较少。正是接触程度上的不同，使得汉族大学生被试对民族的理解持有更为强烈的本质论倾向，从而得出汉族被试民族接触与民族本质论有负相关但不显著的结果。因此，假设 1（H1）是成立的，将来可以进一步进行验证。关于民族接触与民族交往态度的关系，无论少数民族大学生被试还是汉族大学生被试，民族接触都与积极的交往态度相关，这与群际接触理论的观点是完全一致的，在此不做更多讨论，假设 2（H2）成立。

在研究 1 的基础上，研究 2 选取了少数民族大学生为被试来验证本研究的核心假设(H3 和 H4)。结果表明:民族接触与民族本质论、本民族文化认同存在显著负相关,与文化相似性感知存在显著正相关,这表明民族接触能够减弱本民族的文化认同,增加民族之间文化相似性的感知,这与共同内群体认同理论、群际接触理论的观点是一致的。国内也有同类研究表明,民族接触可以减弱民族认同(高承海,万明钢,2018),研究结果验证了假设 3(H3)。路径分析结果进一步证实了民族接触减弱民族本质论的机制,即民族接触减弱民族本质论是因为民族接触增加了文化相似性感知($r = 0.32$,$p < 0.001$),减弱了本民族的文化认同($r = -0.19$,$p < 0.01$),进而减弱了民族本质论,增加了社会建构论观点,完全验证了假设 4(H4)。

从本研究的理论和实践贡献来看,本研究首先加深了对民族本质论的认识和理解,即民族本质论持有民族及其属性不可变的观点,但是民族本质论者是可以变化的,即他可以变为或者倾向于社会建构论者,以往研究更多地探讨了民族本质论在民族交往和民族关系中的消极作用,很少有研究探讨改变民族本质论的问题,本研究在这方面有了一定的推进。其次,本研究丰富了群际接触改善群际关系的机制研究,发现了一个可能的中介变量,即群际接触能够通过减弱民族本质论信念而减少偏见,将来的研究可以其他社会群体为研究对象,进一步验证民族本质论在群际接触减少偏见过程中的中介作用。最后,关于实践方面的贡献,我认为可以通过增加民族接触的策略,减弱人们持有的民族本质论倾向,增加社会建构论倾向的观点,从而促进民族交往、改善民族关系。

本研究虽然验证了假设,在理论和实践方面有一定的启示,但是也有不足之处,在研究方法和研究对象两个方面需要改进:一是本研究采用测量的方法,是一项相关研究,不能很好地揭示因果关系,将来可以用实验的方法进一步验证本研究结果;二是心理本质论是人们对很多社会群体持有的一种内隐观，为进一步对本研究的结果在更大范围内进行推广，将来的研究可以选择其他社会群体（如不同国家、宗教、族群和性别等）进行验证。

5.9 总结

本章首先介绍了在社会心理学具有深远影响的群际接触理论诞生的背景及其基本观点。其次，梳理了国外研究者自群际接触假说提出以后开展的实证研究成果。60 多年的研究表明，群际接触是最能有效减少群体偏见的社会策略，尤其在解决种族和族群冲突方面发挥了重要作用。群际接触减少偏见的机制研究发现，群际接触之所以能够减少偏见，最主要的三个中介变量是外群体知识的获得、群际焦虑的减少和观点采择能力的获得。再次，重点探讨了群际接触理论的最新研究进展，即想象性接触减少偏见的原理与机制。最后，展示了我在国内开展的民族接触减少偏见的研究。我的研究发现，民族接触能够弱化内群体的认同，减弱民族本质论信念，减少消极刻板印象的持有，还能够降低群际焦虑水平，这些改变导致积极的民族态度，促进了民族交往，改善了民族关系。由于民族接触减弱民族本质论是群际接触减少偏见的一个新的发现，我在此基础上进一步研究了为什么群际接触可以弱化民族本质论的问题。最终结果表明，民族接触通过增加文化相似性感知、降低内群体的认同水平而减弱了民族本质论。这一发现对于群际接触理论的发展具有一定的推动作用。

国内外理论与实践研究表明，传统的面对面的接触策略、扩展性接触、替代性接触和想象性接触都能够减少偏见，各有其优点，也有其不足，它们可以相互补充。在促进群际关系的社会实践当中，决策者可以根据不同的社会背景，灵活使用这几种接触策略，扬长避短。具体来讲，在高度缺乏接触机会甚至缺少扩展性接触的社会背景中，可以先采取想象性接触策略，然后逐渐进入扩展性接触、替代性接触，最终创造面对面的直接接触，这样能够降低群体成员的群际焦虑，避免消极接触效应的出现和冲突的发生。

我国是一个统一的多民族国家，促进民族交往、构建和谐的民族关系，是我国民族工作的重要任务。群际接触理论对我国民族工作具有重要的启示意义。从我国的社会结构来看，我国少数民族和汉族整体上呈现二元的结构特征。其具体表现是少数民族多聚居于西部边疆地区，国家建立自上而下的民族事务管理体系，以及贯通幼儿园到高等教育的相对独立的民族教育体系。这种社会结构使得少数民族与汉族的接触整体上比较少，彼此持有一些消极的刻板印象和偏见，尤其是大多数汉族人对少数民族没有足够的接触与了解，对少数民族还有一定程度的偏见。

根据群际接触理论的启示，我国在促进民族交往、改善民族关系的实践中，创造各民族实质性的接触是一个重要的社会策略。国家可以首先从社会结构方面入手，这也是国家已经开展的工作，比如在多民族地区建设嵌入式社区，鼓励各民族成员共同居住在一起。在教育方面，应该逐步打破相对独立的民族教育体系，构建融合开放的教育体系，使各民族学生在共同的教育环境中学习。在多民族混合学校，积极推进"民汉合班""民汉合宿"，灵活运用直接接触和间接接触策略，发挥接触在促进民族交往和改善民族关系中的积极作用。创新少数民族流动人口服务管理机制，全面提升城市民族事务治理现代化水平，积极促进少数民族流动人口与当地人交往交流交融。

整合的策略：促进各民族
交往交流交融

本书前几章以认同为核心概念，首先探讨了民族认同在个体和群体层面的意义、功能，目的是形成对民族认同的科学认识。因为无论普通大众还是多民族国家政府领导人，他们如何看待民族认同，都会对民族交往和民族关系产生深刻的影响。民族认同是多民族社会成员自我概念当中的重要组成部分，是一个人自尊的重要来源，能够满足人们对归属感的基本心理需求，在降低人们心理上的不确定感等方面具有重要的心理意义和功能。因此，多民族国家在解决民族问题的过程当中首先要承认和尊重各民族的民族认同，这是处理民族问题、促进民族关系的重要前提。个体建构何种民族认同，与其心理健康水平、在异文化社会背景当中的文化适应、跨民族交往有着重要的关系；民族认同在民族关系当中也扮演重要的角色，需要在具体的社会背景当中加以认识，民族认同并不必然地对民族关系产生消极影响，而与各民族接触与交往的程度、多民族国家所采取的民族政策有关。接着，在社会心理学群际关系的理论视角下，着重探讨了社会分类、民族内隐观、民族认同、民族刻板印象、偏见与歧视、群际威胁和民族接触等社会心理变量在民族交往和民族关系当中的作用，这些变量涉及群际认知、情感、态度、行为和社会等方面，基本上构成了理解民族关系的一个社会心理学理论框架。

　　本章内容整合了前几章理论与实证研究的成果，系统地提出了促进民族交往和民族关系的社会心理路径、策略。本章内容主要包括三大部分，第一部分结合新时代以来我国民族工作的新思想，简要分析了民族关系与民族交往交流交融之间的关系，即民族关系建立在各民族交往的过程中，只有促进各民族交往交流交融，才能够构建和谐的民族关系，铸牢各民族成员的中华民族共同体意识。第二部分分别总结了社会分类、民族内隐观、民族认同、民族刻板印象、偏见与歧视、群际威胁和群际接触对民族交往交流交融的影响。其中社会分类是产生民族心理的认知基础，所有民族心理（包括民族认同、民族刻板印象与偏见、民族内隐观等）皆始于民族分类意识的产生。促进民族交往、改善民族关系，首先要从民族心理的认知根源入手进行干预。民族内隐观是普通大众对民族分类及其成员表现出来的差异的一种朴素解释，一般包括民族本质论和民族社会建构论两种倾向，其中民族本质论倾向对民族交往和民族关系有消极影响，而民族社会建构论则对民族交往和民族关系有积极的促进作用，改变人们持有的民族内隐观可以促进民族交往和民族关系。民族认同是基于民族分类意识而产生的，在个体和群体当中具有重要意义，是多民族社会成员自我概念的重要组成部分，能够满足人的基本心理需求，需要承认和尊重。民族刻板印象和偏见是伴随民族认同而产生的民族心理，消极的民族刻板印象是民族偏见的认知基础，偏见是一种负面的态度，对民族交往和民族关系有着消极的影响，而强烈的偏见则导致歧视行为，最终引发民族冲突和暴力事件，威胁国家的统一和稳定。而群际威胁感知又会增强民族刻板印象、民族偏见和极端的民族认同，最终也会破坏民族关系。以上几个变量之间相互作用，但都发生在群际接触过程中。社会心理学的研究表明，积极的群际接触可以弱化极端的民族认同、弱化民族本质论信念、降低群际焦虑和群际威胁、减少消极刻板印象和偏见，是解决社会冲突、促进民族交往和改善民族关系最有效的社会策略。

第三部分则在理论分析与相关实证研究的基础上，提出了促进我国各民族交往交流交融的社会心理路径与策略，主要包括：一是强化各民族共有身份——中华民族，这是基于社会分类思想而提出的；二是尊重差异，包容多样，这是基于民族认同的心理意义和功能；三是弱化民族本质论，强化民族社会建构论，这是基于民族内隐观对民族交往的影响而提出的有针对性的策略；四是减少消极民族刻板印象和民族偏见；五是降低群际威胁；六是创造各民族共居共学共事共乐的社会条件，这是基于群际接触理论视角而提出的策略，也是最重要的社会策略。

6.1 交往交流交融与民族关系

21 世纪以来，随着国内外形势的发展变化，我国民族关系出现了一些新情况、新问题，境外敌对势力以民族、宗教问题为借口，与国内一小撮妄图分裂祖国的民族分裂分子勾结，在民族地区制造了多起严重暴力犯罪事件，这些事件引起了严重的社会后果，对我国民族地区的稳定与发展造成了严重危害，引起了广泛的社会关注，民族关系也成为各学科领域研究的一个热点问题。学者们就我国民族问题的产生背景和原因进行了广泛的讨论。

2014 年 9 月 28 日国家召开了中央民族工作会议。会议全面分析了我国民族工作面临的国内外形势，深刻阐述了当前和今后一个时期我国民族工作的大政方针，将促进各民族交往交流交融、积极培养中华民族共同体意识作为未来我国民族工作的重要任务。2019 年 10 月 23 日中共中央办公厅、国务院办公厅印发的《关于全面深入持久开展民族团结进步创建工作铸牢中华民族共同体意识的意见》指出，新时代民族团结进步创建工作要坚持以铸牢中华民族共同体意识为根本方向，坚持以加强各民族交往交流交融为根本途径。统一的多民族国家是我国的基本国情，中华民族始终追求团结统一。我国各民族在历史发展过程中，不断交往交流交融，形成了中华民族的"多元一体"格局。中华民族是一个命运共同体，一荣俱荣，一损俱损。今后我国要坚持和完善民族区域自治制度，加强中华民族大团结。

民族"交往交流交融"思想很好地把握了中华民族形成与发展的历史规律，也指明了我国未来民族工作的重点。因为，从历史角度来看，中华民族在各民族不断交往交流交融的过程中形成，并最终形成"多元一体"的中华民族，这是我国的基本国情。而未来，中华民族多元一体格局的巩固，则需要铸牢中华民族共同体意识，其根本的途径是促进各民族交往交流交融，构建和谐的民族关系。"交往交流交融"之中，交往是前提和基础，民族之间有交往才会有交流，有交流才会有心理上的交融，有心理上的交融才会产生共同体意识。

从民族关系的实质来看，民族关系是一个民族共同体在其形成和发展的过程中与其他民族共同体因交往而形成的一种特殊的社会关系，这种特殊的社会关系是在带有明确民族认同意识的交往主体之间产生和实现的（廖杨，覃卫国，2007）。可见，无论何种民族关系，无论好的还是坏的，都是在交往当中实现的，交往是建立民族关系的前提，构建和谐民族关系的关键就是要促进各民族的交往。

我国是由56个民族构成的统一多民族国家，民族关系事关国家长治久安与稳定发展。按照我国民族关系的主体构成，我国民族关系可区分为两大类，即各少数民族与主体民族（汉族）之间的关系，以及各少数民族之间的关系。从重要性程度来看，处理、改善少数民族与主体民族的关系是当前我国民族工作的重点，尤其是人口规模较大的少数民族（如回族、藏族、维吾尔族等民族）与主体民族的关系。因为少数民族与主体民族的关系和国家认同有密切联系，处理好少数民族和主体民族的关系，有助于增强民族团结和各民族的国家认同，维护国家的团结与稳定。

　　如何促进各民族交往交流交融，成为 2014 年中央民族工作会议以后各学科研究者关注的焦点问题，其中尤以民族学、社会学和人类学的研究者占了多数。研究者着重从政治、经济、社会与文化等视角探讨促进民族交往交流交融的问题，并提出了一些宏观的路径和策略。我认为，"交往交流交融"之中，交往是前提和基础，民族之间有交往才会有交流，有交流才会有心理上的交融，有心理上的交融才会产生共同体意识。然而，在现实社会情景当中，一些社会心理因素制约着民族交往交流交融，这些因素涉及认知、态度、行为和社会等方面。以下分别分析社会分类、民族内隐观、民族认同、民族刻板印象、偏见与歧视、群际威胁与群际接触等社会心理变量影响民族交往和民族关系的机制问题，这些变量之间也相互作用，共同影响着民族心理与行为。在理论分析的基础上，针对这些影响因素，在我国民族政策框架内，提出促进各民族交往交流交融的社会心理路径与策略。

6.2　影响民族交往交流交融的社会心理因素

6.2.1　社会分类

　　人类思维有效运行的一个重要条件是个体能够将许多不同的事物、事件和人快速有效地归入更少的有意义的类别当中，分类对于人类认识自我、理解人与人之间的关系、思考自然环境与社会具有十分重要的作用（佐斌，温芳芳，宋静静，代涛涛，2019）。社会分类主要与人类属性和社会关系网络相关联，是个体基于共享的相似性将他人分为不同群体类别的一种主观心理过程（Kawakami，Amodio，& Hugenberg，2017），社会心理学家认为社会分类是偏见形成的基本心理过程（Crisp & Hewstone，2006）。在多民族社会，民族是最为重要和凸显的一种社会身份，民族心理现象皆始于民族类别意识的产生（比如民族认同、民族刻板印象和偏见等都基于民族分类）。既然社会偏见始于社会分类，人的社会分类和社会身份又具有多重性（即每个人身上有多种社会身份，归属于多种社会类别），社会心理学家便致力于探索通过改变社会分类来达到减少群际偏见的目的。

国外社会心理学研究者基于种族、族群、宗教和移民社会背景，研究了社会分类对群际关系的影响及改变策略。研究发现，三种社会分类策略被证明能够减少群际偏见（Gaertner & Dovidio，2012），即去分类化（decategorization）、相互差异化（mutual differentiation）和重新分类（recategorization）。去分类化鼓励社会成员不再强调原有的群体边界，引导他们把自己想象成独立的个体，而不是不同群体的成员，也就是通过模糊群体身份或社会分类来减少偏见；相互差异化主张保持原来的群体边界，维持不同群体的认知，但在群体间合作的背景下，成员之间的相似性和差异应得到承认和重视；重新分类主要是"共同内群体身份认同"策略，即通过引导或鼓励两个群体的成员将自己归入一个共同的、更具包容性的超级群体来降低群际偏见（比如汉族和回族同属中国人或者中华民族）。三种策略相比较而言，共同内群体身份认同模型在减少群际偏见过程中具有较大优势，在具体实践中应根据不同的社会背景和群际关系现状，灵活采用上述分类策略减少种族、宗教群体间的偏见，改善群际关系。当前国内心理学领域还没有社会分类对民族关系变量影响的相关研究，但是民族学领域有研究者已经意识到民族类别的凸显性对民族认同与民族关系的影响，并建议国家淡化民族身份，比如取消身份证上的民族身份信息（胡鞍钢，胡联合，2011；朱维群，2012），我们认为这是有心理学依据的。

6.2.2 民族内隐观

那么，人们又是如何理解不同社会类别在心理与行为等方面表现出来的差异呢？在"人人都是天真的科学家"这一隐喻的影响下，从外行人视角研究群际关系成为近年来社会心理学的一个新动向。德韦克等人认为普通大众对所处社会世界的事物进行理解的时候有着基本的信念结构，那就是该事物是可变的还是不可变的，持有何种内隐观(可变 vs. 不可变)广泛影响个体的认知、情感和行为动机(Lange，Kruglanski，& Higgins，2012)，群体属性的内隐观广泛影响着群际心理现象和行为，与刻板印象、偏见、社会认同等变量有显著的相关(高承海，侯玲，吕超，万明钢，2012；杨晓莉，刘力，崔森，杨萌，2012；杨晓莉，周建华，2016)。

民族内隐观是外行人(相对于科学研究者)对民族性质的朴素解释与理解。大量研究表明，人们对民族性质的理解可以概括为民族本质论和民族社会建构论两种倾向。民族本质论认为民族之间在体貌、语言、文化、心理和行为等方面表现出来的差异是由根深蒂固的生物本质所决定，这种差异也是不可变的；而民族社会建构论则认为民族是因为政治、经济和文化等需要而人为建构的，民族的属性也是可以变化的(于海涛，张雁军，金盛华，2014)。研究者比较了人们对一些社会类别(比如种族、族群、性别、同性恋、宗教等)持有的内隐观，发现种族、族群是最容易被人们本质化的群体(Haslam，Rothschild，& Ernst，2000)，并且本质论倾向在儿童时期就已经产生(杨晓莉，孟霄，刘力，2017)。以我国多民族大学生为研究对象的调查研究发现，60%以上的研究对象对民族性质的理解倾向于民族本质论观点，主张民族差异是由生物遗传因素这个本质所决定，不同民族的文化是不可改变的，民族成员的心理与行为特征(比如人格、能力等)也是不可变的(高承海，2012)。

人们持有何种民族观广泛影响着民族交往和民族关系(高承海，

万明钢，2013；杨晓莉，刘力，赵显，史佳鑫，2014），那些对民族性质理解持有强烈本质论信念的个体，他们感知到的民族差异程度更大，对本民族的认同也更强烈，而对其他民族的态度却更消极；相反，持有社会建构论倾向的个体，其民族认同程度相对更低一些，但对其他民族的态度更为积极，跨民族交往的动机更强，他们也更容易适应异文化，能够较好地融入异文化中。

6.2.3　民族认同

在多民族社会，民族是一种重要的社会分类，民族身份也是多民族社会成员最凸显和重要的一种社会身份。根据社会认同理论（Tajfel & Turner，1986），民族认同是社会成员对自己所属民族身份的认知和情感上的归属感，它是个体自我概念的重要组成部分，能满足个体的基本心理需要，比如降低不确定感、获得自尊等。研究还表明，民族认同与个体在多民族社会当中的文化适应、心理健康状况有重要关系，它能够缓冲少数民族在主流社会当中遭遇偏见和歧视时所带来的消极心理影响，从而保护少数民族成员的心理健康等（Brittian，et al.，2015；Seaton，Neblett，Upton，Hammond，& Sellers，2011）。

民族认同是衡量民族关系的基本变量，它与民族态度、刻板印象、偏见、歧视和冲突等群体心理及行为现象存在显著的关系。根据社会认同理论，社会认同是经过自我归类、社会比较和认同三个过程而形成的，人们一旦进行自我归类，即产生"内群体"和"外群体"意识，并经社会比较而形成相应的社会认同之后，首先在认知上会放大内群体的相似性知觉和群际差异性知觉，在情感上则产生系统性的内群体偏爱以及外群体的排斥与歧视行为（Tajfel & Turner，1986）。国内关于少数民族和汉族的民族关系研究表明，民族认同与民族刻板印象、偏见、交往态度等变量存在显著的相关（高承海，万明钢，2018a），但是民族认同在民族关系当中既有积极影响，也有消极影响。国内研究发现，"聚居"和"散居"少数民族大学生、汉族大学生的民族认同与外群体态度出现零相关、负相关和正相关三种关系。研究者认为，这三种关系背后反映的民族间的接触交往程度以及文化适应状况，需要具体分析（高承海，万明钢，2013）。这也与群体之间的社会地位差异、遭遇的社会偏见和歧视、感知到的认同威胁程度等因素有关。当群体成员感知到内群体与外群体之间的社会地位差异越大、受到认同威胁和遭遇更多的社会偏见时，内群体的认同会显著增强，甚至还会引起激烈的群际冲突（Molina，Phillips，& Sidanius，2015；Sumino，2017）。这给多民族国家处理民族认同与民族关系的一个重要启示是：要承认和尊重各民族的民族认同，包括其语言、宗教和生活习俗等；否则，民族认同受到威胁，对其心理健康产生消极影响，也会削弱国家认同。

6.2.4 民族刻板印象、偏见与歧视

与社会分类、社会认同相伴随的是刻板印象、偏见与歧视三种相互联系、相互作用的群际现象。刻板印象是个体基于社会分类而对社会群体持有的固定化、僵化的信念和观点，它是偏见的认知基础，偏见则是对社会群体的消极态度，而强烈的偏见将会导致歧视行为，最终引发社会冲突和矛盾（Whitley & Kite，2009）。由于不同民族在文化、心理和行为方面存在明显差异，加之缺乏接触，民族之间存在显著的刻板印象。民族刻板印象有积极的也有消极的：积极的民族刻板印象对民族交往和民族关系产生积极的影响，而消极的刻板印象则是偏见形成的认知基础，极端的民族偏见则导致歧视行为，最终引发激烈的社会冲突甚至战争，历史上的种族大屠杀便与种族偏见有重要关系。

国内研究表明，我国少数民族和汉族彼此持有典型的积极刻板

印象，从内容上来看，汉族对少数民族的积极刻板印象主要体现在
"热情"维度，如认为少数民族热情、豪爽、好客等；而少数民族对
汉族的积极印象主要体现在"能力"维度，如认为汉族人聪明、勤劳、
有创造性等。但研究同时也发现，少数民族和汉族彼此也持有一些
消极刻板印象，尤其汉族对少数民族持有的消极刻板印象数量更多，
持有的程度也更强烈（高承海，2015；高承海，党宝宝，万明钢，
2013）。国外研究表明，民族歧视知觉对少数民族和主体民族的关系
产生破坏性的影响，而且少数民族感知到的歧视还削弱了他们对国
家的认同（Molina, et al., 2015）。

6.2.5　群际威胁

在过去的几十年里，社会心理学家越来越意识到群际威胁在群
际冲突当中扮演的角色，威胁被视为引起冲突的一个重要原因，也
阻碍着和平进程和冲突和解。群际威胁是指在社会群体情景中，一
个群体所拥有的资源、信念和价值观等各种特征对另一个群体的存
在、发展和目标产生的威胁（Stephan & Stephan, 2016），群际威胁
理论认为，四种基本的威胁类型引起了群际冲突。这四种威胁在两
个维度内变化，即现实威胁和象征性威胁，两个维度内又区分了群
体水平的威胁和个人水平的威胁，从而构成四种群际威胁。现实威
胁主要是指对内群体福祉的威胁，比如领地威胁、政治权利威胁、
经济威胁、身体伤害等；象征性威胁主要包括对内群体的认同威胁、
价值观和信念威胁、习俗和生活方式的威胁等。结合起来，群际威
胁就有现实群际威胁、象征性的群际威胁、现实个体威胁和象征性
的个体威胁四种。

群际威胁之所以引发冲突，是因为它影响着群体成员的情绪、
认知和行为（Stephan & Stephan, 2016）。具体而言，群际威胁感知
激发了强烈的消极情绪，包括害怕、愤怒、怨恨、敌意、挫败、藐

视和不安全感等，而对威胁的感知减少了对外群体的同理心。群际威胁感知还增强人们对外群体的消极刻板印象，歪曲感知外群体的行为意图和动机，非人化外群体成员，以及增强内群体道德合法化意识的膨胀等，这些消极的情绪和认知最终导致错误的决策，对威胁做出激烈的回应。关于群际威胁在群际关系中的作用，国内研究者已经做了一些有价值的研究。例如：证实了群际威胁与内群体认同、群体自尊、愤怒之间的关系（葛奇奇，赵玉芳，陈冰，2018；吕行，钟年，田波，舒首立，2017）；群际威胁在集群行为意向中的作用（张书维，2013），群际威胁与攻击行为的关系（刘明红，徐建秀，赵玉芳，2017）；还有研究介绍了影响群际威胁的因素和减少策略的问题（党宝宝，高承海，杨阳，万明钢，2014）。

斯蒂芬等人指出，面对群际威胁，优势群体和劣势群体的反应有所不同：优势群体在面临威胁的时候反应往往更为强烈，采取的行动包括发起战争、种族灭绝、经济制裁、剥夺公民自由、非法居留和拷问、隔离、流放、限制文化展示等；而劣势群体对威胁的反应往往包括非暴力反抗、恐怖主义、暴乱、街头暴力、破坏、网络攻击、破坏外群体的文化符号（比如燃烧旗帜）、与反政府武装形成联盟、公开叛乱等（Stephan，Ybarra，& Morrison，2009）。

6.2.6 群际接触

20世纪50年代，社会心理学家奥尔波特在美国解决白人和黑人的种族关系的理论与实践研究基础上，提出了著名的群际接触假说，认为种族之间之所以存在偏见，最根本的原因是缺乏接触，主张在满足平等地位、相互合作、共同目标和社会制度支持四个社会条件时，简单的群际接触便能减少偏见、促进积极的群际关系。该假说最终发展成为群际接触理论（Pettigrew & Tropp，2006）。60多年的理论研究与实践证实了群际接触假说的基本观点，研究者就群际接触减少偏见的心理机制进行了广泛而深入的研究。研究表明：群际接触能够弱化内群体认同，降低群际焦虑和威胁，弱化民族本质论信念，增加共情和观点采择能力等，从而减少偏见、改善群际关系。群际接触被多个国家作为减少群际偏见、解决群际冲突的社会策略（Vezzali & Stathi，2017；郝亚明，2015）。

近年来，根据群际关系的现状和接触的社会条件，研究者在传统的面对面接触的基础上提出了新的接触策略，即间接的接触策略，主要包括扩展性接触（艾娟，2016）和想象性接触（高承海，杨阳，董彦彦，万明钢，2014）。研究者指出了这些接触策略使用的情景，比如在群际关系比较紧张或者、缺乏接触的社会条件时，可以先创造间接接触的机会（即想象性接触和扩展性接触），这样既可以避免紧张升级，又可以自然地过渡到面对面的接触。

国内以我国少数民族和汉族为研究对象的实证研究表明，民族之间的接触程度越高，民族之间（主要指少数民族和汉族之间）的态度更积极，交往的意愿更强烈。这是因为，民族接触可以降低民族成员对内群体的认同，减少对外群体持有的消极刻板印象和群际焦虑程度，增加积极的印象；民族接触使人们感知到民族间更多的文化相似性；民族接触还减弱了人们持有的民族本质论信念等（高承海，侯玲，万明钢，2014；高承海，万明钢，2018a）。之前还有研究发现，来自聚居地区的少数民族大学生被试的民族认同比散居少数民族大学生被试的民族认同水平更高，对汉族的态度也更消极（高承海，万明钢，2013）。究其原因，本质上是民族接触程度不同所致。因为在少数民族聚居地区，少数民族是"多数"，其民族身份不凸显，而到了汉族地区，他们变为"少数"，面临着文化适应的问题，还遭遇来自社会的偏见等，这使得他们的民族身份凸显出来，民族认同自然增强了。但随着时间的推移（随着年级的增高），民族认同水平有下降的趋势（高承海，2015）。而散居在汉族地区的少数民族，与汉族有长时间的接触，已经有很好的文化适应。因此，他们的民族认同水平相对较低，对外群体的态度也更为积极。这些研究充分说明了民族接触在民族关系中的重要性。

6.3　促进民族交往交流交融的社会心理路径与策略

6.3.1　强化各民族共有身份——中华民族

我国是一个统一的多民族国家，56个民族构成中华民族"多元一体"格局，各民族是"多元"，中华民族是"一体"，"多元"构成"一体"，"多元"是"一体"之下的多元，各民族同属"中华民族"这个共有的社会身份。社会分类的研究表明，社会分类或群体身份认知是形成社会认同、刻板印象和偏见的基本心理过程。而共同内群体认同的理论与实践又表明，如果引导各社会群体将他们归入一个更具包容性的社会身份，强调各群体共有的身份，既能减少群际偏见，改善群际关系，又能增强他们对共有身份的认同。

为了落实民族政策，我国在20世纪50年代进行了一次民族识别工作，最终识别了56个民族，这其实是一种人为的社会分类过程，各民族尤其是少数民族也已经建构起了相应的民族认同，而在一系列民族政策的实施过程中，民族身份不断被强调和凸显，又强化了各民族的民族认同，因为所有的民族政策都与民族身份有关，比如各种民族优惠政策，就时时在凸显着各少数民族的民族身份。因此，在民族学界，有研究者就主张淡化民族身份，强化共有的身份，比如取消身份证上的民族信息等，突出国族身份（胡鞍钢，胡联合，2011）。从社会分类的研究来看，这种观点是有社会心理学依据的。社会分类的研究表明，社会分类或群体身份的凸显性是形成社会认同、刻板印象和偏见的基本心理过程（Crisp & Hewstone，2006）。因此，要系统化地减少偏见，就要从弱化某些次级社会类别、强调共同的更具包容性社会身份开始。

我国 56 个民族各有各的民族认同，但又同属"中华民族"这个共有的社会身份。根据共同内群体认同理论模型的观点和启示（Gaertner & Dovidio，2012），我国在民族事务管理、政策制定和实施、经济组织和活动、教育组织和活动，以及媒体宣传过程中，一方面应弱化或者模糊民族身份，弱化民族身份意识（弱化不是要消除民族身份或民族认同，只是不要刻意强化而已），另一方面要大力凸显各民族共有的中国人或中华民族身份。这样既能够减少各民族之间的偏见，改善民族关系，又有助于增强对共有身份的认同意识。

6.3.2　尊重差异，包容多样

习近平总书记在 2014 年的中央民族工作会议中指出，促进各民族交往交流交融，要正确处理差异性和共同性，总的是要尊重差异、包容多样。中华民族"多元一体"的"多元"在心理上的表现就是各民族对所属民族的民族认同，"一体"就是中华民族认同。民族认同本质上是社会成员对其所属民族文化的认同，一个人从出生便置身于某种民族文化当中，这种文化塑造着其心理和行为，成为一个人意义的来源，具有重要的意义和功能，需要得到承认和尊重。正如费孝通先生提出的处理文化多样性的十六字箴言："各美其美，美人之美，美美与共，天下大同。"

民族认同既是一种客观存在，又是主观建构的结果，具有重要的意义和功能。说客观，是因为民族认同的建构离不开体制、文化、语言和宗教这些客观的差异性因素；说主观，是因为民族认同也受到主观性的社会因素（如民族交往、民族偏见、民族冲突、民族政策）的影响。民族认同就其内容上来看，本质上是民族成员对其所属民族文化的认同。

从前面对民族认同的意义和功能的讨论来看，民族认同在个体层面和群体层面都有重要意义，它能够满足人的基本心理需要，比如提供自尊、降低不确定感等；在民族关系方面，民族认同不一定导致消极的民族关系，需要在具体的社会情景当中加以分析。既对本民族有积极的认同，又对其他民族抱有积极态度的"双重认同"是完全可以的，这取决于如何处理。但一个民族，如果得不到社会对其民族认同的尊重，遭遇民族偏见和歧视，感知到不公平的社会地位，则会进一步强化民族认同，产生消极的后果。在个体方面会影响一个人在多民族社会当中的文化适应和跨民族交往状况，对其心理健康产生影响；在群体方面则对民族关系和国家认同产生消极影响，甚至引发民族冲突和暴力活动，威胁国家的统一与稳定。因此，国家在处理民族认同和民族关系时，承认和尊重民族认同是促进和改善民族关系的前提，正如国内学者万明钢所言，构建国家认同先从民族认同开始(万明钢，2017)。

6.3.3 弱化民族本质论，强化民族社会建构论

民族内隐观虽然是外行人对民族之间内在和外在差异的朴素解释，但是它对民族交往和民族关系有着广泛的影响，并体现在多个领域。相较而言，民族本质论观点增强了民族认同，固化了民族边界，强化了民族差异感知，使人们持有更强烈的民族刻板印象和偏见，这阻碍着跨民族的互动和交往(杨晓莉等，2012；杨晓莉等，2014)。而民族社会建构论观点对民族交往和民族关系的影响则与之相反，对民族交往和民族关系有积极影响。

国内外研究表明，可以将人们的民族内隐观作为一个中介加以干预，以此来改善民族关系，即通过减弱人们持有的民族本质论信念，增强民族社会建构论信念，从而间接促进民族交往，改善民族关系。国内研究者经过系统的理论与实证研究，提出了弱化民族本质论、增强民族的社会建构论的几个策略，这些策略包括：创造民族之间接触

的机会、强化共有身份、弱化民族分类以及民族观教育(高承海，万明钢，2018b)。

6.3.4　减少消极民族刻板印象和民族偏见

习近平总书记强调，加强民族团结，要坚决反对大汉族主义和狭隘民族主义。因为两种"主义"最终会造成民族隔阂和对立，严重的还会被敌对势力利用。大汉族主义和狭隘民族主义是消极民族刻板印象和民族偏见的表现，是阻碍民族交往交流交融的重要心理因素。社会心理学的研究表明，消极民族刻板印象和民族偏见是导致民族歧视行为的认知和态度基础，是引发民族冲突的诱因。减少消极刻板印象和民族偏见是促进民族交往、改善民族关系、预防民族冲突的有效方式。

民族刻板印象和偏见是导致民族歧视行为的认知和态度因素，是引发民族冲突的诱因，减少消极的民族刻板印象和偏见是改善民族关系、预防民族冲突的有效方式。在我国，消极的民族刻板印象和偏见是客观存在的，针对大学生的研究发现，少数民族和汉族民族之间还是存在明显的消极刻板印象和偏见，阻碍着大学生的跨民族交往。因此，我国在改善民族关系的实践中，要制定相应的公共政策来反对民族偏见与歧视；作为主体民族的汉族，应当在民族团结中承担更多责任，以一种开放包容的心态、换位思考的方式，积极地接纳与欣赏少数民族文化，将其作为中华文化的重要组成部分(万明钢，2015)。

6.3.5　降低群际威胁

新中国成立以来，尤其改革开放以来，我国各民族在经济、社会各方面快速发展，人民生活水平整体得到极大的改善，这增强了各民族的国家认同，有力地维护了国家的统一和稳定。但是，少数民族地区和汉族地区之间在经济、教育和社会发展方面还存在较大差距，这种差距会使得少数民族产生失落感，形成相对剥夺感。因此，我国要进一步振兴民族地区经济，大力发展民族教育，培养高素质的少数民族人才，促进各民族共同繁荣发展，增强各民族的国家认同感。同时，也要尊重民族差异，在政策制定和实施过程中把握好界限、拿捏好分寸，把握好民族交往交流交融的正确方向。

我国可以借鉴国际上关于减少群际威胁的一些成熟的措施，这些措施主要包括和平教育、多元文化教育、群际对话、问题解决工作坊、文化关系培训，以及冲突解决培训等。需要指出的是：这些措施有一个共同的特点，即群际接触在威胁减少过程中发挥着重要作用，因为最佳条件下的群际接触，能够获得对外群体积极、准确的信息，有机会学习群际互动的技巧等，从而避免冲突，也有助于冲突的和解(Stephan & Stephan，2016)。

6.3.6 创造各民族共居、共学、共事、共乐的社会条件

我国多民族社会表现出来的一个明显特征是少数民族和汉族的"二元"社会结构特征(马戎，2010)。比如，我国采取民族区域自治制度，成立了相应的民族事务管理机构，在教育方面建立了一套独立的民族教育体系(民族院校、民族班等)，等等。这在一定程度上区隔了少数民族和汉族，客观上减少了少数民族和汉族相互接触与交往的机会，而缺乏接触使二者彼此持有刻板印象和偏见，对民族交往和民族关系产生消极影响。因此，我国在现有的民族政策和制度框架内，逐渐打破"二元"的社会结构，创造各民族共事、共居、共学、共乐的社会条件，促进各民族尤其是少数民族和汉族之间实质性的接触与交往，才能够增加民族之间的相互了解与尊重，从而减少民族偏见，改善民族关系。

6.4　总结

　　虽然民族关系受政治、经济、文化、语言、宗教、地域等多种复杂因素的影响，但这些因素只有通过民族成员的心理才能对民族关系产生影响。因此，深入理解影响民族关系的社会心理因素及相互作用的机制，是政策制定者和管理者改善民族关系的理论基础。本章分析了影响民族关系最为重要的几个社会心理因素，这些因素之间相互联系，比如各种民族心理始于社会分类，正是不同的民族及其差异性表现，使人们产生"内群体"和"外群体"意识，有了民族认同、民族刻板印象和偏见等一系列民族心理现象。而这一切又都是在民族接触中产生、发展与变化的，比如民族间缺少接触，人们对外群体就持有更多的刻板印象和偏见，民族本质论信念也更强烈，而民族接触增多了，刻板印象和偏见则减少了，内群体认同和民族本质论也降低了，对外群体的态度却更积极了，等等。这充分说明了民族接触的重要性。

　　总之，本章从社会心理学的视角，为理解我国民族关系提供了一个较为系统的理论框架，这些来自社会心理学的理论与实证研究结果，能够为民族学、人类学等学科关于民族关系的研究提供社会心理学的贡献，有助于从跨学科视角认识我国的民族关系。结合理论分析与实证研究，我们认为要改善我国民族关系，首先需要正确认识民族认同及其在民族关系当中的作用，理性看待民族认同，这是解决民族问题、改善民族关系的前提；其次，要广泛创造各民族实质性接触与交往的机会，在民族政策制定、社会事务管理、媒体宣传过程中弱化民族分类，强化共有身份，通过接触、教育等措施弱化人们持有的民族本质论信念，增加民族社会建构论的观点，能够减少民族偏见，降低民族威胁等，进而促进各民族交往交流交融，构建和谐的民族关系。

处理民族关系：中西理念
与政策差异

前面几章主要从个体层面探讨了民族认同的内涵与意义，民族认同在民族交往和民族关系中扮演的角色，以期从微观层面为促进民族交往和民族关系提供理论支持。但是，多民族国家的民族关系，以及民族认同与国家认同的关系，还与多民族国家所持有的民族理念和采取的民族政策有重要关系。本章主要对中国和西方国家在处理民族认同时所持有的民族理念与民族政策进行一个比较，以期从宏观的政策层面来理解多民族国家的民族认同与民族关系。

全世界约2000多个民族构成了200多个国家和地区，绝大多数国家是多民族国家。无论是世居的多民族国家，还是因移民而形成的多民族国家，多民族形成的多元文化及其民族认同是大多数国家所具有的显著特征。处理多民族国家内部各民族的关系，尤其是少数民族和主体民族的关系，以及民族认同与国家认同的关系，是任何多民族国家都面临的重要社会任务。处理好国内民族关系，维护国家的团结与稳定，是多民族国家快速发展的重要社会保障。否则，民族冲突不断，就会威胁国家的统一与稳定。因各国多民族的社会历史背景不同，中国和西方国家在处理民族认同与民族关系问题上采取的理念、政策也不同。

同化主义思想和政策在西方国家古来有之，在近代民族国家形成后表现得尤为突出。它们以"文明输出"理论和同化主义思想制定的强制同化政策，既对内又对外，内部是对各少数民族的强制同化，对外则是对殖民地的强制同化。比如美国、法国、英国在历史上都对国内少数民族和原住民采取过同化政策，西班牙和葡萄牙对中美洲、南美洲原住民实施过同化政策，法国对亚洲和非洲殖民地、英国对亚非拉三大洲殖民地都实施过同化政策。这些同化政策，实则是对少数族群和殖民地人民的歧视、压迫、驱逐、隔离等。

20世纪中期人权运动爆发以后，西方国家被迫放弃对少数民族的同化政策，开始将多元文化主义理念作为处理民族问题的重要原则。多元文化主义的核心理念是强调文化平等，承认和尊重差异，反对种族歧视，各国在此理念基础上制定了相应的多元文化主义政策。多元文化主义最早起源于20世纪五六十年代美国民权运动，随后影响到加拿大、澳大利亚、新西兰等移民国家，80年代传到西欧各国。多元文化主义为西方国家处理种族与族群关系发挥了积极作用，在一定程度上缓和了种族关系，也为采取同化政策的国家改善了国际形象，影响十分广泛，多元文化主义一度成为多学科领域的流行语。

21世纪以来，西方国家种族和族群冲突不断增多，国际恐怖主义事件频发，多元文化主义被许多国家视为罪魁祸首，多元文化主义由此陷入困境之中。比如，英、德、法、荷兰等国家政府首脑公开宣布多元文化主义以失败而告终，许多国家转向采取公民整合政策来增强社会凝聚力和国家认同。但由于多元文化主义的理念已深入人心，西方国家在新的政策执行过程中，仍然坚持甚至加强了多元文化主义原则。多元文化主义与公民整合政策并不矛盾，说多元文化主义已经彻底失败言过其实。

相较而言，中国在处理民族问题的过程中，始终坚持"和而不同"的中华传统文化理念，在中华民族多元一体格局理论基础上形成的多元一体的民族工作思想，有效指导着我国的民族工作。在马克思主义民族理论思想的指导下，结合我国多民族社会的现实特点，我国坚持民族平等理念，维护民族团结，实施民族区域自治制度，发展少数民族地区经济文化事业，大力培养少数民族干部，尊重和发展少数民族民族语言文字，尊重少数民族风俗习惯，尊重少数民族宗教信仰自由，等等。我国的民族理念和民族政策既承认和尊重各民族的民族认同，又强调各民族对中华民族这个"一体"的认同，形成了中国特色解决民族问题的道路。

我认为，西方国家多元文化主义政策向公民整合政策的转向表明西方国家意识到了多元文化主义的弊端，从过度强调"多元"向更强调"一体"转变，这种转变彰显了中国"多元一体"理念的优势。我国"多元一体"理念既承认各民族的文化平等，同时更提倡相互之间的一体性联系，换言之，在强调和承认"多元"的同时，更注重"一体"，将二者看作是一个辩证统一的关系，是整体与部分的关系。"多元"构成"一体"，"多元"是"一体"的要素，"多元"是"一体"之下的多元。我国学者应该超越国内民族研究范畴，构建更为普遍适用的"多元一体"理论，为人类命运共同体的构建传播中国学术话语体系。

中国和西方国家在处理民族认同时所采取的不同理念和政策，导致了不同的社会效果，本章对此进行讨论。首先，介绍西方多元文化主义兴起的社会背景和多元文化主义的核心理念；其次，介绍21世纪以来多元文化主义面临的困境及其转向；最后，介绍中国处理民族认同的理念，即"多元一体"思想理念及其政策，并对多元文化主义与"多元一体"理论进行比较。

7.1　西方多元文化主义的兴起

纵观西方国家处理种族和族群问题的历史，不难发现绝大多数国家曾采取过同化政策，期望构建单一化、同质化的国家，如英国、美国、法国、澳大利亚、加拿大、德国等。但是，世界上没有一个国家的同化政策最终取得胜利，相反，对移民或少数族群实施的同化政策进一步激化了少数民族和主体民族、少数民族文化和主流文化之间的激烈冲突，实施同化政策的国家都因此而付出了惨重的代价，有的国家甚至因此而分裂成多个国家，比如南斯拉夫社会主义联邦共和国的分裂，就与实施严厉的同化政策有很大关系。

20世纪中叶民权运动爆发以后，西方国家认识到带有种族主义色彩的排斥与同化政策将穷途末路，转而吸取多元文化主义的理念，在政府许可、教育、社会服务机构、媒体宣传、法律、宗教等领域制定了具体的措施来消除种族歧视。多元文化主义理论最早由加拿大提出，其具有多种内涵，可以从文化观、历史观、教育理念、价值观、公共政策等多个方面理解。从文化观来看，多元文化主义认为没有任何一种文化凌驾于其他文化之上，不存在一种比其他文化更为优秀的文化，当然也不存在一种超然的标准可以判断其正当性。多元文化主义的文化观的核心即为承认文化的多样性，承认文化之间的平等，承认文化之间的互相影响。从历史观来看，多元文化主义强调历史经验的多元性，关注少数民族和处境不利群体。多元文化主义的历史观认为一个国家的历史和传统是由许多民族的不同经历与发展路径相互渗透而形成的。从教育理念来看，多元文化主义认为必须修正传统教育对非主流文化的排斥，学校应该帮助学生消除对其他文化的误解和歧视，消除学生对文化冲突的恐惧，教导学生学会了解、尊重和欣赏其他文化。从价值观来看，多元文化主义强调种族平等和宗教宽容，动员社会力量，推动社会改革，追求不同群体实现精神和物质繁荣，以及人类本身的自由和尊严，最终目的是实现社会平等。从公共政策来看，多元文化主秉持着这样一种主旨，即所有人在社会、政治、经济、文化上机会平等，禁止任何

理由的歧视，包括种族、民族或民族文化起源、肤色、宗教及其他
因素(沃特森，2005)。总之，多元文化主义的核心理念是：强调文
化平等，承认和尊重差异，反对种族歧视。加拿大第一个将多元文
化主义作为国家政策大力推行，之后许多欧美国家逐渐引进多元文
化主义理念，制定具体的政策，进一步承认和容纳文化多样性，提
高少数民族的政治代表性，提供多元化的公共服务，支持少数民族
保护自己的语言、文化和宗教等。

　　不同国家的多民族社会构成不同，多元文化主义针对的对象也
不同。威尔·金里卡(Will Kymlicka)将西方国家的多元文化主义区
分为三类，即针对原住民族(如加拿大的原住民、美国的印第安人
等)、针对少数民族或次国家群体(比如加拿大的魁北克人、英国的
苏格兰人和威尔士人等)以及针对移民群体的多元文化主义。金里卡
认为，尽管这三种类型的多元文化主义存在差异，但是目标都是共
同的，即每种多元文化主义的目标都是致力于消除早先等级制遗留
下的产物，建立更加公平和更具包容性的社会(Kymlicka，2010)。
多元文化主义为欧美国家处理种族与族群关系发挥了积极作用，在
一定程度上缓和了种族关系，也为采取同化政策的国家改善了国际
形象，影响可谓十分广泛，多元文化主义一度成为多学科领域的流
行语。

7.2　多元文化主义的困境

　　2001年的"9·11"恐怖事件成为多元文化主义的一个历史转折
点。之后2004年的马德里火车连环爆炸案、2005年的伦敦爆炸案等
一系列国际恐怖暴力事件，使欧美民众对外来移民的排外感和恐惧
感与日俱增。2005年英国一项民调显示，1/3的英国人坚信多元文
化主义"威胁到英国的生活方式"，并且认为多元文化主义与英国民

主价值观不相容，超过半数的英国人同意"由于移民，我们国家的部分地区感觉不再像英国"（Stark，2015）。人们批评多元文化主义削弱了主流社会的传统价值观，是对欧洲国家国民特性的挑战；多元文化主义过于强调民族差异使得少数族群虽然生活在本国却依然保持故国传统，难以融入主流社会。少数族群也认为多元文化主义并没有改善他们的政治、经济和社会处境，反而导致了他们与主流社会的分离（王辉，2014）。多元文化主义无论是作为公共政策还是一种理论，都成为众矢之的，因为人们将这些冲突和暴力事件归咎于各国实施的多元文化主义政策。紧接着，一些国家的首脑公开宣布多元文化主义以失败而告终，比如 2010 年德国总理默克尔宣布多元文化主义失败了；2011 年英国首相卡梅伦宣布多元文化主义失败了，荷兰副首相马克西姆·费尔巴哈宣布荷兰政府放弃多元文化政策，法国总统萨科齐宣布多元文化政策失败。同样，多元文化主义是否失败也成为社会学、政治学、民族学、文化学等多领域学者们争论的话题，许多发表的学术论文以"多元文化主义的失败"为题，分析多元文化主义存在的问题和困境，学术界也掀起了一股反思多元文化主义的浪潮，尤其表现在欧洲国家。多元文化主义领域的著名学者恩佐·科伦波（Enzo Colombo）总结了当前西方国家研究者批判多元文化主义的五种有代表性的观点（Colombo，2015），具体如下。

第一，多元文化主义导致平行社会出现，不利于国家团结。这类观点对多元文化主义的主要质疑和批评是认为非主流文化群体的聚居导致平行社会出现，加剧了社会的碎片化，削弱了社会凝聚力，不利于国家团结。这一观点在欧洲国家有很大影响力。

第二，多元文化主义过于支持少数群体的身份认同和文化，从而削弱了本土文化。这种观点主要来自保守主义者、右翼人士，他们认为多元文化主义政策有利于少数群体，给予了好斗的少数群体更多的支持，忽略了西方主流文化具有的特殊历史价值，导致主流文化走向消亡。

第三，多元文化主义不利于妇女权利的保护。这种观点认为多元文化主义的基本主张"所有文化都是平等的"观点与保护妇女权利之间是有冲突的，因为有的移民群体更崇尚男权制，如果要尊重和维护这种文化，妇女的权利就无法保护，女权运动取得的成果就会被侵蚀。近年来发生在世界各地的"荣誉谋杀"案引起全世界广泛的热议，并被作为批判多元文化主义的一个证据（Ercan，2015）。

第四，多元文化主义忽视了经济与政治的不平等。该观点主要来自改革论者，他们认为多元文化主义政策没有解决好少数群体和主流群体在经济、政治上的不平等问题，因为多元文化主义过多地强调了文化因素，将少数群体遭受歧视和排斥的真正原因掩盖于文化差异之下。该类观点主张消除歧视不仅要承认差异，同时要结合更多的再分配才能增强社会凝聚力。

第五，多元文化主义忽视了少数族群文化的发展与变迁。这种批评主要来自文化激进者，他们认为政府为了规避存在的风险，会选择那些保证不具有冒犯性的文化实践，导致少数族群的文化被矮化，保护多元文化流于表面，仅仅局限于饮食、服饰、音乐等。并且在制定多元文化主义政策的过程中，政府主要的咨询对象为少数族群内部中的传统精英或者长老，而这些人又普遍是传统保守势力的代表，多元文化主义政策将这些人视为智囊团，不仅加剧了少数族群内部的不平等与剥削，更阻碍了少数族群文化的发展与改革。

7.3　对多元文化主义政策实施的评估

西方民众对外来移民的恐惧表现，多个国家的政府首脑高调宣布多元文化主义已经失败，以及学术界对多元文化主义的诸多质疑和批评，似乎表明多元文化已经真的以失败而告终。西方国家是否真的已经放弃了多元文化主义政策？在争论与质疑声中，一些研究者开辟了另一个研究领域，即采用客观的评价指标(多元文化主义政策指数)，历时性地对多个国家实施的多元文化主义政策的情况进行了精确评估，通过客观的数据来回应多元文化主义是否已经真正失败。

多元文化主义领域的代表性人物基思·班廷(Keith Banting)和金里卡开发了多元文化主义政策指数(Multiculturalism Policy Index，MPI)(Banting & Kymlicka，2013)。该指数包括 8 个指标，分别是：(1)中央/区域和城市各级的宪法、立法或议会对多元文化主义的肯定；(2)在学校课程中采用多元文化主义；(3)授权在公共传播媒介许可的任务中列入族裔代表性/敏感性；(4)通过规定或法院案件免除着装规定；(5)允许双重国籍；(6)资助少数民族组织文化活动；(7)资助双语教育或母语教学；(8)对处境不利的移民采取肯定性行动。班廷和金里卡对 8 个指标做了说明：指标 1~3 为"承认"，指标 4~5 为"适应"，指标 6~8 为"支持"；在每个指标上有三个量值，即 0 分(没有此类政策)、0.5 分(部分政策)、1 分(明确政策)，每个指标的权重相等。MPI 总分由 8 个指标上的分数相加而来，总分为 8 分，总分在 6 分以上就可以被认定为有强有力的多元文化主义政策措施，3~5.5 分就被认定为有中度多元文化主义政策措施，低于 3 分则被认定为有弱度多元文化主义政策措施。

表 7-1 是根据班廷和金里卡开发的指标对 21 个经合组织(OECD)国家的多元文化主义政策实施状况进行评估所得指数，图 7-1 是 21 个国家在三个时间点上的多元文化主义政策的平均指数变化趋势图。总体来看，从 1980 年到 2010 年的 30 年里，多元文化主义政策指数从 1.33 增长到 3.52，表明绝大多数国家采取了不同程度的多元文化政策措施，总体呈现增长趋势。再从各国指数得分来看，除了荷兰和丹麦等个别国家削减了多元文化主义政策，其他大多数

国家的多元文化主义政策都比较稳定或者有明显的上升趋势。这说明多元文化主义政策实施并没有出现全面的倒退现象，甚至是加强了。

表 7-1　经合组织国家多元文化主义政策指数统计表

国家	1980 年	2000 年	2010 年
澳大利亚	5.00	8.00	8.00
奥地利	0.00	1.00	1.50
比利时	1.00	3.00	5.50
加拿大	5.00	7.50	7.50
丹麦	0.00	0.50	0.00
芬兰	0.00	1.50	6.00
法国	1.00	2.00	2.00
德国	0.00	2.00	2.50
希腊	0.50	0.50	2.50
爱尔兰	1.00	1.50	3.00
意大利	0.00	1.50	1.00
日本	0.00	0.00	0.00
荷兰	2.50	5.50	2.00
新西兰	2.50	5.00	5.50
挪威	0.00	0.00	3.50
葡萄牙	1.00	2.00	3.50
西班牙	0.00	1.00	3.50
瑞典	3.00	5.00	7.00
瑞士	0.00	1.00	1.00
英国	2.50	5.50	5.50
美国	3.00	3.00	3.00
平均指数	1.33	2.71	3.52

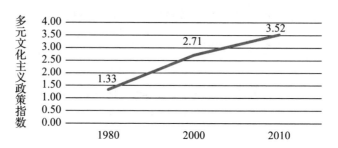

图 7-1　21 个经合组织国家多元文化主义政策趋势统计图

此外，菲利克斯·马修（Félix Mathieu）在班廷和金里卡开发的多元文化主义政策指数框架下，更新了英国 2000 年、2010 年、2015 年多元文化政策演变的数据（表 7-2），结果表明：这三年英国的 MPI 得分分别是 6 分、5.5 分和 6 分。在这期间，得分虽中间有略降，但基本保持稳定不变，甚至在卡梅伦执政期间，英国的多元文化主义的分数还略有提高，这表明英国在 2000 年到 2015 年的多元文化主义政策不但没有倒退，反而保持稳定趋势（Mathieu，2017）。由此可见，尽管英国政治领域中多元文化主义已经宣告失败，但是没有任何迹象表明多元文化主义的批评之声影响到英国 2000 年到 2015 年的多元文化政策安排。

表 7-2　英国 2000 年、2010 年、2015 年移民多元文化政策

指标	2000 年	2010 年	2015 年
1. 承认	0	0	0
2. 学校课程	1	0.5	0.5
3. 媒体	1	1	1
4. 特许	1	1	1
5. 双重国籍	1	1	1
6. 资助移民群体	1	1	1
7. 双语教育	0	0	0.5
8. 扶助行动	1	1	1
总分	6	5.5	6

经过上述论证，可以明确的是从公共政策角度来看，西方多元文化主义并没有被彻底放弃。根据许多学者的观点，我们当前处于后多元文化主义时代，这一点也得到了当代多元文化主义代表人物金里卡的确认。但他反驳了后多元文化主义即代表多元文化主义的失败这一观点，并且针对当前西方社会对多元文化主义的批评进行了反驳（威尔·金里卡，2011），详述如下。

第一，针对多元文化主义不利于国家团结进行反驳。长久以来，人们普遍认为推动公民化的唯一措施就是对所有个体施加一种无差别的公民身份。但是，多元文化主义政策提供了一种新的思路，试图通过新的法律、政策、制度来重新界定少数族群和国家的关系。多元文化主义诞生于 20 世纪 60 年代的人权运动，多元文化主义与人类历史上所有反对种族隔离、等级制度的运动是同根共源的，共同致力于支持和帮助历史上遭受排斥或侮辱的群体以平等的名义反抗早先的等级体系，在人权和自由民主的框架内解决不同群体之间的争斗。多元文化主义将原先的等级关系转变成了自由民主的公民关系，促进了民主的公民化，多元文化主义运动的目的是在人权和自由民主宪政的框架内处理不同群体之间的政治诉求。多元文化主义的三种类型都强调从政治、经济、文化上对原住民、次国家民族群体、移民实行新形势的赋权，塑造新型的公民和政治关系，克服根深蒂固的不平等。

第二，针对多元文化主义削弱了本土文化进行反驳。多元文化主义是一项具有深刻变革意义的政治工程，既是为了少数族群也是为了多数族群，要求所有群体都参与新的实践，形成新的关系，接受新的概念和话语，多数族群要放弃以往的种族优越感，抛弃以往仅仅以本民族的形象塑造公共制度的企图，给予曾经被压迫和羞辱的少数族群以承认和认同。许多群体的传统中包含有不自由、不民主的因素，或者是文化封闭性，所以无法适应多元文化主义，多元文化主义也不保护多数群体或者少数群体的这些传统生活方式，并且向这些生活方式提出了多重挑战。

第三，针对多元文化主义不利于妇女保护进行反驳。多元文化主义本身起源于人权运动，它受到普遍人权和自由民主宪政原则的启示与制约，致力于在人权和自由平等的框架内讨论处理一切争论。多元文化主义的目的是推翻一切不平等的制度，因此多元文化主义并不赞成保护或者容忍少数族群中的各种反自由的文化行为，这些行为也是人权革命抨击的对象。无论多元文化主义政策被应用在何地，多元文化主义政策都更强调人权，没有哪一个西方国家会为了维持一些陋习（比如强迫婚姻、加罪判教者、女性割礼等）而置移民的人权于不顾。

第四，针对多元文化主义忽视政治、经济、社会不平等进行反驳。多元文化主义公共政策的设计初衷就是消除少数群体在政治、经济、文化和社会等层面的不平等。多元文化主义政策针对原住民、次国家民族群体、移民都有具体的政策措施，这些政策无一例外都融合了政治、经济、文化和社会维度，包括文化承认、经济再分配和政治参与，但是政策设计和政策实施之间的差距有可能掩盖或造成不平等。那种认为多元文化主义只是在非政治意义上赞颂族群民间习俗的观点是没有道理的，仅仅当它指涉的对象是移民群体时，这种观点才貌似合理。同时，多元文化主义政策作为一套公共政策并不仅仅强调文化因素，美食、服饰和音乐是践行多元文化主义最明显的体现，但就此认为多元文化主义仅在文化层面承认少数族群文化习俗，并以此掩盖更深层次的不平等的观点是偏颇的。多元文化主义就是要建构新型公民和政治关系，克服从法律和政策层面废除歧视之后仍根深蒂固的深层次不平等。

第五，针对多元文化主义忽视文化发展进行反驳。多元文化主义要求所有群体，包括主导群体和从属群体都参与新的变革与实践，形成新的概念和话语，塑造新的关系。多元文化主义的初衷即为反对或批判针对少数群体的某些传统而产生的歧视或羞辱。但是在这一过程中，发生改变的不仅是多数群体，多元文化主义同样对少数群体的行为或传统产生了影响，促进了少数群体传统生活方式的改变。

多元文化主义根植于人权运动和自由民主宪政之中，追求民主和公民化。但是当前认为多元文化主义已经"死亡"的判断存在夸张，掩盖了多元文化主义政策的效果和公众支持的真实情况。针对原住民和次国家民族群体时，多元文化主义政策已经落地生根，不存在重大的倒退；针对移民群体，多元文化主义政策失败和倒退的说法也存在不实。多元文化主义在促进公民化进程中依然发挥着巨大的作用。多元文化主义的公民化进程要求安全的外界环境、强有力的人权保护、对自由民主价值观的认可。当移民群体被视为非法群体、不自由行为或运动的潜在支持力量，或者福利国家的负担，威胁到了自利原则和道德原则时，某些国家在处理移民问题时出现多元文化主义政策倒退现象是可以理解的。面对部分西方国家多元文化主义政策的倒退和为了多元文化主义本身所强调的公民化，实施公民教育，让移民习得有关国民的基本知识和主流文化规范、价值观，对于通过这些课程和考试的合格移民，将为他们举行获取公民资格的仪式。通过这些措施和其他措施，移民和少数族群被赋予了一定的责任和义务，接受移入国的价值观和文化风俗，积极展示自己将要归属移入国的愿望，在承认差异性和多样性的基础上形成强有力的共同认同感和价值观。这些措施有助于确保移民和少数族群的社会经济流动性、避免社会动乱和保证所有人的安全。

7.4 多元文化主义的转向——公民整合政策

维尔托维奇（Steven Vertovec）认为，对后多元文化主义的讨论并不意味着多元文化主义已经死亡，只不过多元文化主义这个称谓似乎已经死亡，因为政治人物都不愿意将自己和"多"字联系起来。但是多元文化主义实施数十年来，人们对族群和文化多样性的好处与价值是广泛认可的。欧盟民调机构调查发现，几乎 3/4 的欧盟国家公民认为，具有不同族群、宗教和国家背景的社会结构丰富了国家的文化生活（Vertovec，2011）。

正如多元文化主义政策指数评价结果所示，多元文化主义并没有全面倒退，但不可否认的事实是，由于种种质疑，西方国家在政策和话语上已经发生了很大的转变，即政策上更加注重培养社会凝聚力和增强公民的国家认同。许多国家（如德国、法国、澳大利亚、英国、荷兰等）开始逐渐推行移民整合政策，具体的做法是落实公民教育课程，目的是让少数民族获得主流文化的规范和价值观，并对考试合格的移民举行公民资格仪式，从而增强他们的国家归属感和国家认同。研究者在学校水平研究了英国和荷兰两个国家 2000 年开始从多元文化主义向公民整合政策的转变，并比较了两个国家采取公民整合政策的异同。聚焦于整合政策的两个要素，即公民教育和反激进化教育，他们的研究表明，英国和荷兰的学校都越来越强调统一国家认同的建构，强调共同价值观的塑造，并趋向于家长式的控制，公民身份的获得被作为道德成就的一部分。但是两个国家都延续了多元文化主义的理念，并没有彻底放弃多元文化主义（Mattei & Broeks，2018）。

从欧盟理事会对公民整合的定义来看，公民整合政策更加强调将移民完全整合到主流社会的重要性。整合的核心原则包括：第一，就业是整合的关键部分；第二，整合要求移民尊重移入国基本的自由主义民主价值观，比如自由和民主原则，尊重人权和平等，以及法律法规；第三，掌握移入国社会的语言、历史、制度等基本知识是整合必不可少的。第四，反歧视法和政策也是更好的整合所必需的(Joppke，2007)。维尔托维奇认为，后多元文化主义政策(即公民整合政策)试图达到两个目的：一是形成强有力的共同认同感和价值观；二是承认文化的差异性(以及在性别、性取向、年龄与身体是否残疾等方面的差异性)。可见，公民整合政策的确强调一致性、社会凝聚力、国家认同和主流价值观，但同时体现出对多样性的承认，重视多样性的重要价值，并在就业、教育等多个领域体现出来(斯蒂芬·维尔托维奇，2011)。类似于金里卡等人开发的多元文化政策指数(MPI)，古德曼(Sara Goodman)开发了公民整合政策的统计指数(Civic Integration Index，CIVIX)，并对欧洲15个国家进行了评估，结果发现，欧洲在1997年还没有公民整合政策。但是到了2009年，公民整合政策在欧洲国家已经非常普遍了(Goodman，2010)。

　　金里卡采用多元文化政策指数对21个经合组织国家的评估结果，以及古德曼采用公民整合政策指标对欧洲15个国家的评估结果，体现出两种明显趋势：一方面，多元文化主义并没有被抛弃，除个别国家外，总体来看甚至有适度的增强趋势；另一方面，欧洲国家尤其是北欧国家已经纷纷采取公民整合政策，更加强调一体化，注重培养移民的社会凝聚力，增强国家认同和归属感。那么，多元文化主义政策和公民整合政策是相互兼容的还是彼此矛盾的呢？

　　根据能够获得的14个欧洲国家的多元文化主义政策指数和公民整合政策指数的相关系数，金里卡发现二者的确存在负相关($r=-0.49$，$p=0.097$)，并达到边缘显著($p<0.1$)。但是，金里卡认为，仅仅是相关系数还不足以揭示多元文化主义政策和公民整合政策之间的实质性关系，因为不同的国家采取多元文化主义政策的程度、背景都不同，不能笼统地通过二者指数的相关来看。他认为在不同国家，二者的兼容性存在很大的不同，比如加拿大和澳大利亚两国，从一开始就采取了多元文化主义政策，但同时又都实施了强劲的整合政策，通过就业、国家语言和自由主义价值观念的学习来

实现，因此这两个国家的多元文化主义政策和公民整合政策是完全兼容的。还有一些国家，比如丹麦和奥地利，一开始就没有采取多元文化主义政策，而是采取高度强制性和同化性质的整合政策，因此这些国家就很难讨论多元文化主义的退出问题。相较而言，瑞典和英国长期存在多元文化主义政策，它们采取的公民整合政策就和多元文化主义政策是相互兼容的。正如马修所言，英国新的公民整合政策的实施仍与英国独特的整合主义—自由主义—多民族主义—多元文化主义是一脉相承的，并不是非此即彼的关系，不能以零和博弈理论来理解多元文化主义政策和公民整合政策，公民整合政策仍然是建立在多元文化主义政策的基础上的，而不是前后取代关系。由此可见，多元文化主义和公民整合之间并没有内在的不兼容(Mathieu，2017)。金里卡指出，更加自由和自愿性的公民整合，可以与多元文化主义结合而形成稳定的政策平衡，但这种兼容性也是有限的，而强制性的或者不自由的公民整合则是与多元文化主义完全不兼容的(Banting ＆ Kymlicka，2013)。

7.5 中国的"多元一体"民族理念及政策

与世界上绝大多数国家一样，我国也是一个多民族国家，处理民族问题，维护国家的统一与稳定发展，也是我国政府工作的重要任务。但与西方移民国家不同的是，我国是一个世居的多民族国家，即我国自古以来就是一个多民族国家，各民族交往交流交融，最终形成了"多元一体"的中华民族，各民族共同缔造了中华人民共和国。这就注定我国多民族的基本国情不同于西方移民国家，处理民族问题的指导思想和实施的民族政策也与西方国家不同，走出了具有中国特色解决民族问题的道路。我国民族工作以马克思主义民族理论为指导思想，逐渐形成了"多元一体"的民族工作思想理论，并不断完善发展，有效指导着我国的民族工作，取得了举世瞩目的成就，体现了我国"多元一体"民族工作思想的优越性。

7.5.1 "多元一体"理念的理论渊源

"多元一体"这个术语来自费孝通先生的中华民族多元一体格局理论(费孝通，1989)。1988 年，费孝通先生在香港中文大学的演讲中首次提出中华民族多元一体格局理论，并于 1989 年将这一理论发表于《北京大学学报》。费孝通先生提出的中华民族多元一体格局理论有四个明确的观点：一是，"中华民族"这个词是用来指代中国现在疆域中具有民族认同的所有人民，它所包括的 56 个民族单位是"多元"，中华民族是"一体"。中华民族包括中国境内的 56 个民族实体，但中华民族并不是 56 个民族实体简单相加之后的总称，56 个民族早已结合成相互依存、统一而不可分割的整体，是一个共休戚、共存亡、共荣辱、共命运的共同体。

二是，作为一个自觉的民族实体，中华民族出现于近百年来中国与西方列强的对抗中，但作为一个自在的民族实体，则是在几千年的历史过程中形成的。在数千年的历史发展中，中华民族的主流是由许许多多分散存在的民族单位，经过接触、交融、分裂与消亡，形成了一个你来我去、我来你去、你中有我、我中有你、各有个性的多元统一体。

三是，中华民族的形成有一个凝聚核心。距今三千年前，出现于黄河中游的若干民族集团逐步交汇融合形成华夏，然后它像雪球一样越滚越大，逐渐吸收周围的民族集团，在拥有黄河、长江中下游的东亚平原之后，被其他民族称为汉族。然后汉族通过不断地吸收容纳其他民族的成分而日益发展壮大，并且渗入其他民族的聚居区。汉族对于中华民族多元一体格局的形成起到了凝聚和联系作用，奠定了中国疆域内部多民族联合形成的不可分割的统一体的基础。

四是，56 个民族实体彼此交融与共形成了中华民族，中华民族是高层次的认同，56 个民族是低层次的认同，高层次的认同并不会取代或排斥低层次的认同，不同层次的认同可以并存不悖，甚至可以在不同层次的基础上发展各自原有的特点，形成多语言、多文化的整体。高层次的民族——中华民族在本质上来看是一个既一体又多元的复合体，虽然其间存在着内部矛盾，但属于差异的一致，可以通过消长变化以适应多变的内外部条件（费孝通，2000）。

费孝通采用考古学、历史学、人类学等多学科的证据，证实了中华民族起源的"多元论"，否定了"一元论"，证实了"本土说"，否定了"外来说"。该理论以系统的观点形成了对中华民族的整体性认识，既把握了中华民族从自在到自觉的历史演变规律，也突出了中华民族现实的结构性特征；既解决了学术当中的诸多争论，也为解决我国民族问题指明了方向。由于"多元一体"思想在理论上的创新性，在我国解决民族问题的实践当中具有的重要现实指导作用，中华民族多元一体格局理论逐渐成为我国民族工作的重要指导理论，近年来"多元一体"这个术语频繁出现在国家领导人有关民族工作会议讲话中，在国家层面具有很高的认知度。

正如习近平总书记所言："我们党创造性地把马克思主义民族理论同中国民族问题具体实际相结合，走出一条中国特色解决民族问题的正确道路。"党的民族理论和民族政策都鲜明体现着"多元一体"的思想理念。首先，我国将多民族视为我国的基本国情，把"多元一体"作为中华民族的显著特征。我国《宪法》序言鲜明地指出："中华人民共和国是全国各族人民共同缔造的统一的多民族国家。""统一的多民族国家"既强调"多元"，更强调"一体"，"多元"构成"一体"，"多元"是"一体"之下的多元，"多元"和"一体"是部分和整体的关系，二者是辩证统一的。习近平总书记在 2019 年全国民族团结进步表彰大会上的讲话中强调："我们伟大的祖国，幅员辽阔，文明悠久，中华民族多元一体是先人们留给我们的丰厚遗产，也是我国发展的巨大优势。"其次，"多元一体"既体现了充分尊重"多元"，坚持平等和谐，又凸显了高度认同"一体"，这是我们国家民族工作取得成功的重要经验。我国各民族之所以团结融合，"多元"之所以聚为"一体"，源自各民族文化上的兼收并蓄、经济上的相互依存、情感上的相互亲近，源自中华民族追求团结统一的内生动力。正因为如此，中华文明才具有无与伦比的包容性和吸纳力，才可久可大、根深叶茂。习近平总书记多次强调，要促进各民族像石榴籽一样紧紧拥抱在一起，这是对我国民族关系最新鲜的比喻，也是民族团结工作的重要目标。最后，"多元一体"也是中国学者在民族问题上的理论创新，这是费孝通先生做出的巨大贡献。"多元一体"思想被当代学者进一步发扬光大，被作为一种"主义"倡导，即"多元一体主义"。

7.5.2　中国的民族政策

新中国成立以来，我国在马克思主义民族理论思想的指导下，结合我国多民族社会的现实特点，坚持民族平等理念，维护民族团结，促进各民族共同繁荣发展，实施了一系列民族政策。主要包括，一是实施民族区域自治制度，即在少数民族聚居的地方实行区域自治。民族区域自治制度是我国为解决民族问题而采取的一项基本政策，也是我国的一项基本政治制度。民族区域自治制度与基层群众自治制度、中国共产党领导的多党合作和政治协商制度一样，同为我国三大基本政治制度之一。二是发展少数民族地区经济文化事业。各民族经济文化事业的共同发展是和谐民族关系的重要保证。民族之间若在经济社会发展方面存在过大的差距和不平衡，必将对民族关系和国家认同产生消极的影响。三是大力培养少数民族干部。这是解决民族问题的关键。任何事业的发展都离不开高素质的人才队伍，只有培养大批优秀的少数民族干部，才能够带动各民族社会事业的发展。四是尊重和发展少数民族民族语言文字。我国《宪法》明确规定："各民族都有使用和发展自己的语言文字的自由。"语言文字是一个民族的文化的核心和载体，对于一个民族的存在与发展具有极其重要的作用。我国高度重视保护少数民族的语言文字。五是尊重少数民族风俗习惯，尊重少数民族宗教信仰自由，等等。

我国的民族政策秉承了中华文化"和而不同"的思想理念，是几代国家领导人处理民族问题的智慧结晶，既考虑了各民族在发展水平和文化上的多样性与差异性，又尊重这种多样性和差异性；我国民族政策的制定既是我国历史上处理民族问题的经验总结，也积极吸取了世界上一些国家处理民族问题的经验教训。与西方国家民族政策一个很大的不同是我国的民族政策体现出高度的稳定性。我国的民族政策坚持了处理民族问题的基本原则和基本理念，又随着时代的变迁不断充实、不断完善，具有强大的生命力和感召力。我国的民族政策在解决我国民族问题的实践过程中发挥了重要作用，取得了举世瞩目的成就，对全世界多民族国家解决民族问题也有启示意义。

7.5.3 "多元一体"理念的优势

在分析西方多元文化主义面临的困境时，国内学者王希恩认为，西方多元文化主义之所以失败，其根本的缺陷在于多元文化主义过度强调了"多元"，但没有给予"一体"应有的位置，强调差异而忽略了普遍性和同一性。这种理论上的缺陷，导致西方国家的多元文化主义政策始终处理不好尊重多元、保障族裔利益与维护国民统一性的关系，终究成为导致这项政策失败的根源(王希恩，2013)。基于"中华民族多元一体格局"理论在指导中国民族工作方面取得的成功经验，以及中国哲学社会科学在民族问题上话语建设的需要，王希恩在费孝通的中华民族多元一体格局理论的基础上进行了延伸，提出了多元一体主义思想。多元一体主义认为"多元一体"不仅是中华民族表现出来的结构特征，也是任何一个民族、任何一种文化的结构特征，"多元一体"是物质世界的构成规律在民族结构上的反映。既然是一种规律，就有其不可动摇的永恒性和普遍性。多元一体主义很好地阐释了"多元"和"一体"的关系，"多元"体现的是对事物多样性和特异性的承认与强调，"一体"则是对普遍性和同一性的肯定。多元一体主义在承认文化平等、民族平等的同时，更提倡相互之间的一体性联系。在承认各民族文化特异性价值的同时，也承认先进与落后、文明与蒙昧的区别（王希恩，2018）。我国"多元一体"民族工作思想正确处理了"多元"和"一体"的关系，这使得我国在民族工作实践中取得了巨大成就，实践证明"多元一体"理念是解决民族问题的正确选择。

7.6　总结

民族认同的本质是各民族成员对其所属民族的文化认同，多民族国家如何处理各民族的文化认同对民族关系有着决定性的作用。西方国家在处理民族认同与民族问题的历史过程中，先后采取了同化主义和多元文化主义政策，当前又从多元文化主义政策向公民整合政策转变。我认为，无论是同化主义政策、多元文化主义政策，还是公民整合政策，对于多民族国家的执政者而言，其目的都是构建国家认同，维护国家的统一与完整，但因其价值理念和原则不同，实践中有失败也有成功，需要客观地看待。具体而言，同化主义政策犯了极端性的错误，因其无视文化多样性，不能平等对待少数民族的文化及其民族认同，遭到少数民族的激烈反抗，最终以彻底失败而告终，各国也因此付出了巨大的代价，吸取了深刻的教训，被迫采取多元文化主义政策。多元文化主义的核心理念是强调文化平等，承认和尊重差异，反对种族歧视，在处理种族和族群关系的实

践中取得了历史性的成就，也为世界做出了较大的贡献。但多元文
化主义又过度强调"多元"，忽视了"一体"，没能处理好"多元"和"一
体"的关系，导致其在 21 世纪又陷入困境之中，各国开始向公民整
合政策转变。但是，正如本文前面的讨论，尽管多个国家的领导人
宣布多元文化主义政策已经失败，开始向公民整合政策转变，但多
元文化主义的理念已经深入人心，各国在实际的政策实施过程中仍
然体现了多元文化主义的理念，只不过更加强调公民的国家认同，
也就是政策执行由强调"多元"向更加强调"一体"转变，许多研究者
认为当前已进入"后多元文化主义"时期。

　　我国自古以来奉行"和而不同"的文化理念，既承认文化差异，
又尊重文化多样性，始终坚持"多元一体"的民族观，正确处理了
"多元"和"一体"的关系，这使得我国民族政策在执行过程中保持了
稳定性，没有出现西方国家那样大的变动性，极大地体现了我国"多
元一体"民族思想理论的先进性。我国"多元一体"的民族思想理论为
其他多民族国家处理民族问题提供了中国经验。面向未来，为更好
地解决国内民族问题，习近平总书记在"多元一体"民族观的基础上
提出了"中华民族命运共同体"，致力于铸牢中华民族共同体意识；
为解决复杂的国际关系，习近平总书记又提出了"人类命运共同体"
的概念，倡导构建人类命运共同体，为促进世界和平与发展、解决
人类社会共同面临的问题贡献了中国智慧和中国方案，这是中国优
秀传统文化的创造性转化和创新性发展。我认为，无论是"中华民族
命运共同体"还是"人类命运共同体"，"共同体"的特征都是"多元一
体"，构建共同体意识的关键仍然是处理好"多元"和"一体"的关系。
因而，未来"多元一体"的学术研究，应该超越国内民族研究范畴，
构建更为普遍适用的"多元一体"理论，为构建人类命运共同体传播
中国的学术话语体系。

新时代民族关系的目标：
铸牢中华民族共同体意识

当今世界正处于前所未有的大变革时期。随着世界多极化、经济全球化、社会信息化、文化多样化深入发展，全球治理体系和国际秩序变革加速推进，各国之间的相互联系和依存日益加深，国际力量对比更趋平衡，和平发展大势不可逆转。虽然和平与发展仍然是时代主题，但世界面临的不稳定性和不确定性问题也很突出。比如，世界经济增长动能不足，贫富分化日益严重，国际冲突不断，地区热点问题此起彼伏，恐怖主义、网络安全、重大传染性疾病、气候变化等非传统安全威胁持续蔓延，等等，人类面临许多共同挑战。如何应对这些挑战？习近平总书记提出了中国的思路——构建人类命运共同体，这一思想在国际社会引起强烈共鸣。

进入 21 世纪以来，我国的民族问题出现了一些新情况、新问题，为了统一思想，明确民族工作的目标任务，坚定信心决心，走中国特色解决民族问题的正确道路，党中央于 2014 年召开了第四次中央民族工作会议。会议明确指出，多民族是我国的一大特色，也是我国发展的一大有利因素，全党要牢记我国是统一的多民族国家这一基本国情。会议充分肯定新中国成立 65 年来，党的民族理论和方针政策是正确的，中国特色解决民族问题的道路是正确的，我国民族关系总体是和谐的，社会各界要正确认识我国民族关系的主流。会议指出要加强中华民族大团结，坚持打牢中华民族共同体思想基础，加强各民族交往交流交融。

2014 年的中央民族工作会议标志着新时代我国民族工作新思想的形成。之后，党的十九大报告指出："深化民族团结进步教育，铸牢中华民族共同体意识，加强各民族交往交流交融，促进各民族像石榴籽一样紧紧抱在一起，共同团结奋斗、共同繁荣发展。"2019 年10 月中共中央办公厅、国务院办公厅印发了《关于全面深入持久开展民族团结进步创建工作铸牢中华民族共同体意识的意见》，明确指出新时代民族团结进步创建工作要坚持以铸牢中华民族共同体意识为根本方向，坚持以加强各民族交往交流交融为根本途径，坚持以"中华民族一家亲，同心共筑中国梦"为总目标，坚持依法治理民族事务促进民族团结，遵循社会团结规律，坚持正面引导，坚持齐抓共管、形成合力。

由上可知，铸牢中华民族共同体意识是新时代我国民族关系的目标和任务，也是多学科领域研究的热点问题。中华民族共同体及中华民族共同体意识两个概念的提出，是费孝通先生中华民族多元一体格局理论的进一步完善和发展。2014 年之后，关于中华民族共同体意识的研究持续增长，学者们围绕铸牢中华民族共同体意识的重大意义、中华民族共同体意识的内涵、铸牢中华民族共同体意识的路径与策略等方面已经展开了许多研究。

"中华民族"这一概念最早是由梁启超先生在 1902 年提出的。在当时的时代背景下，"中华民族"的概念成为一面精神旗帜，起到了凝心聚力的作用，激励了无数先烈为国家独立、为民族解放而奋斗。新时代赋予了中华民族更为重要的意义，我们要进一步铸牢中华民族共同体意识，实现中华民族的伟大复兴，这是中华儿女共同的责任。本章首先对中华民族的概念进行了溯源；其次，系统地梳理了学术界关于中华民族研究的四个核心主题，包括中华民族的内涵、中华民族复兴、中华民族精神、中华民族传统文化；再次，对中华民族共同体意识的内涵和铸牢中华民族共同体意识的意义进行了探讨；最后，针对大学生开展了调查研究，了解了大学生中华民族共同体意识的现状和存在的问题，提出了铸牢大学生中华民族共同体意识的路径和策略。中华民族共同体意识的社会心理机制及其构建策略是未来研究的重点。

8.1　中华民族概念溯源

"民族"一词由"民"与"族"合成而得，"民"指百姓，而"族"则代表着宗族、家族。目前许多学者都认为"民族"一词最早出现于梁启超 1899 年所撰的《东籍月旦》一文，因为在该文中出现了"民族竞争""民族变迁"等术语。但据侯德彤考证，《东籍月旦》一文应当是发表于 1902 年，并且她认为"民族"一词最早出现应当是在王韬 1882 年所著的《弢园文录外编》一书中。在该书卷三《洋务在用其所长》一文中，王韬称："夫我中国乃天下之至大国也，幅员辽阔，民族殷繁，物产饶富，苟能一旦奋发自雄，其坐致富强，天下莫与颉颃。"（侯德彤，2002）又据马戎考证，汉语中"民族"一词最早在汉语文献中出现应该是 1827 年由普鲁士传教士郭士立（亦译郭实腊，Karl Gützlaff）等编著、黄时鉴整理的《东西洋考每月统计传》九月刊中《乔舒亚降迦南国》一文，文中写道："昔以色列民族如行陆路渡约耳但河也。"马戎认为汉语中广泛使用"民族"一词来指代汉族、满族等中国族群起源于日语文献（马戎，2019）。但是也有学者认为"民族"一词并不是在近代才有，"民族"一词也不是一个舶来品。据郝时远考证，"民族"一词最早出现在南朝宋齐时期道士顾欢所作的《夷夏论》："今诸华士女，民族弗革，而露首偏踞，滥用夷礼，云于剪落之徒，全是胡人，国有旧风，法不可变。"此处的"民族"指的显然是族属。并且日本所使用的"民族"一词应当是由中国传入的，但是汉语中对应volk，nation，ethnos 的"民族"一词是由日本传入的，并且被赋予了现代意义（郝时远，2004）。

"中华"一词最早出现于《三国志·诸葛亮传》的裴松之注："若使游步中华，聘其龙光，岂夫多士所能沈翳哉！"此处的"中华"指中原。"中华民族"合在一起使用最早见于 1902 年梁启超所著的《论中国学术思想变迁之大势》："我中华民族之有海思想者厥惟齐。故于其间产出两种观念焉：一曰国家观，二曰世界观。"（梁启超，1902）"中华民族"一词随着民族危机的加深，越来越受到国人的认可。但是"中华民族"这一词汇的内涵却是几经嬗变。

对于"中华民族"这一概念的提出及其历史发展脉络，学者们主要是依据时间线索来进行研究，主要的时间节点集中在清末到辛亥革命之前，辛亥革命之后到新中国成立，以及新中国成立之后。有学者依据费孝通的观点，将中华民族的发展划分为自在和自觉两个阶段。金炳镐等认为"中华民族"这一概念从诞生起经历了三次争论，第一次是在辛亥革命之前，梁启超、杨度、章太炎等人对于"中华民族"所指的争论。第二次是在九一八事变、七七事变之后关于"中华民族是一个"的争论。第三次是关于"中华民族多元一体"的争论（金炳镐，裴圣愚，肖锐，2012）。陈艳飞认为不同的政治选择造成了不同的人对于"中华民族"界定上的分歧。立宪派主张通过改良来改变中国，因此立宪派认为中华民族包括中国境内的所有民族；但是革命派认为解决中国困境的方法是推翻清王朝的统治，因此中华民族就是汉族。随着形势的变化，辛亥革命之后资产阶级革命派逐渐将"中华民族"一词视为各民族融合同化而成的一个民族（陈艳飞，2005）。郝时远认为"中华民族"这一概念自梁启超提出到 20 世纪 20 年代，经历了梁启超的"大民族主义"、孙中山的"五族共和"和"大中华民族"、李大钊的"新中华民族主义"的演变过程，虽然摆脱了"种族"的桎梏，但是其内涵仍然没有超越"汉族本位"观念（郝时远，2011a）。黄兴涛认为"中华民族"这一观念在清末就已经出现，但是"中华民族"这一概念并没有与中国境内各民族平等交流交融的民族共同体的现代意义完全统一起来。辛亥革命之后，现代中华民族意识才初步形成（黄兴涛，2002）。

8.1.1 辛亥革命之前的"中华民族"

资产阶级改良派为了反抗帝国主义的侵略，维持清王朝的统治，维护包括汉族大地主在内的统治阶级的利益，提出了"君民合治、满汉不分"以实现国内各民族"合群"。所以在资产阶级改良派的观点中，"中华民族"作为一个包括满、汉、藏、蒙、回等民族的复合体，更强调文化的共同体而不是血缘的共同体（都永浩，2012）。例如，资产阶级改良派的代表人物杨度在《金铁主义说》一文中论述"中华民族"是一个文化概念上的民族，而不是血统上的民族，"汉"也不是其真正的称号，其真正的称号应该是"中华"，并且中华历经数千年的交融早已不是一个单一的民族（陈艳飞，2005；李帆，2011）。但是资产阶级改良派所说的"中华民族"这一概念的内涵并不是固定的，"中华民族"有时候也指汉族（但并非单一民族）。例如，资产阶级改良派的代表人物梁启超 1902 年第一次提出"中华民族"时，其指代的就是汉族（周平，2016）；根据李帆的研究，虽然梁启超所表达的"中华民族"其实是汉族，但是梁启超认为汉族并不是一个单一民族，而是由多个民族混合而成的（李帆，2011）。

由于所持政治目标的不同，资产阶级革命派认为"中华民族"就是单一性的和生物性的（这种观点是出于政治需要而提出的，并不是严谨的理论思考）。资产阶级革命派认为"中华民族"是指单一血统和文化的汉族，"中华民族"与满族（贵族统治阶级）的矛盾是不可调和的，革命的目的就是建立民族国家即中华民族的国家（都永浩，2012）。资产阶级革命派的代表人物章太炎在《中华民国解》中驳斥杨度在《金铁主义说》中提出的"中华民族"文化说，而采用了血统说，认为"中华民族"就是汉族。辛亥革命之前的孙中山也认为"中华民族"就是指汉族，最鲜明的例子就是"驱除鞑虏，恢复中华"这一口号。一方面，这些观点是出于政治目的或政治需要而提出的，并不是一种带有客观性的理论认识；另一方面，这也不是孙中山对"中华民族"观念认识的全部（王新立，2016）。

8.1.2 辛亥革命之后的"中华民族"

辛亥革命之后，资产阶级革命派的政治目标发生改变，为了应对国内外的局势，以孙中山为代表的资产阶级革命派改变了对"中华民族"的定义，认为"中华民族"是一个民族共同体。形势的变化，自然使得孙中山抛弃了"排满"的民族革命任务，接受"五族共和"思想作为处理国内民族关系的准则。"五族共和"就是指"合全国人民，无分汉、满、蒙、回、藏，相与共享人类之幸福"，其基本原则是民族统一、民族平等。这一思想也有助于中华民族观念的流行与推广，孙中山就反对泛泛而谈所谓"五族共和"，他认为应当建构一个以汉族为主体、积极团结国内所有民族的大中华民族（都永浩，2012；李帆，2011）。1913年，蒙古部族正式发表通告承认蒙古族是中华民族的一分子，这表明"中华民族"在此时代表的是中国境内的所有民族的共同称谓（郑大华，2014）。孙中山的这一看法深刻影响了国民党后来的民族政策，蒋介石甚至认为中国只有一个"中华民族"，而各少数民族是中华民族的宗族（章永乐，2018）。例如，蒋介石就曾在1942年"中华民族整个共同的责任"的讲话中反复强调"中华民族是一个"，满、蒙、回、藏等少数民族都只是宗族。这种大汉族主义的民族观遭到了中国共产党人的明确谴责（周恩来，1990）。

　　1919年，五四运动以后，孙中山对帝国主义的幻想破灭，认识到帝国主义是整个中华民族的敌人，必须集各界之力才可以实现反帝反压迫的革命任务，因此孙中山的中华民族观又发生了改变（李帆，2011）。孙中山说："中华民族者，世界最古之民族，世界最大之民族，亦世界最文明而最大同化力之民族也。……然而最文明高尚之民族主义范围，则以意志为归者也。……又美利坚之民族，乃合欧洲之各种族而镕冶为一炉者也。……即汉族当牺牲其血统、历史与夫自尊自大之名称，而与满、蒙、回、藏之人民相见于诚，合为一炉而冶之，以成一中华民族之新主义……斯为积极之目的也。"（孙中山，2015）此时孙中山眼中的中华民族指的就是融合了国内所有民族的一个"大民族"。

　　此时，早期的中国共产党人也开始使用"中华民族"来进行宣传。中共二大宣言提出要以"推翻国际帝国主义的压迫，达到中华民族的完全独立"作为奋斗目标之一，此时的"中华民族"是中国各民族的整体称谓。但是中国共产党此时对中华民族也划分了"本部"和"疆部"，表现了那个时候"中华民族"在使用中的模糊性和不确定性，当然也可以说是开放性。受五四运动的影响，中国共产党改变了对中华民族的观点，如李大钊对中华民族的理解就超越了政治、法律和地域，使之成为一个凝聚共同历史和文化的"上位概念"（张太原，2016）。

　　九一八事变之后，中国民族危机加深，由于国共两党对于中华民族的认同和宣传以及中华民族复兴思潮的影响，"中华民族"一词开始广泛使用，成为中国境内各民族的共同称谓并且开始指代民族实体（郑大华，2014）。

　　根据张太原的研究，中国共产党在抵抗日本侵略战争的过程中也经历了一个对"中华民族"的理解不断加深的过程。在抗日战争一开始，"中国人民"与"中华民族"并列使用，有时"中华民族"甚至指代的是汉族（张太原，2016）。七七事变后，中国共产党对"中华民族"的理解逐渐固定。1938 年毛泽东在写作《论新阶段》的时候就多次使用"中华民族"，并且认为"中华民族"是由汉、满、蒙、回、藏、苗等各民族所组成的。1938 年中共中央宣传部秘书长杨松专门阐述"中华民族"对外代表中国境内各民族，1939 年八路军政治部编写的《抗日战士政治课本》中明确指出"中国是一个多民族的国家，中华民族是代表中国境内各民族之总称"。

这一时期关于"中华民族"概念内涵最具代表性的认识应是顾颉刚与费孝通的"中华民族是一个"的争论。在国家分裂的危机背景下，顾颉刚先生提出了"中华民族是一个"，他认为根据现代政治观念，中国只存在一个中华民族，中国现存的"五族"都不宜称作"民族"以免落入帝国主义的阴谋之中。费孝通先生则认为汉、满、蒙、回、藏、苗、瑶等各民族具有不同的祖先、传统、语言，因此应当被认为是不同的民族。顾颉刚先生感受到了不同学科取向之间的差异，但是他还是希望所有学者在遵循西方科学研究价值取向的同时关注本国边疆关系和国家分裂的危机。费孝通先生认为国家分裂的危机不在于是否承认"民族"的存在而在于各民族之间是否平等。顾颉刚先生以自身的经历、体验为例，说明"民族"一词应当慎用，应该更加关注政治认同对一个民族的作用。

8.2　中华民族研究的几个核心主题

中华民族自在于数千年的历史进程中，自觉于与西方列强的对抗中（费孝通，1989），自"中华民族"概念诞生以来，关于中华民族的研究与讨论从未休止。当前国内对中华民族的研究主要集中于中华民族的内涵、中华民族复兴、中华民族精神、中华民族传统文化这四个主题。

8.2.1 中华民族的内涵

"中华民族"这一概念提出于民族危亡之际，由梁启超最早在其著作《论中国学术思想变迁之大势》中提出。但"中华民族"这一概念提出后，到底"谁是中华民族"这一问题无论在政界还是学术界，争论一直存在。在不同的历史时期，由于政治目的不同，政治领袖人物对中华民族的界定不同，学术界对中华民族的理解也有所不同。但随着中国共产党的成立，政界和学术界对中华民族的界定趋于一致，具体演变过程如下。

辛亥革命之前，资产阶级革命派和资产阶级改良派出于不同的政治诉求而各自界定中华民族。资产阶级改良派认为中华民族是一个包括汉、满、蒙、回、藏等民族的复合体，更强调中华民族文化上的共同性。资产阶级革命派出于建立民族国家的政治目的，认为中华民族就是指单一血统和文化的汉族。资产阶级认定中华民族指汉族最鲜明的例子就是"驱除鞑虏，恢复中华"的口号，这一口号中"鞑虏"指满族，"中华"指汉族。

辛亥革命之后，中华民国建立，以孙中山为代表的资产阶级革命派转变对中华民族的注解，认定中华民族指的是一个以汉族为主体、融合国内所有民族的大中华民族，与美利坚民族融合欧洲各种族一样，汉族也需牺牲其血统、历史，融合满、蒙、回、藏各族，形成中华民族(李帆，2011)。

中国共产党成立伊始就立即投入了争取中华民族独立和解放的伟大斗争中。中共二大宣言用中华民族指代中国各民族。七七事变之后，中国共产党对中华民族的界定愈加清楚，明确指出中华民族是中国境内各民族的总称，对外代表中国境内所有民族。就当前来看，尽管学术界对中华民族的理解也不尽相同，但是共同的一点是：都认为中华民族是中国各民族的总称。例如，金冲及认为中华民族是在深厚的客观依据的基础上历经千百年而形成的包含中国境内所有民族的一个总称(金冲及,2008)。陈克进认为中华民族是中国境内古今各民族的总称,也是由许多民族在历史长河中逐渐凝聚为统一国家的民族实体(陈克进,1995)。陈连开也认为中华民族是中国各民族的总称,中华民族体现了中国各民族根本利益与长远利益不可分割的实体(陈连开,1996)。郝时远认为,中华民族在代表统一的多民族国家的国家民族时就是代表中国各民族人民的总称,中华民族是由中国人组成的民族共同体(郝时远,2011a)。

8.2.2 中华民族复兴

实现中华民族复兴是自近代以来中华民族发展历程中最突出的主题,是中华儿女一直为之奋斗的理想。中华民族复兴的研究主要包括中华民族复兴思想史、中华民族复兴的内涵、中华民族复兴的途径与目标。

中华民族复兴思想史

中华民族复兴思想经历了清末孕育、五四发展、九一八后成为时代最强音、全面抗战时期深化高涨、新中国成立之后升华超越的发展历程(陈大伙,2013)。清末,民族危亡背景下许多有志之士为挽救民族危亡而奔走呼号,从魏源开始,先进的中国人就开始了谋求挽救民族危亡、实现国家富强的探索。1894年,孙中山提出"振兴中华"的口号,谋求中国的崛起,这一口号激励中国人为中华民族的振兴而奋斗,但是这一口号中的"中华"所指的并不是中华民族而是汉族(郑大华,张弛,2014)。孙中山是提出民族复兴思想的先驱,他提出要发展实业,赶超西方,复兴中国经济,恢复中华民族的国际地位;恢复中华国粹,恢复中华民族的精神和固有道德;以改革创新为导向恢复中华民族的活力与朝气(俞祖华,郑天皓,2017)。到1902年,梁启超创造性地用"中华民族"来作为中国各民族的总称,中华民族复兴思想主体确立,对于中华民族复兴思想的形成起到了巨大的促进作用。

　　李大钊对中华民族复兴思想起到了承前启后的作用，为中华民族复兴思想奠定了根基。1916 年，李大钊提出了"中华民族之复活"思想，其民族复兴思想主要包括创造青春中华、第三新文明说和中心势力说。"中华民族之复活"思想是中华民族复兴论的重要基石（喻春梅，郑大华，2015）。李大钊的民族复兴思想主要经历了以下三个阶段：辛亥革命前是酝酿探索阶段，五四时期是形成与阐发阶段，之后是发展与修正阶段（张可荣，2009）。1931 年九一八事变之后，民族危机加重，国民党等大力宣传民族复兴，再加上张君劢等人对费希特（Johanna Gottlieb Fichte）民族复兴思想的宣传，中华民族复兴思想成为一种具有广泛影响力的社会思潮（郑大华，2016）。

　　毛泽东同志是当之无愧的中华民族伟大复兴事业的奠基者。毛泽东的民族复兴思想主要有四点：一是摆脱帝国主义的压迫，获得中华民族的独立；二是推翻三座大山，解放工农大众，让工农群众成为国家的主人；三是实现国家现代化；四是发挥中国力量为人类做更大的贡献（蒋建农，2019）。他领导新民主主义革命走向胜利，实现了民族独立，完成了新中国政治制度的基本建构，为民族复兴奠定制度基础；领导中国人民建立起完整的工业体系和国民经济体系，为民族复兴提供经济基础；领导中国人民加强国防建设，打破帝国主义封锁，为民族复兴提供了和平的国际环境（陈明凡，2015）。为了实现民族复兴，毛泽东同志提出了"四个现代化"发展道路和"两步走"战略步骤，虽然其中还存在着不完善的地方，但是他对中华民族复兴的构想是他留给后人的宝贵财富（郑大华，2018）。

　　随着对社会主义建设认识的不断深入，邓小平同志在继承毛泽东同志关于中华民族复兴梦想的基础上，充分考虑到我国基础薄、底子弱的实际情况，认识到实现社会主义现代化任重道远，将复兴的目标定为实现中国特色的现代化和建设小康社会，形成了"三步

走"发展战略，初步确定了中国特色社会主义的发展蓝图。面对世界
形势的变化，江泽民同志细化了邓小平同志的"三步走"发展战略，
明确提出了"两个一百年"奋斗目标，并且将小康社会的建设目标划
分为总体小康和全面小康两个阶段，明确了实现中华民族伟大复兴
是中国共产党的使命。胡锦涛同志将中国特色社会主义建设推进到
新的发展阶段，明确了全面小康的标准，进一步强化"两个一百年"
奋斗目标和实现中华民族伟大复兴的历史使命（石仲泉，2013）。

习近平同志在实现全面小康的紧要关头，通过对马克思主义民
族复兴理论、近代以来中华民族谋求民族复兴的梦想和中国共产党
人初心的继承，继往开来提出中华民族伟大复兴的中国梦。习近平
总书记的民族复兴思想是习近平新时代中国特色社会主义思想的重
要组成部分，揭示了中华民族伟大复兴的内涵是国家富强、民族振
兴、人民幸福，中华民族伟大复兴的战略目标是"两个一百年"，新
时代中华民族伟大复兴的发展理念是创新、协调、绿色、开放、共
享。中华民族伟大复兴必须要坚持中国特色社会主义道路，弘扬中
华民族精神，以中国共产党作为核心凝聚中国力量。习近平关于民
族复兴的理论是新时代中国特色社会主义思想的重要组成部分，深
化了中国特色社会主义思想的理论境界，拓宽了中国特色社会主义
思想体系的视野，提高了中国特色社会主义思想的国际话语权（廖
钰，2019）。

中华民族复兴的内涵

谋求中华民族的复兴，复兴的内涵是什么？总结学者们对复兴
的看法，主要有以下四种观点：第一种观点是恢复过去的兴盛，使
拥有辉煌过去的民族再度兴盛，在政治、经济、文化、军事等方面
回到世界领先地位（宋维强，2013）；第二种观点认为复兴主要指创
造新的文明，中国的复兴是根植于历史、文化、文明之中，社会主
义现代化建设与创造新的文明相统一的复兴（胡鞍钢，2012）；第三

种观点则着眼于中华民族对人类文明的贡献，认为复兴是指中国走向世界并改变世界历史进程的伟大实践，是古老的中华文明重回世界文明中心，引领世界文明发展的伟大实践（庄锡福，庄树宗，2012）；第四种观点认为复兴就是指实现现代化，中华民族复兴的过程实质是中国走向现代化的过程，从价值角度说就是中国社会的现代性（陈晓声，2016）。

中华民族复兴的途径与目标

实现中华民族复兴，学者们对复兴的标准主要有两种观点：一种以中华民族的现代化作为中华民族复兴的标准，认为中华民族复兴的最高标准是中华民族素质的现代化，重要标准就是中华民族传统文化的复兴（付开镜，2013）；另外一种观点则是从政治、经济等方面论述中华民族复兴的标准。董希品认为中华民族复兴的标准包括：坚定捍卫本民族的正当权益，优化中华民族的精神素质，攀登人类理性之巅，具有强大的综合国力，创造举世瞩目的历史功业（董希品，2000）。庄树宗和庄锡福认为实现中华民族复兴要通过走中国特色社会主义道路，以和平崛起的方式实现民族复兴，中华民族将历经国家独立、经济崛起、社会再造、政治鼎新、文化昌盛五个阶段，以引领世界未来的形式实现民族复兴（庄树宗，庄锡福，2013）。刘明明认为中华民族伟大复兴主要体现在：经济建设方面，用科技力量转变经济结构；政治建设方面，坚持和完善人民民主专政与依法治国；文化建设方面，鼓励文化创新，在保持民族特色的同时让文化走出去，加强与世界的交流与联系；社会建设方面，改善民生，实现共同富裕；生态建设方面，树立生态责任意识，保护生态环境，实现生态文明；主权与外交方面，完成国家统一，提高国际地位，成为世界经济、科技、文化和政治的重要中心，成为维护世界和平和处理国际事务的主导力量（刘明明，2015）。

学者们认为要实现中华民族复兴的目标，在政治上要坚持中国共产党的领导、中国特色社会主义道路，全面实施改革开放（张可荣，2011）；在经济上要全面深化经济体制改革，以创新驱动发展，调整经济结构，推动城乡协调发展，提高经济开放水平；在文化上要传播当代中国价值观，展示中华文化魅力，提高国际话语权，塑造良好的国家形象（鲁倩，2016）；在对外关系上要坚持独立自主、和平发展。坚定不移地走建设中国特色社会主义道路、坚持以科学发展观为指导、在与世界各国和平共处之中依靠自身力量推进发展是实现中华民族复兴的根本途径（荣长海，张春新，2004）。

8.2.3　中华民族精神

从鸦片战争起，中华民族危机步步加深，中华儿女一直在谋求民族复兴。到五四运动时期，孙中山先生认识到了民族精神对于民族复兴的重要意义，提出要实现中华民族的复兴必须先恢复中华民族的精神。学术界关于中华民族精神的研究主要集中于民族精神与中华民族精神的内涵、弘扬中华民族精神的意义与途径、中华民族精神与中华文化的关系这几个方面。

民族精神

张岱年先生将民族精神定义为一个民族的精神发展过程中受到人们尊崇并成为生活行动最高指导原则，可以激励人心的思想观念（张岱年，1986）。吴元梁将民族精神定义为一个民族在长期的发展过程中形成的在心理、意识、观念、风俗等方面具有独特性的精神特征（吴元梁，1995）。冯秀军和高庆珍将民族精神定义为一个民族在改造自然和社会的实践中形成的独特的文化模式的核心，是被民族成员广泛认同和接受、主导民族发展的精神。民族精神集中反映了一个民族的心理特征、思维方式、思想情感，是民族成为自身的基本特征和核心标志（冯秀军，高庆珍，2005）。余品华认为民族精神是一个民族在长期共同生活和社会实践中形成的，被大多数人所信奉，对民族发展具有激励、引导作用，可以凝聚民族力量，促进民族发展，是一个民族发展的精神支柱（余品华，2000）。虽然学者们对民族精神的定义各有不同，但是不同的界定之间存在共同点：民族精神产生于改造社会实践的过程中，民族精神要被民族大多数成员认可接受，民族精神对于民族的发展具有正向作用，民族精神要反映一个民族独特的心理特征、思维方式。

中华民族精神

中华民族精神产生于中华文化之中，同时又是中华文化体系的重要组成部分，中华民族精神是中华文化的集中表现和核心。有学者认为中华民族精神孕育于中华传统文化的母体之中，中华优秀传统文化的精华部分构成了中华民族精神（赵存生，2004）。张岱年认为中华民族精神的核心就是自强不息、厚德载物（张岱年，1986）。李锦全将中华民族精神概括为：包容和谐精神、互助友爱精神、刻苦耐劳精神、公平正直精神、经世致用精神、团结御侮精神、自强奋进精神、革故鼎新精神（李锦全，1993）。方立天将中华民族精神归纳为：重德、务实、自强、宽容、爱国（方立天，1991）。陈勇将中华民族精神归纳为传统精神和时代精神，传统精神可以概括为：为国而忘家的爱国精神、与民忧乐的济世精神、兼爱天下的仁爱精神、勤劳节俭的立世精神、自强不息的进取精神、威武不屈的大丈夫精神、舍生取义的尚义精神、厚德载物的宽厚精神、克己奉公的整体精神、修身为本的重德精神、行己有耻的知耻精神、乐群贵和的和谐精神；时代精神可以概括为：坚定的理想信念、不怕牺牲的革命精神、实事求是的科学态度、为人民服务的崇高人生主旨、保家卫国的爱国主义情感、自力更生艰苦奋斗的创业精神（陈勇，2004）。党的十六大将中华民族精神表述为：以爱国主义为核心的团结统一、爱好和平、勤劳勇敢、自强不息的伟大民族精神。

弘扬中华民族精神的意义与途径

构建中华民族共有精神家园，实现中华民族伟大复兴，需要中华民族精神。学者们认为弘扬中华民族精神的作用与意义主要有以下三点：一是从经济建设的角度来看，弘扬和培育中华民族精神是增强综合国力应对国际竞争、建设社会主义现代化强国的需要（顾海良，沈壮海，2003）；二是从构建社会主义精神文明的角度来看，弘扬和培育中华民族精神，发展先进文化，是引导全民族不断进步的需要（张铁勇，2003）；三是从保持文化独立性的角度来看，是回答经济全球化背景下文化发展新课题，凝聚中华儿女，保持中华文化的民族性、独立性与自主性，使中华民族自立于世界民族之林的需要（李宗桂，2003）。

关于培育和弘扬中华民族精神的途径，宇文利认为：一是激发民族精神各利益主体的实践创造力，通过尊重个体的利益主体性，尊重利益主体的利益诉求权、利益实现权，尊重利益主体创造物质利益和精神利益的合法劳动、合理实践，在实践——教育——再实践的循环中提升利益主体通过劳动创造物质利益和精神利益的能力；二是通过利益杠杆实现民族精神利益的和谐配置；三是提升利益措施对民族精神状态的现实调控度，加强利益措施对民族精神的支撑和引领作用，缩小利益措施转化和民族精神受控程度之间的差距（宇文利，2011）。杨守金和夏家春认为培育和弘扬民族精神，首先是在与时俱进中继承民族精神，加强国家主权意识教育、国家安全意识教育与国民素质教育；其次是要把培育民族精神纳入全民教育体系之中，开展国情教育、历史教育和民族优秀文化传统教育；最后是要在弘扬主旋律的同时提倡多样化，增强社会主义文化的吸引力，丰富精神文化产品的风格、内容和表现形式（杨守金，夏家春，2003）。贾钢涛与陈鑫在梳理多位学者关于培育和弘扬民族精神的措施后提出，培育和弘扬中华民族精神要加强理论研究，构建当代民族精神的理论研究体系，要加强中华民族精神和其他民族精神的比较研究，借他山之石以攻玉，要结合社会经济发展现实，为实现中华民族复兴提供智力支持和精神支撑(贾钢涛，陈鑫，2014)。

8.2.4　中华民族传统文化

实现中华民族复兴，必须要恢复中华民族精神，而中华民族精神诞生于中华民族传统文化之中。学术界当前对中华民族传统文化的研究主要集中于中华民族传统文化的起源、中华民族传统文化的核心、中华民族传统文化的当代价值、传承中华民族传统文化的路径这四个方面。

中华民族传统文化的起源

孙中山认为要实现中华民族的复兴，必须要恢复中华民族的精神，而中华民族的精神又诞生于中华民族传统文化的母体。学界对中华民族传统文化的起源有两种观点：一是中华民族传统文化起源于夏商，经春秋战国初步形成，从汉至宋明时期得到大发展；二是中华民族传统文化起源于原始社会，具体表现为原始的宗教意识、审美意识、集团意识等。关于中华民族传统文化的时间下限节点，主要观点有四：一是中华民族传统文化的下限是 1840 年，此后的中华民族文化不属于传统文化；二是将下限定于 1919 年，将中华民族的古代文化和近代文化一起列入中华民族传统文化之中；三是将下限定于 1949 年；四是认为粉碎"四人帮"之前的文化都归属于中华民族的传统文化(文韦，1986)。概言之，传统文化就是起源于夏商(原始社会)，一直到 1840 年/1919 年/1949 年/1976 年这段时间内所有中华儿女所创造的全部精神文化产品。有学者认为中华民族传统文化是居住在中国区域内的中华民族及其先祖创造出来以表现中华民族历史上各种思想文化、观念形态的总和(王霁，2014)。

中华民族传统文化的核心

关于中华民族传统文化的核心，学者们观点不一。冯友兰先生认为中华民族传统文化的核心是儒学，儒学强调积极入世，群体本位。丁守和先生认为中华民族传统文化中儒学是主导，而儒学中占主导地位的是仁、礼、中庸，这三者构成一个思想体系，这个思想体系是以儒学为代表的中华民族传统文化的核心。张岱年先生认为中华民族传统文化的主要核心是"人的自觉思想"，中国古代的儒家和道家都强调人的自觉，即人要认识到自己是一个人，人应解决自己的问题而不是求助于神。王霁总结中华民族传统文化，认为中华民族传统文化从哲学上强调天人合一、阴阳变易、贵和尚中，中华民族传统文化强调道德，具体包括正心修身、与人为善、君子怀德，中华民族的传统宗教是儒释道三教合流，而后具体论述了书法、绘画、诗歌、音乐、舞蹈、戏曲、医药、武术、饮食、服饰、建筑、雕刻器皿等具体的文化内容(王霁，2014)。

中华民族传统文化的当代价值

总结学者们对中华民族传统文化当代价值的论述，有的学者认为弘扬优秀中华传统文化，有利于增强中华民族的凝聚力，激发爱国热情；有助于社会主义精神文明建设，构建各民族共有的精神家园；有助于发展社会主义市场经济；有助于协调人际关系，提供人生指导；有助于中华民族与其他文化的交流；有助于推动人类社会的健康发展(王杰，2007)。有的学者认为要分析中华民族传统文化的当代价值，应针对不同的对象而有所区别。中华民族传统文化对西方国家起到的是文化交流作用，对儒家文化圈的国家和地区则是道德教化作用，对社会主义中国而言则有助于加强社会主义精神文明建设，有利于社会主义文化和道德建设(陈先达，1997)。

传承中华民族传统文化的路径

传承中华民族优秀传统文化，满足人民群众日益增长的精神文化需求是实现中华民族复兴的应有之义。党的十九大提出要激发全民族创新创造活力，建设社会主义文化强国，并提出了"双创"方针（创造性转化、创新性发展）。为了贯彻"双创"方针，学者们提出了以下路径：首先要坚定信念，坚持共产主义和马克思主义，挖掘中华优秀传统文化，坚持发出中国声音，让世界了解中华文化；其次要深入挖掘中华优秀传统文化所含有的行为价值规范，区分和重构传统文化的不同要素和层次，吸收外来文化的有益成果，结合时代特征，找到传统文化和现代社会生活的连接点，结合中华优秀传统文化资源，开发当代文化创意产品；再次要创新中华优秀传统文化的传播手段和方法，创新传统节日文化的内容与形式，建立优秀传统文化的现代转换机制，推动中华民族优秀传统文化的群众性创建；最后是在解放思想的基础上，守住传统文化的基本元素，萃取传统文化之精华，滋养文艺创作（李荣启，2017）。

8.3 中华民族共同体意识

中华民族是由多民族构成的，进而又延伸出另外的问题，即中华民族是如何形成的？如何处理多个民族之间关系，以及各民族与中华民族之间的关系？早在 20 世纪 30 年代，费孝通和顾颉刚就展开了关于"中华民族是一个"的讨论（马戎，2012），到 80 年代，费孝通先生吸取顾颉刚先生的思想，结合自身的研究，提出了中华民族多元一体格局理论。该理论主要观点有三个：一是中华民族是由 56 个民族融合而成的相互依存、统一而不可分割的整体，在多元一体格局之中，56 个民族构成了这一格局的基层，中华民族则是高层；二是多元一体格局的形成过程是一个从分散多元到逐渐融合为一体的过程，汉族在这一过程中发挥了黏合剂作用；三是在多元一体格局中，高层次的认同——中华民族认同并不一定取代或排斥低层次的认同——各民族认同，不同层次可以并存不悖，不同层次的认同甚至可以在原有认同的基础上各自发展，形成多语言、多文化的整体（费孝通，1989）。中华民族多元一体格局理论以系统的观点形成了对中华民族的整体性认识，既把握了中华民族从自在到自觉的历史演变规律，也突出了中华民族现实的结构性特征（即多元一体），体现了中华民族的本质就是一个各民族互相交融的共同体，为处理民族关系指明了方向，成为我国民族工作的重要指导理论。

习近平总书记在承认中华民族多元一体格局的特征的同时，创造性地提出了"中华民族共同体"概念。中华民族共同体继承了中华民族多元一体格局的特征，而又深化了中华民族的存在状态，连接了中华民族发展的现状和未来（李贽，王冬丽，2019）。中华民族共同体强调构成中华民族的 56 个民族之间的内在一体性和共同性，构成中华民族的 56 个民族是一个有机统一体，拥有共同的历史、命运、政治诉求、文化基础和经济交往。要实现中华民族共同体到中华民族实体的飞跃，需要铸牢各民族的中华民族共同体意识。

8.3.1　中华民族共同体意识的内涵

自习近平总书记提出"中华民族共同体意识"这个术语后，学术界首先探讨的一个问题就是中华民族共同体意识的内涵。当前学者们对于中华民族共同体意识的内涵存在三种不同的理解：第一种是将中华民族共同体意识看作一种心理过程或心理意识；第二种是将中华民族共同体意识看作一种民族观；第三种是将中华民族共同体意识看作一种国家（集体）认同。我认为，这三种理解其实是中华民族共同体意识的三个维度。

中华民族共同体意识是一种心理过程或意识

从辩证唯物主义者的角度分析，意识是自然界长期发展的产物，是社会历史的产物，一切物质都具有反映特性，因而在一定条件下能够发展成为最高级的反映形式——人脑的反映形式，即意识。青觉等人认为中华民族共同体意识作为意识的一种类型也不例外，它是"中华民族共同体"这一客观存在的实体在人脑中形成的主观映像，是人们在社会化实践的过程中形成的对中华民族共同体的认知、情感、态度、评价和认同等一系列心理活动的总和（青觉，赵超，2018）。沈桂萍认为中华民族共同体意识是各民族共建中华民族、共享中华文化的意识，这种意识的培育就是在不同社会成员之间建构共享的历史文化记忆和共享的现实文化形式，从中凝练出一种全体社会成员遵循的价值共识（沈桂萍，2015）。郎维伟等人在习近平总书记的"五个认同"以及借鉴费孝通先生的思想的基础上，提出中华民族共同体意识是指在历史上形成的以中国各民族为统一的前途和命运共同体的自觉自知性意识（郎维伟，陈瑛，张宁，2018）。我认为，无论何种意识，都是在社会当中建构起来的，从心理学的视角探讨中华民族共同体意识的心理结构和机制问题，对于从个体意识建构的角度理解中华民族共同体意识有重要理论意义，但是当前这方面的研究不多，期待心理学界能够投入更多的研究。

中华民族共同体意识是一种民族观

民族观是人们对民族、民族关系和民族问题的根本看法，中华民族共同体意识是反映中华民族共同体存在的社会意识（詹小美，李征，2019）。陆卫明和张敏娜认为中华民族共同体意识代表着中华民族伟大复兴的整体利益，是体现各民族繁荣发展根本诉求的一种正确的、理想的民族观（陆卫明，张敏娜，2018）。习近平总书记一再强调，要促进各民族像石榴籽一样紧紧抱在一起，这是对中华民族"多元一体"特征最形象的比喻。他还指出，我们伟大的祖国，幅员辽阔，文明悠久，中华民族多元一体是先人们留给我们的丰富遗产，也是我国发展的巨大优势。这就是把中华民族多元一体格局视为我国一大基本国情。对于"多元"与"一体"之间的关系，习近平总书记指出：“中华民族和各民族的关系，是一个大家庭和家庭成员的关系，各民族的关系是一个大家庭里不同成员的关系。……处理好民族问题、做好民族工作，是关系祖国统一和边疆巩固的大事，是关系民族团结和社会稳定的大事，是关系国家长治久安和中华民族繁荣昌盛的大事。”习近平总书记的这些形象比喻，深刻揭示了中华民族共同体“多元一体”的特征与目标。

我认为，将中华民族共同体意识作为一种民族观来理解，就是要各民族成员树立中华民族“多元一体”的民族观，即各民族成员要认识到中华民族共同体的特征是“多元一体”，中华民族是“一体（或共同体）”，它是由“多个（多元）”民族构成的。多元是一体之下的多元，多元构成一体，多元是一体的要素，多元之间相互离不开，多元更离不开一体。从认同的角度来看，各民族要有自己的民族认同，民族之间也要相互认同，各民族更要认同共有的“中华民族”身份这个一体。

中华民族共同体意识是一种国家（集体）认同

国民对国家的认同感是一个国家自立于世界民族之林的重要基础（吴玉军，2010）。国家认同是国家实体与国民身份两者互存的条件，是现代国家的生命与意义，彰显出民族国家建设中的秩序逻辑。这种秩序逻辑又能积极引导各民族自我认同、地域认同、宗教认同的方向，从而将各民族的意愿与行为导向统一多民族国家的建设中（暨爱民，2018）。哈正利和杨胜才指出中华民族共同体意识是中国各民族在不断交往交流交融的历史进程中，在历史、心理、社会、制度、政治、文化等层面取得一致性或共识性的集体身份认同（哈正利，杨胜才，2017）。虎有泽和云中认为中华民族共同体意识是一种国家认同形式的表现，从国家认同层面理解中华民族的政治、经济、文化、命运共同体意识的丰富内涵，有助于各民族树立正确的国家认同感，不断增强国民的国家认同，自觉维护国家统一（虎有泽，云中，2018）。我认为，中华民族包含着全体中国人，将中华民族共同体意识作为一种国家认同来理解，也是其应有之义。

以上是当前研究者对中华民族共同体意识的内涵理解，各有侧重点，但都有助于理解中华民族共同体意识的本质。我尝试提出一个整合性的概念，以涵盖上述三种观点。我认为中华民族共同体意识的本质是各民族成员对共有身份——"中华民族"的认同意识，包括认知、情感和行为三个维度。认知维度者，就是各民族成员认识到自己属于中华民族的一员（自我归类），并且了解中华民族的知识（历史与文化等），也能认识到中华民族"多元一体"这个特征。认知维度涵盖以上将中华民族共同体意识作为一种民族观的理解。情感维度者，即各民族成员对中华民族这个集体身份的归属感，该维度涵盖上述将中华民族共同体意识作为一种集体（国家）认同的理解。行为维度者，即传承中华民族文化、弘扬中华民族精神，以及维护中华民族大团结表现出的行为倾向。

8.3.2　铸牢中华民族共同体意识的意义

中华民族共同体意识是中华民族多元一体格局理论的进一步发展，它把握了中华民族几千年历史演进的客观规律，揭示了新时代民族工作的新思想，彰显出我国团结凝聚各族人民共同实现中华民族伟大复兴的信心、决心。铸牢中华民族共同体意识具有划时代的重大意义，可以从以下四个方面加以理解。

新时代民族工作新思想的集中体现

自党的十八大以来，习近平总书记就新时代民族工作的大政方针做出了系统阐述和全面部署，民族工作思想逐步提出并不断丰富、发展；党的十九大把习近平的民族工作思想写进党的十九大报告中，并载入新修订的党章。习近平总书记以开阔的历史视野，对中华民族及中华民族共同体的性质、结构、关系等方面做了重要论述（孙金菊，2018）。在多次会议上，习近平总书记不断强调：通过加强各民族交往交流交融等方式，增进中华民族大团结；注重用法治思维处理民族事务，为中华民族共同体建设提供法治保障；重视精神力量在解决民族问题中的作用，坚持打牢中华民族共同体的思想基础（常安，2018）。习近平总书记立足于国际国内的形势变化以及我国边疆省区的实际情况，提出了"中华民族命运共同体"和"人类命运共同体"两个重要思想，也提出了一系列关于边疆治理的重要思想，其核心内容涵盖治边原则与方略，以及边疆发展、边疆安全、边疆生态文明等关键议题（吕朝辉，2018）。习近平总书记关于民族工作的理念与举措，都集中体现出党中央对民族工作的高度重视，是从全国各族人民整体利益出发的战略思想，也是新时代党和国家关于民族工作的一系列总体部署，这也是马克思主义理论中国化的最新成果。

维护国家统一与长治久安的思想保障

随着经济全球化不断深入，我国的发展存在前所未有的机遇与挑战，境外敌对势力不断在我国边疆地区进行分化、渗透，国家统一、长治久安受到威胁。为维护国家统一与社会稳定，我们必须凝聚全国人民的力量反对民族分裂与暴恐活动，这就需要全国各族人民积极树立中华民族共同体意识。王延中认为，铸牢中华民族共同体意识在维护国家统一、民族团结、社会稳定方面有重大意义（王延中，2018）。我国各民族在漫漫历史长河中，在交往交流交融过程中形成了水乳交融、荣辱与共的中华民族命运共同体，形成了同呼吸、共命运、心连心的强大精神纽带，只有进一步铸牢中华民族共同体意识，才能从行动上坚决反对一切破坏民族团结、分裂祖国的活动，才能实现中华民族的伟大复兴，这是维护国家统一与长治久安的思想保障。

增强"五个认同"，促进民族团结，做好民族工作的保障

习近平总书记多次强调，要加强民族团结，促进各民族群众相互了解、相互帮助、相互欣赏、相互学习，要大力培育中华民族共同体意识，广泛开展民族团结进步宣传教育和创建活动。在 2019 年 9 月 27 日召开的全国民族团结进步表彰大会上，习近平总书记再次指出，要高举中华民族大团结的旗帜，促进各民族交往交流交融。青觉等人指出，中华民族共同体意识对中华民族共同体具有凝聚力和团结力，中华民族共同体意识强调通过塑造相似或相同的情感、规范和目标，使共同体成员和民族群体之间产生相互认同、亲和、吸引的心理状态，以其形成强大的黏合力，减少民族成员彼此的摩擦和矛盾，由内而外自发、自觉地形成强大的凝聚力（青觉，赵超，2018）。还有学者认为铸牢中华民族共同体意识是增强"五个认同"、促进民族团结的情感依托和思想前提（王延中，2018）。"五个认同"思想有助于确立身份认同，也从根本上奠定了各族群众自我意识的基础。由此可见，铸牢中华民族共同体意识是新时代民族工作的主基调和主旋律，铸牢中华民族共同体意识是构建和谐民族关系、促进民族团结以及做好民族工作的保障。

弘扬中华文化的有效途径

文化是一个民族的魂魄，文化认同是民族团结的根脉。习近平总书记指出："加强中华民族大团结，长远和根本的是增强文化认同，建设各民族共有精神家园，积极培养中华民族共同体意识。"培养中华民族共同体意识，是弘扬中华文化的有效途径。正如习近平总书记所言，一部中国史，就是一部各民族交融汇聚成多元一体中华民族的历史，就是各民族共同缔造、发展、巩固统一的伟大祖国的历史。

中华文化之所以精彩纷呈、博大精深，就在于它兼收并蓄的包容性。铸牢中华民族共同体意识，其内在的要求是中华儿女要认同

共享的中华文化，同时各民族要相互尊重和欣赏彼此的文化。而要想出现这种和谐的社会局面，就必须树立高度的中华民族共同体意识，才能积极传播与践行中华民族"和而不同"的优秀文化，才有助于各民族彼此尊重不同民族的历史文化传统，包容差异，进而促进各民族文化互鉴，使各民族文化之花竞相绽放，呈现百花齐放的局面，实现各民族文化的繁荣发展。

8.3.3　铸牢中华民族共同体意识的路径与策略

深入理解中华民族共同体意识的内涵，正确把握铸牢中华民族共同体意识的重大现实意义，最终目的是要在国家民族工作实践当中铸牢各民族成员的中华民族共同体意识。如何铸牢中华民族共同体意识是当前研究者较为关注的一个问题，但这方面的研究尚处于起步阶段。研究者从政治、经济、文化、社会四个维度探讨了筑牢中华民族共同体意识的路径和策略问题。

坚持和完善民族区域自治制度

自古以来，为实现大一统局面，巩固国家政权，历代中央政府均实施了灵活的民族政策。在国家的发展过程中，中华民族共同体意识不断借助民族政策被认知与认同，这一过程中，民族政策对中华民族共同体意识的建构具有重要的作用。我国的民族区域自治制度是把民族感情和社会主义国家结合起来的创新政策，该政策的目的是实现民族合作与互助，求得共同发展与繁荣。新时期，继续坚持与贯彻党的民族理论与政策是铸牢中华民族共同体意识的保障（宋全，2018；朱维群，2018）。

在 2019 年 9 月 27 日召开的全国民族团结进步表彰大会上，习近平总书记指出："我们党创造性地将马克思主义民族理论同中国民族问题具体实际相结合，走出一条中国特色解决民族问题的正确道路，确立了党的民族理论和民族政策，把民族平等作为立国的根本原则之一，确立了民族区域自治制度……"实践证明，民族区域自治制度是符合我国国情的，在解决我国民族问题上取得了举世瞩目的成功。在铸牢中华民族共同体意识的道路上，我们要坚定不移地实施民族区域自治制度，本着各民族共同进步、繁荣、发展的态度，搞好民族大团结。我们在新时代的征程上，必须坚持和完善民族区域自治制度，这是铸牢中华民族共同体意识的制度基础。

建立共享繁荣发展的经济体

经济基础决定上层建筑，上层建筑是经济基础在政治和思想上的表现，中华民族共同体意识的培育与铸牢必须建立在强大的综合国力之上。意识的发展离不开物质基础，生产关系是一切社会关系的基础。麻国庆认为铸牢中华民族共同体意识必须推动各民族共同繁荣与共同发展，并且指出在中华民族这个共同体中，经济结构对多民族社会结构的发展变化起决定性作用（麻国庆，2017）。习近平总书记强调："发展是解决民族地区各种问题的总钥匙。"民族地区处于边疆地带，经济基础薄弱，内生力不足，发展速度整体缓慢，与中东部的发展存在很大差距。在推进少数民族社会发展的过程中，我们不仅要给予政策上的支持，还要考虑少数民族社会如何与整个市场经济体系更好地连接起来，所以我们必须在少数民族与多数民族之间构成一种互相依存的经济互补关系，坚持各民族经济共享、共同繁荣发展才是中华民族共同体意识培育的关键（陈辉，2018）。民族地区或者民族之间的经济发展差距过于悬殊，会导致民族之间关系不和谐，也会给铸牢中华民族共同体意识增加难度。

增强中华文化认同

习近平总书记指出："文化认同是最深层次的认同，是民族团结之根、民族和睦之魂。"中华优秀传统文化是中华民族精神的源泉，也是建设各民族共有精神家园的文化基础。我认为，各民族成员对中华民族优秀传统文化的认同是中华民族共同体意识的重要组成部分，因此，增强中华文化认同既是铸牢中华民族共同体意识的重要内容，也是重要策略之一，两者是相互依存与相互促进的关系。其他研究者也认为铸牢中华民族共同体意识必须以弘扬中华民族的传统文化为关键（李尚旗，郭文亮，2019；刘吉昌，金炳镐，2017）。弘扬传统文化，目的是加强各民族的中华文化认同，并且要意识到各民族文化与中国特色社会主义文化发展方向是并行不悖的。范君和詹小美从文化层面指出共同体意识本质上也是文化的一种，是中华传统文化的重要组成部分，两者的关系是共在性、共生性、共意性，弘扬中华优秀传统文化是铸牢中华民族共同体意识的价值秉承、基本原则和文化方法（范君，詹小美，2018）。田敏和陈文元具体以南宁市的民歌节为例，提出合理开发利用民族文化的关键符号有助于铸牢中华民族共同体意识，这具有重要的启示意义（田敏，陈文元，2019）。

由此可见，中华文化是培育中华民族共同体意识的精神纽带，中华文化和各民族的文化是并行不悖、相辅相成的关系。弘扬各民族优秀传统文化，能促进中华民族共同体文化由自在状态转变为自觉状态，增进中华民族共同体的文化认同，增强各民族对中华文化的自信。

加强各民族交往交流交融，建立互嵌式的社会结构

"民族交往交流交融"这一术语最早是由胡锦涛同志在 2010 年召开的第五次西藏工作座谈会上提出来的。习近平总书记在 2014 年召开的中央民族工作会议中再次明确指出："加强各民族交往交流交融，尊重差异，包容多样，让各民族在中华民族大家庭中手足相亲、守望相助。"此后，党中央对"促进各民族交往交流交融"的意义与重要性给予高度认可，这也为今后一段时期的民族工作锚定了基本走向。

世界本就是多元与一体并存，中国亦如此，从古到今，历经朝

代更迭与兴衰，各民族互相嵌套，出现谁也离不开谁的局面，逐渐发展融合为今天统一的多民族国家。建立"民族互嵌式社会结构"，就是要打破民族结构与其他社会结构的重合，使不同民族成员掺杂或嵌入其他社会结构中去，创造各民族接触与交往的机会，为实现民族交融创造社会条件（王希恩，2016）。但需要指出的是，实现民族交融不是为了消除民族差异，而是各民族相互接纳、吸收、包容，它是一个动态过程，而不是一个结果。这种动态过程使各民族间的交往交流交融加强，族际之间的接触与互动增多，让不同民族的个体与群体相互渗入、彼此关联，有助于建设各民族共有精神家园，为中华民族共同体意识的发展奠定社会基础。

8.3.4 铸牢民族地区中华民族共同体意识

我国少数民族大多居住在边疆地区，具有区域位置独特性、民族成分多元性、宗教信仰多样性等特点，故而边疆地区在地缘政治格局上具有重要的战略意义，在国家发展中也占据显要的位置。习近平总书记在2014年召开的中央民族工作会议中指出，民族地区是我国的资源富集区、水系源头区、生态屏障区、文化特色区、边疆地区、贫困地区。在2015年第六次西藏工作座谈会中，习近平总书记又明确提出"治国必治边"的重要论断，再一次强调了边疆治理在国家治理中的重要地位与意义。

加强边疆民族地区的治理，关系到祖国统一与边疆巩固、民族团结与社会稳定、国家富强与民族复兴（青觉，2016）。边疆民族地区在国家发展中占有举足轻重的地位，在边疆民族地区铸牢中华民族共同体意识是国家长治久安与稳定发展的基础。左岫仙等人指出，目前我国边疆民族地区在铸牢中华民族共同体意识方面存在诸多挑战，比如境外敌对势力对我国边疆民族地区进行文化渗透和思想渗透，边疆民族地区经济民生发展失衡、公共安全事件频发，这些都严重威胁中华民族意识共同体意识的推进。对此，他们在相应的宏观层面提出解决方案，比如夯实经济基础，促进均衡发展，搭建意识形态安全平台，构建教育熔铸机制，从而为中华民族共同体意识的推进奠定坚实的基础（左岫仙，巴拉吉，熊坤新，2017）。赵英指出，铸牢中华民族共同体意识应通过经济发展、宣传教育、文化浸染等多维途径摄入，使中华民族共同体意识成为自觉自为的社会心理认同（赵英，2018）。

还有学者以少数民族的文学作品为例，认为少数民族的文学作品也是中华文化意识的重要载体与媒介，这些作品在现代化的进程中所体现的与中华文化相同的文化符号和理念，都具有中华民族性，有利于民族发展与团结。比如，回族女作家马瑞芳的散文作品《煎饼花儿》、柯尔克孜族的英雄史诗《玛纳斯》等作品都是在爱国主义思想基础上对中华民族共同体的认同和对中华文化的自觉，这些都有助于进一步铸牢中华民族共同体意识，有助于国家长治久安与繁荣富强（黄晓娟，2018；王明科，2018）。

8.3.5 铸牢大学生中华民族共同体意识

大学生是新时代中国特色社会主义的建设者和接班人，是国家未来发展的中坚力量。习近平总书记在 2018 年北京大学师生座谈会上说过，青年是国家的希望、民族的未来，中华民族伟大复兴的中国梦终将在一代代青年的接力奋斗中变为现实。大学生并不是以个体而存在的，而是生活在"社会主义"这面旗帜下的，国家和民族的命运与他们紧紧地联系在一起，国家的荣辱兴衰和他们休戚与共，息息相关。因此，筑牢大学生中华民族共同体意识具有战略性意义，也成为学术界研究的一个焦点问题。

已有研究发现，目前铸牢大学生中华民族共同体意识还存在诸多问题，比如高校教学活动不明确，管理机制不健全，学生思想观念淡漠，并且心智不成熟，容易受到西方敌对势力思想的渗透（孟瑜，2018）；社会层面对中华民族共同体意识的宣传力度小，原生家庭教育观念淡薄等（李其函，2019）。针对存在的问题，学者们纷纷提出建议与对策，认为要铸牢大学生的中华民族共同体意识，应该以新时代中国特色社会主义民族理论为根本指导思想，搭建适应铸牢大学生中华民族共同体意识的大思政教育平台（尤其是网络平台），切实发挥高校思想政治理论课的主渠道作用，提升校园文化与社会实践活动的感染力，切实引导大学生树立正确的历史观、民族观、国家观和文化观，坚定理想信念，维护民族团结和国家统一，培养他们成长为担当民族复兴大任的社会主义建设者和接班人（焦敏，2017；商爱玲，2018）。

当前关于大学生中华民族共同体意识的研究主要从学理层面探讨铸牢大学生中华民族共同体意识的重要意义和策略问题，并且主要指向少数民族大学生和民族院校学生，缺少大学生中华民族共同体意识的实证研究。比如，高校铸牢大学生中华民族共同体意识采取了怎样的途径，实施效果如何？大学生中华民族共同体意识存在的问题是什么？民族院校和非民族院校大学生的中华民族共同体意识是否存在显著差异？如何进一步铸牢各民族大学生的中华民族共同体意识？这些问题都是当前我国全面深入持久开展民族团结进步创建工作、铸牢中华民族共同体意识必须要回答的问题。

在已有研究关于中华民族共同体意识内涵探讨的基础上，我们将中华民族共同体意识界定为各民族成员对共有身份——"中华民族"的认同意识，它包括认知、情感和行为三个维度。认知维度即各民族成员承认自己属于中华民族的一员（自我归类），并且熟悉中华民族的历史与文化，能认识到中华民族"多元一体"这个显著特征；情感维度即各民族成员对中华民族这个共有集体身份的归属感；行为维度即各民族成员在维护中华民族大团结及弘扬中华民族文化上表现出的行为倾向（高承海，2019）。基于以上界定，编制了本研究中大学生中华民族共同体意识量表。

我们选取甘肃省和青海省四所高校共 1046 名大学生为研究对象，其中男生 276 名，女生 770 名；少数民族 730 名，汉族 316 名；民族院校 441 名，非民族院校 605 名；年龄均在 17～24 岁（$M_{年龄}=$ 20.38，$SD=1.45$）。共发放 1100 份问卷，有效问卷 1046 份，问卷回收率达 95%。

测量工具主要包括三个。一是中华民族身份的凸显性和重要性感知。身份凸显性要求被试回答："在您看来，民族身份、中华民族身份和中国人身份，这三个身份哪个在日常生活中最为凸显（即能够意识到它们的存在）？"身份重要性通过排序题来考察："在您看来，您的民族身份、中华民族身份和中国人身份，这三个身份哪一个对您个人最重要？请按照重要性大小对以上三者进行排序。"

二是中华民族共同体意识。自编大学生中华民族共同体意识量表，量表包括认知、情感和行为三个维度，共 18 个项目，采用 6 点计分（1 表示"完全不同意"到 6 表示"完全同意"）。量表得分越高说明大学生中华民族共同体意识越积极。结果表明，18 个项目的内部一致性系数为 0.95，说明量表具有很好的一致性，可以测量大学生中华民族共同体意识。

三是学校铸牢中华民族共同体意识的途径。从课程开设、媒体宣传和课外主题教育活动三个维度考察学校铸牢中华民族共同体意识的途径，共 13 个项目，采用 4 点计分（1 表示"完全没有"，2 表示"很少有"，3 表示"有时有"，4 表示"经常有"），问卷整体的内部一致性信度系数为 0.84，说明测量工具具有良好的一致性。

中华民族身份的凸显性和重要性感知

中华民族身份的凸显性感知数据结果表明（图 8-1），对于日常生活中三种身份（中国人身份、中华民族身份和民族身份），回答国家身份最凸显的占 56%，回答民族身份最凸显的占 24%，回答中华民

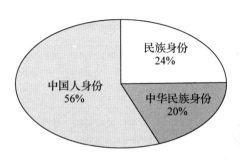

图 8-1 三种身份在大学生日常生活中的凸显性感知

族身份最凸显的只占 20%，这表明中华民族身份在大学生日常生活
中最不凸显。

进一步比较少数民族大学生和汉族大学生、民族院校和非民族
院校在以上三种身份凸显性感知上的差异（图 8-2）。结果表明，不论
是汉族还是少数民族，也不论是民族院校还是非民族院校，都有一
半以上的大学生认为最凸显的身份是中国人身份，但是更多的少数
民族大学认为他们的民族身份要比中华民族身份更为凸显。

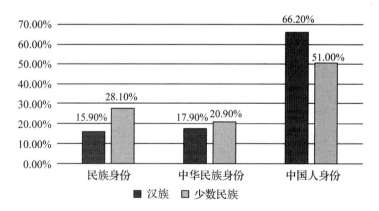

图 8-2 少数民族和汉族大学生三种身份的凸显性感知

根据大学生对三种身份重要性的排序结果（图 8-3），总体认为三
种身份重要性程度依次是国家身份、中华民族身份和民族身份的大
学生占 76%，但将民族身份重要性程度置于国家身份和中华民族身

份之上的占8%。研究结果表明，大多数大学生将国家身份和中华民族身份的重要性置于民族身份之上。

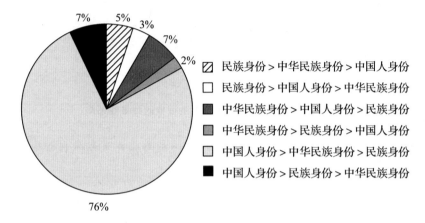

图 8-3　大学生对三种身份的重要性感知

进一步分析少数民族大学生和汉族大学生对三种身份重要性感知的差异，发现不论是汉族大学生还是少数民族大学生，认为中国人身份＞中华民族身份＞民族身份的都占到70%以上。但是，有11.4%的少数民族大学生认为三种身份中最重要的是民族身份，而只有1.4%的汉族大学生认为民族身份比中华民族和国家身份更重要（图8-4）。

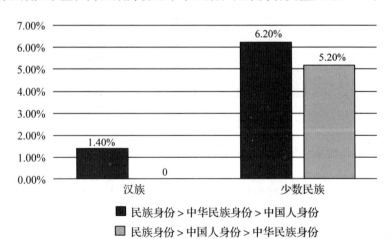

图 8-4　汉族和少数民族大学生对三种身份重要性感知

大学生中华民族共同体意识的特征

在 6 点计分量表中，大学生在中华民族共同体意识总体得分（$M = 5.51$，$SD = 0.57$），以及认知（$M = 5.57$，$SD = 0.58$）、情感（$M = 5.64$，$SD = 0.61$）和行为（$M = 5.31$，$SD = 0.64$）三个分量表得分均高于 5 分，说明大学生整体上具有积极的中华民族共同体意识。具体而言，大学生既能够认识到自己属于中华民族的一员，了解中华民族的历史，也能认识到中华民族"多元一体"这个特征；情感上对中华民族有强烈的归属感与依恋感，非常热爱中华民族，也为作为中华民族的一员而感到骄傲和自豪；在日常生活中能够践行中华民族文化精神，自觉维护中华民族的团结。

采用独立样本 t 检验对汉族大学生和少数民族大学生的中华民族共同体意识总分（包括三个维度）进行差异检验，结果表明无论中华民族共同体意识三个维度得分还是量表总分，汉族大学生的得分均显著高于少数民族大学生得分（图 8-5）。

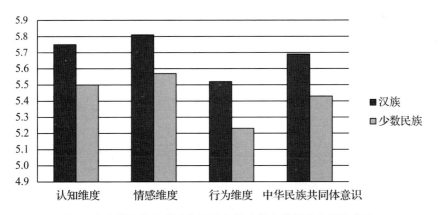

图 8-5　少数民族大学生和汉族大学生的中华民族共同体意识

采用独立样本 t 检验对民族院校和非民族院校的大学生中华民族共同体意识（包括三个维度）进行差异检验，结果表明（图 8-6），非民族院校的大学生的中华民族共同体意识得分显著高于（$t = 2.75$，

$p<0.05$)民族院校的大学生中华民族共同体意识得分。

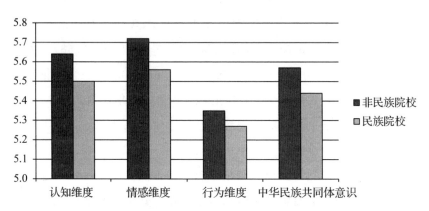

图 8-6   不同学校类型大学生的中华民族共同体意识

采用单因素方差分析对不同住宿情况的大学生的中华民族共同体意识及三个维度进行差异检验,检验结果表明(图 8-7),三种住宿情况在认知维度($F=10.32$,$p<0.001$)、情感维度($F=11.02$,$p<0.001$)、行为维度($F=3.20$,$p<0.05$)、中华民族共同体意识($F=8.41$,$p<0.001$)均存在显著差异。多重比较检验(LSD)结果表明,住宿情况"舍友既有本民族也有其他民族"在中华民族共同体意识总分及三个维度上均显著高于住宿情况为"舍友全是本民族"和"舍友全是其他民族"的情况。

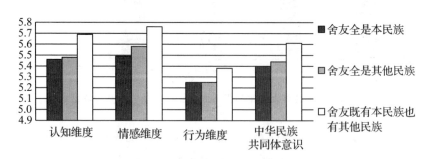

图 8-7   不同住宿情况下大学生的中华民族共同体意识

数据显示，各高校关于中华民族共同体意识的课程开设、学校媒体宣传和学校主题教育活动三个维度得分均为 2～3 分（量表刻度 1～6），说明各高校在这三个方面实施力度均不大，其中学校主题教育活动得分最低。具体表现为思想政治理论课程中没有明确的中华民族共同体意识教育内容和教育目标，学校媒体的宣传教育力度不大，开展的中华民族共同体意识的主题教育活动不够且形式单一。

但对民族院校和非民族院校的实施途径进行比较后发现（图 8-8），在课程开设、学校媒体宣传和学校主题教育活动三个方面，民族院校实施力度均显著高于非民族院校。

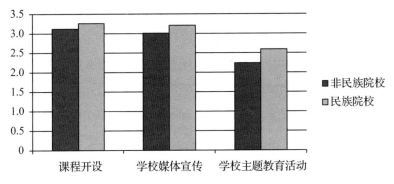

图 8-8 不同学校类型铸牢中华民族共同体意识途径的均值

讨 论

以上研究结果表明，大学生整体上具有积极的中华民族共同体意识和较高的国家认同意识。具体表现在两个方面：一是在中华民族身份、民族身份和国家身份（中国人）对个人重要性评价中，半数以上的大学生将国家身份置于第一位；二是在中华民族共同体意识量表中的得分较高。这是我国大学生爱国主义教育取得积极成效的具体表现，也是我国经济社会快速发展，综合国力和人民生活水平日益提高，国际地位不断上升，大学生身为一名中国人而感到自豪和骄傲。但是也需要注意，有超过 10% 的大学生认为其民族身份要比国家身份和中华民族身份更为重要，这主要是少数民族大学生，下面做进一步分析。

从民族身份、中华民族身份和国家身份在日常生活当中的凸显性来看，最凸显的身份是国家身份，最不凸显的身份是中华民族身份，并且对于少数民族大学生来说，其民族身份的凸显性要高于中华民族身份。本结果符合我国现实背景，也体现了身份意识的情景性特征，因为一切身份意识都是在社会比较情景当中产生的。具体而言：其一，在经济全球化背景中，随着交通的便捷化，教育、经济、旅游等引起的国际人口流动日益频繁，大学生经常会见到外国人，这就使得大学生的内群体中国人身份凸显出来了。其二，随着信息技术的发展，大学生通过各种媒体渠道接收到的来自世界各地的信息越来越多，比如贸易争端、极端主义事件报道、国际冲突事件、各国热门旅游景点介绍等，这些信息无处不在，随时可以激活大学生的国家身份意识。相比较而言，中华民族这个符号在日常生活中的使用频率较低，很少被意识到，除非在特定情景中或被问及，因此就不凸显。

由于我国民族政策与民族身份直接挂钩，民族身份与少数民族大学生的各种切身利益相关，这就使得各少数民族大学生的民族身份凸显。此外，少数民族大学生从民族地区来到主流社会接受高等教育，多民族、多文化的校园环境又进一步使其民族身份更为明显，因而，对于少数民族，其民族身份较为凸显，对其也更为重要。而汉族大学生作为主体民族成员，其民族身份、国家身份和中华民族在其意识当中有更多的重叠性，民族身份也与其自身利益无太大关系，汉族身份意识就较弱，更多的时候首先意识到的是国家或中华民族这个"国族"或者"大民族"身份。

我国历来重视对民族地区和少数民族学生的民族团结教育，正如本研究结果所示，民族院校在铸牢大学生中华民族共同体意识上的力度要显著大于非民族院校，但其成效值得反思。这需要从三个方面进行反思：一是要反思高校开展民族团结教育的内容。研究发现，当前高校民族团结教育内容多是对国家民族政策和民族知识的宣传教育，并且只是针对少数民族，这种单向的政策知识输入很难取得较好的效果，甚至容易适得其反。二是反思高校开展民族团结教育的形式。民族团结教育是学校教育当中的重要组成部分，应该遵循一般教育教学的规律。铸牢大学生中华民族共同体意识是民族团结教育的重要内容，相关课程（思想政治理论课）要明确教育内容和目标，理论联系实践，采取多种形式，从认知、情感和行为多个维度进行教育，才能取得较好的效果。三是各高校在课程设置、学校媒体宣传和学校主题教育活动方面的力度都不大，将来需要进一步加大力度，深化中华民族共同体意识教育。

中华民族共同体的显著特征是"多元一体"，即中华民族是由多个民族构成的，正如习近平总书记所言，中华民族和各民族的关系是一个大家庭和家庭成员的关系。要培育和铸牢各民族成员的中华民族共同体意识，很重要的一个方面就是要处理好家庭成员之间的关系，只有家庭成员相亲相爱，这个大家庭才会和睦，才会有凝聚力。

我国各民族在语言、文化、教育、经济发展等多方面存在差异，这些差异性因素使得民族之间，尤其是各少数民族和汉族之间还存在一些偏见和隔阂，在一定程度上影响着民族关系，这必然也会影响到中华民族共同体意识的培育和铸牢成效。因此，铸牢中华民族共同体意识，首先就是要处理好民族关系，尤其是各少数民族和汉族的关系。要消除隔阂，增加各民族共同性因素的感知，根本途径就是促进各民族交往交流交融。只有促进各民族交往交流交融，才能使得各民族相互了解，相互理解，相互尊重，相互欣赏，最终交融一体，即产生中华民族共同体意识。正如本研究数据结果所示，混合住宿大学生的中华民族共同体意识水平显著高于那些非混合住宿大学生，这充分说明了民族交往交流交融的重要性。因而，要铸牢各民族大学生的中华民族共同体意识，重要的策略之一就是在各方面促进各民族大学生交往交流交融。

铸牢大学生中华民族共同体意识的路径与策略

第一，面向全体大学生，全面铸牢中华民族共同体意识。

中华民族共同体是由 56 个民族构成的，因此，铸牢中华民族共同体意识应该面向全体中华儿女。长期以来，我国民族团结教育的重心一直放在民族地区和民族院校，将民族团结教育的对象窄化为对少数民族的教育，这是对民族团结教育的狭隘理解，也是一种偏见，需要反思和改进，这种思维定式下的民族团结进步教育的效果也值得反思。

本研究发现，尽管民族院校比非民族院校采取了更大力度铸牢大学生的中华民族共同体意识，但是民族院校大学生的中华民族共同体意识显著低于非民族院校大学生，少数民族大学生的中华民族共同体意识显著低于汉族大学生。因此，我国民族团结教育应改变传统思维方式，将中华民族共同体意识纳入各级各类学校民族团结教育范畴中，面向全体大学生，全面铸牢各民族学生中华民族共同体意识。

第二，加大宣传教育力度，强化中华民族身份。

根据数据结果，三个方面的问题值得注意和反思。一是不论汉族大学生还是少数民族大学生，中华民族身份在其日常生活当中的凸显性都不高；二是一部分大学生认为其民族身份要比中华民族身份更为重要；三是各高校对中华民族共同体意识的宣传教育力度不够。

对此，各高校应创新宣传教育的方式，加大宣传力度，强化中华民族身份，这是铸牢大学生中华民族共同体意识的认知前提。建议各高校充分利用现代新媒体技术，创新宣传方式，多渠道、多维度强化中华民族这个集体身份，让大学生"自觉"地意识到中华民族身份的存在，牢固树立"四个共同"意识，即我们辽阔的疆域是各民族共同开拓的，我们悠久的历史是各民族共同书写的，我们灿烂的文化是各民族共同创造的，我们伟大的精神是各民族共同培育的。

第三，发挥思想政治理论课主渠道作用，深化中华民族共同体意识教育。

根据《关于全面深入持久开展民族团结进步创建工作铸牢中华民族共同体意识的意见》精神，我国民族团结进步创建工作的根本方向是铸牢中华民族共同体意识。因而，中华民族共同体意识教育也就必然成为我国学校民族团结教育的重要内容之一。

思想政治理论课是我国高校开展民族团结教育的主要载体。但本研究数据结果表明，各高校思想政治理论课关于中华民族共同体意识教育内容和教学目标不明确，认识上存在偏差。在我国全面深入开展民族团结进步创建工作的大背景下，各高校思想政治理论课也要与时俱进，将中华民族共同体意识教育纳入思想政治理论课当中，遵循教育教学规律，明确教育内容和教育目标，改革教育教学方式，深化中华民族共同体意识教育，提高学校民族团结教育质量，切实铸牢大学生中华民族共同体意识。

第四，创新方式，有效开展中华民族共同体意识主题教育活动。

习近平总书记指出，做好高校思想政治工作，"要更加注重以文化人以文育人，广泛开展文明校园创建，开展形式多样、健康向上、格调高雅的校园文化活动，广泛开展各类社会实践"。铸牢大学生的中华民族共同体意识既要注重理论知识的学习，也要通过校园主题教育活动的开展加深认识，全方位铸牢中华民族共同体意识。

各高校要创新方式，有效开展中华民族共同体意识主题教育活动，在活动中强化中华民族共同体意识。比如，组织各民族学生共同参观考察革命圣地、革命英雄纪念馆、中华民族历史文化博物馆等；组织各民族学生共同学习中华民族的革命精神，如"长征精神"
"航天精神"；定期举办"中华民族的伟大复兴""各民族团结一家亲"
的主题观影活动；开设有关中华民族共同体意识的专题讲座；等等。

第五，积极创造学校"四共"条件，促进各民族学生交往交流
交融。

2014年9月28日召开的中央民族工作会议强调，要推动建立相
互嵌入式的社会结构和社区环境，从居住生活、工作学习、文化娱
乐等日常环节入手，创造各族群众共居、共学、共事、共乐的社会
条件。《关于全面深入持久开展民族团结进步创建工作铸牢中华民族
共同体意识的意见》明确指出，我国民族团结进步创建工作的根本方
向是铸牢中华民族共同体意识，加强各民族交往交流交融是根本路
径，这就为铸牢大学生中华民族共同体意识指明了方向。

以"共居"条件为例，本研究结果发现，混合住宿大学生的中华
民族共同体意识显著高于非混合住宿大学生，这说明"共居"是促进
各民族大学生交往交流交融的有效途径，也有助于铸牢中华民族共
同体意识。因此，各高校要积极创造学校内各民族学生的"四共"条
件，将建设嵌入式校园环境作为铸牢大学生中华民族共同体意识的
有效策略；同时，各高校也具有创造"四共"条件的优势。

具体而言，"共居"即引导或者安排各民族学生混合住宿，尤其
是少数民族与汉族学生混合住宿；"共学"即多民族院校可以将各民
族学生混合编班，通过共同教育、共同管理的方式来实现，避免单
独编班单独管理；"共事"即积极引导各民族学生在学生工作系统内
加强合作，共同组织、共同管理各级各类学生活动和学生工作；"共
乐"即组织丰富多彩的校园文化活动，让各民族学生乐在其中。

8.4　总结

新时代，我国民族关系的总体目标是铸牢中华民族共同体意识，

从社会认同理论的观点来看，中华民族共同体意识的本质是我国各民族成员对共有社会身份——中华民族的认同意识，包括认知、情感和行为三个维度。即各民族成员首先要在认知上将自己归入中华民族这个类别中，认识到并承认自己是中华民族的一员，知道中华民族的历史与文化；其次，在情感上对中华民族具有强烈的归属感和自豪感；最后，在行为上维护中华民族的形象，践行中华民族文化的核心价值观，为实现中华民族的伟大复兴而努力奋斗。

在铸牢中华民族共同体意识的过程中，需要认识到的是，中华民族呈现"多元一体"格局的特点。所谓"多元"就是中华民族这个"一体"是由多个民族构成的，只有中华民族大家庭之中的各民族和谐相处，关系融洽，这个"一体"才能够具有群体的凝聚力。因此，铸牢中华民族共同体意识的关键是处理好内部"多元"之间的关系。对此，本书第 6 章提供了很好的借鉴。

参考文献

艾娟. (2016). 扩展群际接触: 观点、机制与展望. 心理科学进展, 24 (5), 836—843.

安东尼·史密斯. (2018). 民族认同. 王娟, 译. 南京: 译林出版社.

蔡浩, 西林, 买合甫来提·坎吉. (2009). 维吾尔族大学生的民族刻板印象. 新疆社科论坛, (1), 77—81.

常安. (2018). 习近平中华民族共同体建设思想研究. 马克思主义研究, (1), 36—47.

陈大伙. (2013). 近代以来中国"民族复兴"的思想理路. 人民论坛, (29), 184—186.

陈辉. (2018). 从差异性到共同性: 中华民族共同体认同形成的内在逻辑. 西北民族大学学报(哲学社会科学版), (4), 1—8.

陈克进. (1995). 对中华民族含义的新阐释——评《中华民族研究初探》. 社会科学战线, (3), 277—278.

陈连开. (1996). 中华民族之含义及形成史的分期. 社会科学战线, (4), 145—151.

陈明凡. (2015). 毛泽东的民族复兴思想与实践——纪念毛泽东同志诞辰122周年. 前线, (12), 25—27+110.

陈先达. (1997). 中国传统文化的当代价值. 中国社会科学, (2), 31—41.

陈晓声. (2016). 当代中国民族复兴研究思潮的回顾与展望. 宿州学院学报, 31 (8), 1—4+54.

陈艳飞. (2005). 关于"中华民族"的语境含义研究. 东疆学刊, 22 (2), 32—38.

陈勇. (2004). 民族精神研究综述. 道德与文明, (1), 72－74.

崔森, 黄雪娜. (2011). 青少年的民族认同、国家认同与其自尊关系的研究——
　　以宁夏回族为例. 现代教育科学, (2), 62－64.

党宝宝, 高承海, 杨阳, 万明钢. (2014). 群际威胁: 影响因素与减少策略. 心
　　理科学进展, 22 (4), 711－720.

丁慧芬. (2011). 蒙汉大学生民族刻板印象的结构及差异研究(硕士学位论文).
　　呼和浩特: 内蒙古师范大学.

丁水木. (1987). 略论社会学的角色理论及其实践意义. 上海大学学报(社会科
　　学版), (3), 49－54.

董希品. (2000). 论中华民族伟大复兴运动的内涵(二). 山西社会主义学院学
　　报, (3), 39－42.

都永浩. (2012). 辛亥革命前后的"中华民族"概念. 中国边疆史地研究, 22 (3),
　　1－9＋147.

范君, 詹小美. (2018). 铸牢中华民族共同体意识的文化方略. 思想理论教育,
　　(8), 49－55.

方立天. (1991). 民族精神的界定与中华民族精神的内涵. 哲学研究, (5),
　　33－41.

费孝通. (1989). 中华民族的多元一体格局. 北京大学学报(哲学社会科学版),
　　(4), 3－21.

费孝通. (2000). 简述我的民族研究经历与思考. 中央民族大学学报(哲学社会
　　科学版), 27 (1), 1－9.

冯秀军, 高庆珍. (2005). 民族精神概念论析——概念的词义解析、历史考察及
　　方法论思考. 河北师范大学学报(哲学社会科学版), 28 (3), 102－106.

付开镜. (2013). 中华民族复兴标准论. 理论参考, (3), 27－29.

高承海. (2012). 民族内隐理论对民族认同和民族刻板印象的影响(硕士学位论
　　文). 兰州: 西北师范大学.

高承海. (2015). 民族接触促进民族交往: 民族本质论和刻板印象的作用(博士
　　学位论文). 兰州: 西北师范大学.

高承海. (2019). 中华民族共同体意识: 内涵、意义与铸牢策略. 西南民族大学
　　学报(人文社科版), 40 (12), 24－30.

高承海, 安洁, 万明钢. (2011). 多民族大学生的民族认同、文化适应与心理健
　　康的关系. 当代教育与文化, 3 (5), 106－113.

高承海，党宝宝，万明钢．(2013)．汉族与少数民族的民族刻板印象之比较．西北师大学报(社会科学版)，50 (4)，106－110.

高承海，侯玲，吕超，万明钢．(2012)．内隐理论与群体关系．心理科学进展，20 (8)，1180－1188.

高承海，侯玲，万明钢．(2014)．民族接触促进跨民族互动的心理机制．西北师大学报(社会科学版)，51 (6)，30－35.

高承海，撒丽．(2017)．青少年民族认同的发展状态与心理适应的关系．西北师大学报(社会科学版)，54 (2)，106－110.

高承海，万明钢．(2013)．民族本质论对民族认同和刻板印象的影响．心理学报，45 (2)，231－242.

高承海，万明钢．(2015)．民族认同、宗教认同和国家认同的关系：基于大学生数据实证研究．中国民族学，15(1)，85－97.

高承海，万明钢．(2018a)．群际接触减少偏见的机制：一项整合的研究．心理科学，41(4)，922－928.

高承海，万明钢．(2018b)．改变民族内隐观可促进民族交往与民族关系．民族教育研究，29 (4)，21－26.

高承海，王丽君，万明钢．(2012)．少数民族大学生的宗教认同与心理健康的关系．民族教育研究，23 (1)，36－42.

高承海，杨阳，董彦彦，万明钢．(2014)．群际接触理论的新进展：想象性接触假说．世界民族，(4)，1－10.

高明华．(2010)．刻板印象内容模型的修正与发展：源于大学生群体样本的调查结果．社会，30 (5)，193－216.

高永久，朱军．(2010)．论多民族国家中的民族认同与国家认同．民族研究，(2)，26－35＋108.

葛奇奇，赵玉芳，陈冰．(2018)．群际威胁对集体自尊的影响——群体骄傲感的中介作用．西南大学学报(自然科学版)，40 (12)，133－139.

顾海良，沈壮海．(2003)．高度重视民族精神的弘扬和培育．思想理论教育导刊，(4)，9－16.

管健．(2009)．刻板印象从内容模型到系统模型的发展与应用．心理科学进展，17 (4)，845－851.

管健．(2017)．群际焦虑的因果关系模型与影响变量．西北师大学报(社会科学版)，54 (4)，104－111.

管健,程婕婷. (2011). 刻板印象内容模型的确认、测量及卷入的影响. 中国临床心理学杂志,19(2),184-188+191.

哈正利,杨胜才. (2017-02-24). 中华民族共同体意识基本内涵探析. 中国民族报,005.

郝时远. (2004). 中文"民族"一词源流考辨. 民族研究,(6),60-69+109.

郝时远. (2011a). 辛亥革命与中华民族内涵之演变. 民族研究,(4),55-65+108-109.

郝时远. (2011b). 中华民族的伟大复兴——中国共产党民族理论与民族政策的理论性与实践性. 云南民族大学学报(哲学社会科学版),28(6),5-21.

郝亚明. (2015). 西方群际接触理论研究及启示. 民族研究,(3),13-24+123.

侯德彤. (2002). 汉文中"民族"一词的出现并非始自《东籍月旦》——质疑近年来民族研究中的一个学术观点. 东方论坛,(6),126-127.

胡鞍钢. (2012-12-30). 世纪"中国梦"伟大"三部曲". 人民日报(海外版),001.

胡鞍钢,胡联合. (2011). 第二代民族政策:促进民族交融一体和繁荣一体. 新疆师范大学学报(哲学社会科学版),32(5),1-12+110.

虎有泽,云中. (2018). 国家认同视域下中华民族共同体意识. 贵州民族研究,39(11),1-6.

黄晓娟. (2018). 当代少数民族女性文学的中华民族共同体意识——以获"骏马奖"的女作家作品为例. 南开学报(哲学社会科学版),(6),48-58.

黄兴涛. (2002). 现代"中华民族"观念形成的历史考察——兼论辛亥革命与中华民族认同之关系. 浙江社会科学,(1),14.

暨爱民. (2018). "整合"与"引导":国家认同的秩序逻辑. 教学与研究,(9),53-60.

贾钢涛,陈鑫. (2014). 近十年来国内中华民族精神研究综述. 学校党建与思想教育,(14),91-93.

贾磊. (2010). 民族刻板印象研究(硕士学位论文). 重庆:西南大学.

蒋建农. (2019). 毛泽东关于实现民族复兴的战略构想. 广东党史研究与文献,(2),14-24.

焦敏. (2017). 高校民族团结教育应加强"中华民族命运共同体"认同意识教育. 民族教育研究,28(5),12-16.

金炳镐,裴圣愚,肖锐. (2012). 中华民族:"民族复合体"还是"民族实

体"? ——中国民族理论前沿研究系列论文之一. 黑龙江民族丛刊, (1),
    1—13.

金冲及. (2008). 中华民族是怎样形成的. 江海学刊, (1), 12—15.

郎维伟, 陈瑛, 张宁. (2018). 中华民族共同体意识与"五个认同"关系研究. 北
    方民族大学学报(哲学社会科学版), (3), 12—21.

李帆. (2011). 以"中华"为族称: 辛亥革命前后的民族认同. 北京师范大学学报
    (社会科学版), (5), 63—66+70.

李锦全. (1993). 试论中华民族精神的基本内容. 哲学动态, (3), 24.

李其函. (2019). 大学生中华民族共同体意识培育问题探析. 文化创新比较研
    究, 3 (16), 115—116.

李荣启. (2017). 传统文化创造性转化和发展的途径. 中国文化研究, (4),
    12—13.

李尚旗, 郭文亮. (2019). 中华民族共同体意识培育面临的挑战及路径选择. 思
    想理论教育, (1), 62—66.

李晓霞. (2009). 试析维吾尔民众的国家认同、民族认同与宗教认同. 北方民族
    大学学报(哲学社会科学版), (6), 11—17.

李月英. (2007). 全球化视野下的人类群体分类: 种族、民族与族群. 今日民
    族, (6), 49—53.

李贽, 王冬丽. (2019). 从中华民族共同体到中华民族实体建设——兼论习近平
    中华民族共同体观的理论创新与实践要求. 广西民族研究, (2), 1—9.

李宗桂. (2003). 中华民族精神的历史发展和时代意义. 中国高等教育, (10),
    19—20.

梁进龙, 高承海, 万明钢. (2010). 回族、汉族高中生的民族认同和国家认同对
    自尊的影响. 当代教育与文化, (6), 63—67.

梁启超. (1902). 论中国学术思想变迁之大势(第三章). 新民丛报, 5, 57—80.

廖杨, 覃卫国. (2007). 民族关系问题简论. 广西民族研究, (1), 1—5.

廖钰. (2019). 习近平新时代中华民族伟大复兴理论的渊源、构建与实践逻辑.
    云南民族大学学报(哲学社会科学版), 36 (5), 5—13.

林耀华. (1997). 民族学通论. 北京: 中央民族大学出版社.

刘吉昌, 金炳镐. (2017). 构筑各民族共有精神家园 培养中华民族共同体意识.
    西南民族大学学报(人文社科版), 38 (11), 28—33.

刘建红, 张京玲. (2008). "民族认同, 国家认同"与青少年自尊的关系. 社会心

理科学，23（2），25—28＋90.

刘明红，徐建秀，赵玉芳.（2017）.群际威胁与攻击行为的关系：自我控制的中介作用.心理技术与应用，5（5），274—280.

刘明明.（2015）.论中华民族伟大复兴的基本标志.云南社会科学，（4），7—10.

卢勤，苏彦捷.（2004）.性别角色与基本人格维度的相关研究.北京大学学报（自然科学版），40（4），642—651.

鲁倩.（2016）.民族复兴的思潮与路径比较.现代交际，（440），13—14.

陆卫明，张敏娜.（2018）.铸牢中华民族共同体意识论略.贵州民族研究，39（3），1—6.

吕朝辉.（2018）.习近平边疆治理思想论要.云南行政学院学报，20（4），49—54.

吕行，钟年，田波，舒首立.（2017）.不同群际威胁类型对集体自尊的影响：愤怒和自卑的中介作用.心理科学，40（3），632—637.

麻国庆.（2017）.民族研究的新时代与铸牢中华民族共同体意识.中央民族大学学报(哲学社会科学版)，44（6），21—27.

马戎.（2000）.关于民族研究的几个问题.北京大学学报(哲学社会科学版)，37（4），132—143.

马戎.（2010）.中国社会的另一类"二元结构".北京大学学报(哲学社会科学版)，47（3），93—103.

马戎.（2012）.如何认识"民族"和"中华民族"——回顾1939年关于"中华民族是一个"的讨论.中南民族大学学报(人文社会科学版)，32（5），1—12.

马戎.（2019）.鸦片战争后新观念的进入与中国话语体系的转型.社会科学战线，（3），209—220＋282.

麦格，马丁·N.（2007）.族群社会学.祖力亚提·司马义，译.北京：华夏出版社.

孟瑜.（2018）.铸牢大学生中华民族共同体意识研究.黑龙江民族丛刊，（3），44—49.

钱雪梅.（2002）.论文化认同的形成和民族意识的特性.世界民族，（3），1—9.

乔治·赫伯特·米德.（1992）.心灵、自我与社会.赵月瑟，译.上海：上海译文出版社.

秦向荣，高晓波，佐斌.（2009）.青少年民族认同的发展特点及影响因素.社会心理科学，24（2），59—63.

青觉.(2016).长治久安视阈下的边疆民族地区治理.中国边疆史地研究,26
　　(3),5—10.

青觉,赵超.(2018).中华民族共同体意识的形成机理、功能与嬗变——一个系
　　统论的分析框架.民族教育研究,29(4),5—13.

荣长海,张春新.(2004).关于中华民族伟大复兴的几个问题.理论与现代化,
　　(3),11—15.

商爱玲.(2018).铸牢大学生的中华民族共同体意识.西南政法大学学报,20
　　(1),3—8.

沈桂萍.(2015).培育中华民族共同体意识 构建国家认同的文化纽带.西北民
　　族大学学报(哲学社会科学版),(3),1—6.

石仲泉.(2013)."中国梦"思想:从毛泽东到习近平.毛泽东邓小平理论研究,
　　(10),1—7+90.

斯蒂芬·维尔托维奇.(2011).走向后多元文化主义?变动中的多样性共同体、
　　社会条件及背景.刘晖,译.国际社会科学杂志(中文版),28(1),87—
　　100+5+8.

宋全.(2018).切实铸牢中华民族共同体意识.中国民族,(1),25—27.

宋维强.(2013).实现民族复兴的"中国梦"——中国共产党的历史使命与责任担
　　当.理论参考,(3),11—12.

苏昊.(2014).维、汉大学生的民族刻板印象:外显和内隐.中国青年研究,
　　(12),21—24+20.

孙金菊.(2018).习近平中华民族思想初探.湖北民族学院学报(哲学社会科学
　　版),36(5),101—106.

孙中山.(2015).孙中山全集(第二卷).北京:人民出版社.

田敏,陈文元.(2019).论民族关键符号与铸牢中华民族共同体意识——以南宁
　　市三月三民歌节为例.云南民族大学学报(哲学社会科学版),36(1),
　　24—30.

万明钢.(2015).主体民族在民族团结中应承担更多责任.中国民族教育,
　　(1),17.

万明钢.(2017).实现国家认同,先从民族认同开始.中国民族教育,(6),15.

王辉.(2014).金里卡对多元文化主义辩护的评析.民族高等教育研究,2(2),
　　30—35.

王霁.(2014).中国传统文化.北京:清华大学出版社.

王嘉毅，常宝宁. (2009). 新疆南疆地区维吾尔族青少年国家认同与民族认同比较研究. 当代教育与文化，1 (3)，1—6.

王杰. (2007). 中国传统文化的当代价值. 中国党政干部论坛，(2)，51—53.

王明科. (2018). 中华民族共同体意识在新疆文学史上的根植. 新疆师范大学学报(哲学社会科学版)，39 (5)，32—37.

王希恩. (2013). 从多元文化主义到多元一体主义的思考. 世界民族，(5)，1—5.

王希恩. (2016). 民族的融合、交融及互嵌. 学术界，(4)，33—44+324.

王希恩. (2018). 再倡"多元一体主义". 学术界，(8)，86—93.

王新立. (2016). 近代"中华民族"观念的阶段性嬗变及其理论建构. 江西社会科学，36 (3)，161—166.

王延中. (2018). 铸牢中华民族共同体意识 建设中华民族共同体. 民族研究，(1)，1—8+123.

威尔·金里卡. (2011). 焦兵，译. 多元文化主义的兴衰? 关于多样性社会中接纳和包容的新争论. 国际社会科学杂志(中文版)，28 (1)，101—117+5+8—9.

温芳芳，佐斌. (2018). 最简群体范式的操作、心理机制及新应用. 心理科学，41 (3)，713—719.

文韦. (1986). 关于中国传统文化的讨论综述. 宁夏社会科学，(4)，34—38.

沃特森. (2005). 多元文化主义. 叶兴艺，译. 长春：吉林人民出版社.

吴玉军. (2010). 符号、话语与国家认同. 学术论坛，33 (12)，75—77.

吴元梁. (1995). 建构当代民族精神的方法论思考. 浙江学刊，(5)，14—18.

杨守金，夏家春. (2003). 新世纪弘扬和培育民族精神的有效途径. 学术交流，(7)，24—26.

杨晓莉，刘力，崔淼，杨萌. (2012). 社会类别的心理本质论研究述评. 宁夏大学学报(人文社会科学版)，34 (5)，22—27.

杨晓莉，刘力，赵显，史佳鑫. (2014). 民族本质论对跨民族交往的影响——以中国内地的藏族大学生为例. 心理科学，37 (2)，394—399.

杨晓莉，孟霄，刘力. (2017). 儿童的心理本质论：发展特点、测量与展望. 心理研究，10 (3)，3—7.

杨晓莉，周建华. (2016). 群体实体性与民族认同对内群体偏好的影响. 内蒙古民族大学学报(社会科学版)，42 (5)，13—17.

雍琳，万明钢. (2003). 影响藏族大学生藏、汉文化认同的因素研究. 心理与行
　　为研究，1 (3)，181－185.

于海涛，张雁军，金盛华. (2014). 种族内隐理论：回顾与展望. 心理科学，37
　　(3)，762－766.

俞海运，梁宁建. (2005). 刻板解释偏差测量. 心理科学，28 (1)，42－44.

余品华. (2000). 论世纪之交弘扬中华民族精神. 天津社会科学，(1)，70－75.

俞祖华，郑天皓. (2017). 孙中山民族复兴思想析论. 晋阳学刊，(4)，39－
　　49＋78.

宇文利. (2011). 论民族精神建设的利益调控机制. 道德与文明，(3)，93－96.

喻春梅，郑大华. (2015). 论五四时期李大钊的中华民族复兴思想及其意义. 理
　　论学刊，(12)，27－36.

袁娥. (2011). 民族认同与国家认同研究述评. 民族研究，(5)，91－103＋110.

詹小美，李征. (2019). 民族观教育与铸牢中华民族共同体意识. 思想理论教
　　育，(1)，19－25.

张岱年. (1986). 文化传统与民族精神. 学术月刊，(12)，1－3.

张可荣. (2009). 李大钊民族复兴思想初论. 长沙理工大学学报，24 (2)，
　　89－94.

张可荣. (2011). "民族复兴"的历史内涵与当代意蕴. 长沙理工大学学报(社会
　　科学版)，26(4)，92－96.

张婍，冯江平，王二平. (2009). 群际威胁的分类及其对群体偏见的影响. 心理
　　科学进展，17 (2)，473－480.

张书维. (2013). 群际威胁与集群行为意向：群体性事件的双路径模型. 心理学
　　报，45 (12)，1410－1430.

张太原. (2016). 抗日战争与中共的中华民族观的形成. 中共党史研究，(3)，
　　52－62.

张铁勇. (2003). 中华民族精神的内涵、作用及现代价值. 理论学刊，(6)，
　　122－124.

章永乐. (2018). 探寻中华民族自觉兴起之历程——评黄兴涛《重塑中华：近代
　　中国"中华民族"观念研究》. 史学月刊，(10)，104－114.

赵存生. (2004). 关于弘扬培育中华民族精神的几个问题. 高校理论战线，(2)，
　　14－19.

赵英. (2018). 新时代青海藏区民族团结进步教育与铸牢中华民族共同体意识刍

议．民族教育研究，29（4），14—20．

郑大华．（2014）．“中华民族”自我意识的形成．近代史研究，（4），4—9．

郑大华．（2016）．抗战时期有关“中华民族复兴”的讨论及其意义．民族研究，（3），65—82＋125．

郑大华．（2018）．继承、发展与超越——毛泽东、邓小平、习近平民族复兴思想之比较．湖南师范大学社会科学学报，47（3），9—19．

郑大华，张弛．（2014）．近代“中华民族复兴”之观念形成的历史考察．教学与研究，（4），35—44．

郑健，刘力．（2012）．大学生对农民工的刻板印象内容与结构．青年研究，（4），35—44＋95．

钟毅平．（2012）．社会认知心理学．北京：教育科学出版社．

周爱保，侯玲，高承海．（2015）．民族认同和国家认同的和谐共生：社会公正信念的作用．西南民大学学报（人文社科版），36（7），87—91．

周恩来．（1980）．周恩来选集（上卷）．北京：人民出版社．

周浩，龙立荣．（2004）．共同方法偏差的统计检验与控制方法．心理科学进展，12（6），942—950．

周平．（2016）．中华民族：一体化还是多元化．政治学研究，（6），15—25＋125．

周晓虹．（2014）．转型时代的社会心态与中国体验——兼与《社会心态：转型社会的社会心理研究》一文商榷．社会学研究，（4），1—23＋242．

朱洁琼．（2011）．大学生群体的民族刻板印象研究——以中央民族大学为例（硕士学位论文）．北京：中央民族大学．

朱维群．（2012-02-13）．对当前民族领域问题的几点思考．学习时报，001．

朱维群．（2018）．如何铸牢中华民族共同体意识．科学与无神论，（4），3—5．

庄树宗，庄锡福．（2013）．论中华民族伟大复兴的基本特征．南阳理工学院学报，5（2），1—5．

庄锡福，庄树宗．（2012）．论中华民族伟大复兴的实质．社会主义研究，（1），28—32．

邹庆宇，姜月．（2006）．内隐刻板印象研究方法进展．心理科学，（2），505—507．

佐斌，温芳芳，宋静静，代涛涛．（2019）．社会分类的特性、维度及心理效应．心理科学进展，27（1），141—148．

佐斌，张阳阳，赵菊，王娟．（2006）．刻板印象内容模型：理论假设及研究．心理科学进展，(1)，138—145.

左岫仙，巴拉吉，熊坤新. (2017). 边疆民族地区中华民族共同体意识的推进. 黑龙江民族丛刊，(3)，38—43.

Aberson, C. L., & Haag, S. C. (2007). Contact, perspective taking, and anxiety as predictors of stereotype endorsement, explicit attitudes, and implicit attitudes. *Group Processes & Intergroup Relations*, 10 (2), 179—201.

Aberson, C. L., Shoemaker, C., & Tomolillo, C. (2004). Implicit bias and contact: The role of interethnic friendships. *Journal of Social Psychology*, 144 (3), 335—347.

Aboud, F. E. (1988). *Children and prejudice*. Oxford: Blackwell Pub.

Aboud, F. E., & Amato, M. (2001). *Developmental and socialization influences on intergroup bias. Blackwell handbook of social psychology: Intergroup processes* (pp. 65—85). Oxford: Blackwell Publishers Ltd.

Aboud, F. E., & Doyle, A. B. (1995). The development of in-group pride in black Canadians. *Journal of Cross Cultural Psychology*, 26 (3), 243—254.

Aboud, F. E., & Doyle, A. B. (1996). Parental and peer influences on children's racial attitudes. *International Journal of Intercultural Relations*, 20 (3—4), 371—383.

Aboud, F. E., Mendelson, M., & Purdy, K. T. (2003). Cross-race peer relations and friendship quality. *International Journal of Behavioral Development*, 27 (2), 165—173.

Abrams, D., Crisp, R. J., Marques, S., Fagg, E., Bedford, L., & Provias, D. (2008). Threat inoculation: Experienced and imagined intergenerational contact prevents stereotype threat effects on older people's math performance. *Psychology and Aging*, 23 (4), 934—939.

Abrams, D., & Hogg, M. A. (1988). Comments on the motivational status of self-esteem in social identity and intergroup discrimination. *European Journal of Social Psychology*, 18 (4), 317—334.

Abrams, D., & Hogg, M. A. (1990). Social identification, self-categorization and social influence. *European Review of Social Psychology*, 1 (1), 195—228.

Abrams, D. , & Hogg, M. A. (2006). *Social identifications: A social psychology of intergroup relations and group processes*. London: Routledge.

Abrams, D. , & Hogg, M. A. (2013). Social identity and self-categorization. In John F. Dovidio, Peter Glick, Miles Hewstone, & Victoria M. Esses (Eds.), *The Sage handbook of prejudice, stereotyping and discrimination* (pp. 179—193). Los Angeles: Sage Publications.

Allport, G. W. (1954). *The Nature of prejudice*. Reading, MA: Addison-Wesley.

Amodio, D. M. (2014). The neuroscience of prejudice and stereotyping. *Nature Reviews Neuroscience*, (15), 670—682.

Amodio, D. M. , & Hamilton, H. K. (2012). Intergroup Anxiety Effects on Implicit Racial Evaluation and Stereotyping. *Emotion*, *12* (6), 1273—1280.

Anderson, C. A. (1983). Imagination and expectation: The effect of imagining behavioral scripts on personal influences. *Journal of Personality and Social Psychology*, *45* (2), 293—305.

Andreychik, M. R. , & Gill, M. J. (2015). Do natural kind beliefs about social groups contribute to prejudice? Distinguishing bio-somatic essentialism from bio-behavioral essentialism, and both of these from entitativity. *Group Processes & Intergroup Relations*, *18* (4), 454—474.

Aron, A. , Aron, E. N. , & Smollan, D. (1992). Inclusion of other in the self scale and the structure of interpersonal closeness. *Journal of Personality and Social Psychology*, *63* (4), 596—612.

Ashmore, R. D. , Deaux, K. , & McLaughlin-Volpe T. (2004). An organizing framework for collective identity: Articulation and significance of multidimensionality. *Psychological Bulletin*, *130* (1), 80—114.

Banting, K. , & Kymlicka, W. (2013). Is there really a retreat from multiculturalism policies? New evidence from the multiculturalism policy index. *Comparative European Politics*, *11* (5), 577—598.

Bastian, B. , & Haslam, N. (2006). Psychological essentialism and stereotype endorsement. *Journal of Experimental Social Psychology*, *42* (2), 228—235.

Bastian, B. , & Haslam, N. (2007). Psychological essentialism and attention allocation: Preferences for stereotype-consistent versus stereotype-inconsistent information. *The Journal of Social Psychology*, *147* (5), 531—541.

Bastian, B. , & Haslam, N. (2008). Immigration from the perspective of hosts and immigrants: Roles of psychological essentialism and social identity. *Asian Journal of Social Psychology*, *11* (2), 127—140.

Bennett, M. , & Sani, F. (2013). *The development of the social self*. London: Psychology Press.

Berry, J. W. (1990). *Psychology of acculturation: Understanding individuals moving between cultures*. California: Sage Publications, Inc.

Berry, J. W. (2003). Conceptual approaches to acculturation. In K. Chun, Organista P. B. , & G. Marin (Eds.), *Acculturation: Advances in theory, measurement, and applied research* (pp. 17—37). Washington DC: American Psychological Association.

Berry, J. W. , Phinney, J. S. , Sam, D. L. , & Vedder, P. (2006). Immigrant youth: Acculturation, identity, and adaptation. *Applied Psychology*, *55* (3), 303—332.

Birtel, M. D. , & Crisp, R. J. (2012). Imagining intergroup contact is more cognitively difficult for people higher in intergroup anxiety but this does not detract from its effectiveness. *Group Processes & Intergroup Relations*, *15* (6), 744—761.

Brambilla, M. , Ravenna, M. , & Hewstone, M. (2012). Changing stereotype content through mental imagery: Imagining intergroup contact promotes stereotype change. *Group Processes & Intergroup Relations*, *15* (3), 305—315.

Brewer, M. B. , & Harasty, A. S. (1996). Seeing groups as entities: The role of perceiver motivation. In R. M. Sorrentino & E. T. Higgins (Eds.), *Handbook of motivation and cognition* (Vol. 3, pp. 347 — 370). New York: Guilford.

Brigham, J. C. (1971). Ethnic stereotypes. *Psychological bulletin*, *76* (1), 15—38.

Brittian, A. S. , Kim, S. Y. , Armenta, B. E. , Lee, R. M. , Umaña-Taylor, A. J. , & Schwartz, S. J. , et al. (2015). Do dimensions of ethnic identity mediate the association between perceived ethnic group discrimination and depressive symptoms? *Cultural Diversity & Ethnic Minority Psychology*, *21* (1), 41—53.

Brown, R., & Hewstone, M. (2005). An integrative theory of intergroup contact. *Advances in Experimental Social Psychology*, *37*, 255—343.

Brown, R., Vivian, J., & Hewstone, M. (1999). Changing attitudes through intergroup contact: The effects of group membership salience. *European Journal of Social Psychology*, *29* (5—6), 741—764.

Brown, S. D., Unger Hu, K. A., Mevi, A. A., Hedderson, M. M., Shan, J., & Quesenberry, C. P., et al. (2014). The multigroup ethnic identity measure-revised: Measurement invariance across racial and ethnic groups. *Journal of Counseling Psych-ology*, *61* (1), 154—161.

Cameron, L., Rutland, A., Brown, R., & Douch, R. (2006). Changing children's intergroup attitudes toward refugees: Testing different models of extended contact. *Child Development*, *77* (5), 1208—1219.

Campbell, D. T. (1958). Common fate, similarity, and other indices of the status of aggregates of persons as social entities. *Behavioral science*, *3* (1), 14—25.

Castiglione, C., Licciardello, O., Rampullo, A., & Campione, C. (2013). Intergroup anxiety, empathy and cross-group friendship: Effects on attitudes towards gay men. *3rd World Conference on Learning*, *Teaching and Educational Leadership*, *93*, 969—973.

Chao, M. M., Chen, J., Roisman, G. I., & Hong, Y. Y. (2007). Essentializing race: Implications for bicultural individuals' cognition and physiological reactivity. *Psychological Science*, *18* (4), 341—348.

Chao, M. M., Hong, Y. Y., Chiu, C. Y. (2013). Essentializing race: Its implications on racial categorization. *Journal of Personality and Social Psychology*, *104* (4), 619—634.

Chao, M. M., & Kung, F. Y. H. (2015). An essentialism perspective on intercultural processes. *Asian Journal of Social Psychology*, *18* (2), 91—100.

Cherry, F. (2000). The nature of the nature of prejudice. *Journal of the His-*

tory of the Behavioral Sciences, *36* (4), 489—498.

Clark, K. B., & Clark, M. K. (1940). Skin color as a factor in racial identification of negro preschool children. *The Journal of Social Psychology*, *11* (1), 159—169.

Colombo, E. (2015). Multiculturalisms: An overview of multicultural debates in western societies. *Current Sociology*, *63* (6), 800—824.

Cooley, C. H. (1902). *Human nature and the social order*. New York: Charles Scribner's Sons.

Corenblum, B. (2014). Development of racial-ethnic identity among first nation children. *Journal of Youth and Adolesc*, *43* (3), 356—374.

Corenblum, B., Annis, R. C., & Young, S. (1996). Effects of own group success or failure on judgements of task performance by children of different ethnicities. *European Journal of Social Psychology*, *26* (5), 777—798.

Corenblum, B., & Armstrong, H. D. (2012). Racial-ethnic identity development in children in a racial-ethnic minority group. *Canadian Journal of Behavioural Science*, *44* (2), 124—137.

Crawford, M. T., Sherman, S. J., & Hamilton, D. L. (2002). Perceived entitativity, stereotype formation, and the interchangeability of group members. *Journal of Personality and Social Psychology*, *83* (5), 1076—1094.

Crisp, R. J., & Hewstone, M. (2006). *Multiple social categorization: Processes, Models and Applications* (1st ed.). London: Psychology Press.

Crisp, R. J., & Husnu, S. (2011). Attributional processes underlying imagined contact effects. *Group Processes & Intergroup Relations*, *14* (2), 275—287.

Crisp, R. J., Husnu, S., Meleady, R., Stathi, S., & Turner, R. N. (2010). From imagery to intention: A dual route model of imagined contact effects. *European Review of Social Psychology*, *21* (1), 188—236.

Crisp, R. J., & Turner, R. N. (2009). Can imagined interactions produce positive perceptions? Reducing prejudice through simulated social contact. *American Psychologist*, *64* (4), 231—240.

Crisp, R. J., & Turner, R. N. (2012). The imagined contact hypothesis. *Advances in Experimental Social Psychology*, *46*, 125—182.

Crump, S. A., Hamilton, D. L., Sherman, S. J., Lickel, B., & Thakkar, V. (2010). Group entitativity and similarity: Their differing patterns in perceptions of groups. *European Journal of Social Psychology*, *40* (7), 1212—1230.

Cuddy, A., Fiske, S. T., & Glick, P. (2004). When professionals become mothers, warmth doesn't cut the ice. *Journal of Social Issues*, *60* (4), 701—718.

Cuddy, A., Fiske, S. T., & Glick, P. (2007). The BIAS map: Behaviors from intergroup affect and stereotypes. *Journal of Personality and Social Psychology*, *92* (4), 631—648.

Cuddy, A., Fiske, S. T., & Glick, P. (2008). Warmth and competence as universal dimensions of social perception: The stereotype content model and the BIAS map. *Advances in Experimental Social Psychology*, *40*, 61—149.

Cuddy, A., Fiske, S. T., Kwan, V. S., Glick, P., Demoulin, S., Leyens, J. P., et al. (2009). Is the stereotype content model culture-bound? A cross-cultural comparison reveals systematic similarities and differences?. *British Journal of Social Psychology*, *48* (1), 1—33.

DeLamater, J. D., & Myers, D. J. (2011). *Social psychology* (7th ed.). Belmont, CA: Wadsworth Cengage Learning.

Delgado, N., Ariño, E., Betancor, V., & Rodríguez-Pérez, A. (2018). Intergroup trust and anxiety: The two sides of stigma towards people with Down syndrome. *Anales De Psicología*, *34* (1), 117—122.

Derks, B., Inzlicht, M., & Kang, S. (2008). The neuroscience of stigma and stereotype threat. *Group Processes & Intergroup Relations*, *11* (2), 163—181.

Diesendruck, G., & Menahem, R. (2015). Essentialism promotes children's inter-ethnic bias. *Frontiers in Psychology*, *6*, Article 1180.

Dovidio, J. F., Eller, A., & Hewstone, M. (2011). Improving intergroup relations through direct, extended and other forms of indirect contact. *Group Processes & Intergroup Relations*, *14* (2), 147—160.

Dweck, C. S. (1999). *Self-theories: Their role in motivation, personality, and development*. Pennsylvania: Psychology Press.

Ehrlich, H. J. , & Rinehart, J. W. (1965). A brief report on the methodology of stereotype research. *Social Forces*, *43* (4), 564—575.

Eiser, J. R. , & Stroebe, W. (1972). *Categorization and social judgement*. London: Academic Press.

Ellemers, N. , & Haslam, S. A. (2012). Social identity theory. In P. A. M. Van Lange, A. W. Kruglanski, & E. T. Higgins (Eds.), *Handbook of theories of social psychology* (pp. 379 — 398). London: Sage Publications Ltd.

Eller, A. , & Abrams, D. (2003). 'Gringos' in Mexico: Cross-sectional and longitudinal effects of language school-promoted contact on intergroup bias. *Group Processes & Intergroup Relations*, *6* (1), 55—75.

Eller, A. , & Abrams, D. (2004). Come together: Longitudinal comparisons of Pettigrew's reformulated intergroup contact model and the common ingroup identity model in Anglo-French and Mexican-American contexts. *European Journal of Social Psychology*, *34* (3), 229—256.

Ercan, S. A. (2015). Creating and Sustaining Evidence for "Failed Multicultural-ism": The case of "Honor Killing" in Germany. *American Behavioral Scientist*, *59* (6), 658—678.

Erikson, E. (1968). *Identity, Youth, and Crisis*. New York: W. W. Norton.

Escalas, J. E. , Luce, M. F. , & [Dawn Iacobucci served as editor for this art-icle.]. (2004). Understanding the effects of process-focused versus outcome-focused thought in response to advertising. *Journal of Consumer Research*, *31* (2), 274—285.

Fiske, S. T. (2004). *Social beings: A core motives approach to social psychology*. New York: John Wiley & Sons: Inc.

Fiske, S. T. , Cuddy, A. J. , Glick, P. , & Xu, J. (2002). A model of (often mixed) stereotype content: Competence and warmth respectively follow from perceived status and competition. *Journal of Personality and Social Psychology*, *82* (6), 878—902.

Gaertner, S. L. , & Dovidio, J. F. (2012). *Reducing intergroup bias: The common ingroup identity model*. New York: Routledge.

Gaertner, S. L. , Rust M. C. , Dovidio, J. F. , Bachman, B. A. , & Anastasio, P. A. (1994). The contact hypothesis: The role of a common ingroup identity on reducing intergroup bias. *Small Group Research*, 25 (2), 224—249.

Gardner, R. , C. (1973). Ethnic stereotypes: The traditional approach, a new look. *Canadian Psychologist / Psychologie Canadienne*, 14(2), 133—148.

Gelman, S. A. (2003). *The essential child : Origins of essentialism in everyday thought*. New York: Oxford University Press.

Gong, Li. (2007). Ethnic identity and identification with the majority group: Relations with national identity and self-esteem. *International Journal of Intercultural Relations*, 31 (4), 503—523.

Goodman, S. W. (2010). Integrationrequirements for integration's sake? Identifying, categorising and comparing civic integration policies. *Journal of Ethnic & Migration Studies*, 36 (5), 753—772.

Greenwald, A. G. , McGhee, D. E. , & Schwartz, J. L. (1998). Measuring individual differences in implicit cognition: The implicit association test. *Journal of Personality and Social Psychology*, 74 (6), 1464—1480.

Greenwald, A. G. , & Banaji, M. R. (1995). Implicit social cognition: attitudes, self-esteem, and stereotypes. *Psychological Review*, 102 (1), 4—27.

Haddock, G. , Zanna, M. P. , Esses, V. M. (1993). Assessing the structure of prejudicial attitudes: The case of attitudes toward homosexuals. *Journal of Personality and Social Psychology*, 65 (6), 1105—1118.

Hamilton, D. L. (1979). A cognitive attributional analysis of stereotyping. In L. Berkowitz (Ed.), *Advances in experimental social psychology* (Vol. 12, pp. 53—84). New York: Academic Press.

Harwood, J. , Paolini, S. , Joyce, N. , Rubin, M. , & Arroyo, A. (2011). Secondary transfer effects from imagined contact: Group similarity affects the generalization gradient. *British Journal of Social Psychology*, 50 (Pt 1), 180—189.

Haslam, N. , Bastian, B. , Bain, P. , & Kashima, Y. (2006). Psychological essentialism, implicit theories, and intergroup relations. *Group Processes & Inter-*

group Relations, 9 (1), 63—76.

Haslam, N. , Bastian B. , & Bissett, M. (2004). Essentialist beliefs about personality and their implications. *Personality and Social Psychology Bulletin*, *30* (12), 1661—1673.

Haslam, N. , Rothschild, L. , & Ernst, D. (2000). Essentialist beliefs about social categories. *British Journal of Social Psychology*, *39* (1), 113—127.

Haslam, N. , Rothschild, L. , & Ernst, D. (2002). Are essentialist beliefs associated with prejudice? *British Journal of Social Psychology*, *41* (Pt 1), 87—100.

Heider, F. (1958). *The Psychology of Interpersonal Relation*. New Jersey: John Wiley & Sons Inc.

Herrington, H. M. , Smith, T. B. , Feinhauer, E. , & Griner, D. (2016). Reliability generalization of the multigroup ethnic identity measure-revised (MEIM-R). *Journal of Counseling Psychology*, *63* (5), 586—593.

Hewstone, M. , Rubin, M. , & Willis, H. (2002). Intergroup bias. *Annual Review of Psychology*, *1* (53), 575—604.

Hirschfeld, L. A. (1996). *Race in the making: Cognition, culture, and the child's construction of human kinds*. Cambridge: MIT Press.

Hodson, G. , & Skorska, M. N. (2015). Tapping generalized essentialism to predict outgroup prejudices. *British Journal of Social Psychology*, *54* (2), 371—382.

Hogg, M. A. (2001). Social identity and the sovereignty of the group: A psychology of belonging. In C. Sedikides, & M. B. Brewer (Eds.), *Individual self, relational self, collective self* (pp. 123—143). Philadelphia: Psychology Press.

Hogg, M. A. (2005). Uncertainty, social identity and ideology. In S. R. Thye, & E. J. Lawler (Eds.), *Advances in group processes* (Vol. 22, pp. 203—230). New York: Elsevier.

Hogg, M. A. (2007a). Uncertainty-identity theory. In M. P. Zanna (Ed.), *Advances in experimental social psychology* (Vol. 39, pp. 69—126). San Diego, CA: Academic Press.

Hogg, M. A. (2007b). Organizational orthodoxy and corporate autocrats: Some nasty consequences of organizational identification in uncertain times. In C. A. Bartel, S. Blader, & A. Wrzesniewski (Eds.), *Identity and the modern organization* (pp. 35—59). Mahwah, NJ: Erlbaum.

Hogg, M. A. (2012a). Social identity and the psychology of groups. In M. R. Leary, & J. P. Tangney (Eds.), *Handbook of self and identity* (2nd ed., pp. 502—519). New York: Guilford.

Hogg, M. A. (2012b). Uncertainty-Identity Theory. In P. A. M. Van Lange, A. W. Kruglanski, & E. T. Higgins (Eds.), *Handbook of theories of social psychology* (pp. 62—80). London: Sage Publications Ltd.

Hogg, M. A., Adelman, J. R., & Blagg, R. D. (2010). Religion in the face of uncertainty: An uncertainty-identity theory account of religiousness. *Personality and Social Psycho-logy Review*, 14 (1), 72—83.

Hogg, M. A., Sherman, D. K., Dierselhuis, J., Maitner, A. T., & Moffitt, G. (2007). Uncertainty, entitativity, and group identification. *Journal of Experimental Social Psychology*, 43 (1), 135—142.

Hogg, M. A., Siegel, J. T., & Hohman, Z. P. (2011). Groups can jeopardize your health: Identifying with un-healthy groups to reduce self-uncertainty. *Self and Identity*, 10 (3), 326—335.

Holmes, E. A., Lang, T. J., & Shah, D. M. (2009). Developing interpretation bias modification as a "cognitive vaccine" for depressed mood: Imagining positive events makes you feel better than thinking about them verbally. *Journal of Abnormal Psychology*, 118 (1), 76—88.

Hong, Y. Y., Chan, G., Chiu, C. Y., Wong, R. Y. M., Hansen, I. G., & Lee, S. L., et al. (2003). How are social identities linked to selfconception and intergroup orientation? The moderating effect of implicit theories. *Journal of Personality and Social Psychology*, 85 (6), 1147—1160.

Hong, Y. Y., Chao, M. M., No. S. (2009). Dynamic interracial/intercultural processes: The role of lay theories of race. *Journal of Personality*, 77 (5), 1283—1309.

Hong, Y. Y., Chiu, C. Y., Dweck, C. S., Lin, D. M. S., & Wan, W. (1999). Implicit theories, attributions, and coping: A meaning system approach. *Journal of Personality and Social Psychology*, 77 (3), 588—599.

Hong, Y. Y., Coleman, J. M., Chan, G., Wong, R. Y. M., Chiu, C. Y., & Hansen, I. G., et al. (2004). Predicting intergroup bias: The interactive effects of implicit theory and social identity. *Personality and Social Psychology Bulletin*, *30* (8), 1035—1047.

Hong, Y. Y., Levy, S. R., & Chiu, C. Y. (2001). The contribution of the lay theories approach to the study of groups. *Personality and Social Psychology Review*, *5* (2), 98—106.

Hong, Y. Y., & Zhang, X. (2006). *Essentialist race belief predicts acculturation among a Caucasian expatriate sample in Beijing, China.* Unpublished raw data. Peking University, Beijing, China.

Husnu, S., & Crisp, R. J. (2010). Imagined intergroup contact: A new technique for encouraging greater inter-ethnic contact in cyprus. *Peace and Conflict Journal of Peace Psychology*, *16* (1), 97—108.

Husnu, S., & Crisp, R. J. (2011). Current problems and resolutions enhancing the imagined contact effect. *The Journal of Social Psychology*, *151* (1), 113—116.

Islam, M. R., & Hewstone, M. (1993). Dimensions of contact as predictors of intergroup anxiety, perceived out-group variability, and out-group attitude: An integrative model. *Personality and Social Psychology Bulletin*, *19* (6), 700—710.

Jacoby, L. L. (1991). A process dissociation framework: Separating automatic from intentional uses of memory. *Journal of Memory & Language*, *30* (5), 513—541.

James, W. (1890). *The principles of psychology.* New York: Henry Holt.

Joppke, C. (2007). Beyond national models: Civic integration policies for immigrants in Western Europe. *West European Politics*, *30* (1), 1—22.

Katz, D., & Braly, K. W. (1933). Racial stereotypes of one hundred college students. *Journal of Abnormal & Social Psychology*, *28* (3), 280—290.

Kawakami, K., Amodio, D. M., & Hugenberg, K. (2017). Intergroup perception and cognition: An integrative framework for understanding the causes and consequences of social categorization. *Advances in Experimental Social Psychology*, *55*, 1—80.

Kelly, G. A. (1955). *The psychology of personal constructs*. New York: Norton.

Kihlstrom, J. F. , Beer, J. S. , & Klein, S. B. (2003). Self and identity as memory. In M. R. Leary, & J. P. Tangney (Eds.), *Handbook of self and identity* (pp. 68—90). New York: Guilford Press.

Kosslyn, S. M. , Ganis, G. , & Thompson, W. L. (2001). Neural foundations of imagery. *Nature Reviews Neuroscience*, *2* (9), 635—642.

Kuchenbrandt, D. , Eyssel, F. , & Seidel, S. K. (2013). Cooperation makes it happen: Imagined intergroup cooperation enhances the positive effects of imagined contact. *Group Processes & Intergroup Relations*, *16* (5), 635—647.

Kymlicka, W. (2010). The rise and fall of multiculturalism? New debates on inclusion and accommodation in diverse societies. *International Social Science Journal*, *61* (199), 97—112.

Lange, P. A. M. V. , Kruglanski, A. W. , & Higgins, E. T. (2012). *Handbook of theories of social psychology*. London: Sage Publications Ltd.

Leach, C. W. , Ellemers, N. , & Barreto, M. (2007). Group virtue: The importance of morality (vs. competence and sociability) in the positive evaluation of in-groups. *Journal of Personality and Social Psychology*, *93* (2), 234—249.

Lee, T. L. , Wilton, L. S. , & Kwan, V. S. Y. (2014). Essentializing ethnicity: Identification constraint reduces diversity interest. *Journal of Experimental Social Psychology*, *55*, 194—200.

Levy, S. R. , Chiu, C. Y. , & Hong, Y. Y. (2006). Lay theories and intergroup relations. *Group Processes & Intergroup Relations*, *9* (1), 5—24.

Levy, S. R. , Plaks, J. E. , Hong, Y. Y. , Chiu, C. Y. , & Dweck, C. S. (2001). Static versus dynamic theories and the perception of groups: Different routes to different destinations. *Personality and Social Psychology Review*, *5* (2), 156—168.

Levy, S. R. , Stroessner, S. J. , & Dweck, C. S. (1998). Stereotype formation and endorsement: The role of implicit theories. *Journal of Personality and Social Psychology*, *74* (6), 1421—1436.

Lewicki, R. , McAllister, D. J. , & Bies, R. J. (1998). Trust and distrust: New relationships and realities. *The Academy of Management Review*, *23* (3), 438—458.

Lewis, M. (1990). Self-knowledge and social development in early life. In L. A. Pervin (Ed.), *Handbook of personality* (pp. 277—300). New York: Guilford Press.

Macrae, C. N. , Stangor, C. , & Hewstone, M. (1996). *Stereotypes and Stereotyping*. New York: Guilford Press.

Mak, A. S. , Brown, P. M. , & Wadey, D. (2014). Contact and attitudes toward international students in Australia: Intergroup anxiety and intercultural communication emotions as mediators. *Journal of Cross-Cultural Psychology*, *45* (3), 491—504.

Marcia, J. E. (1980). Identity in adolescence. In J. Adelson (Ed.), *Handbook of adolescent psychology* (pp. 159—187). New York: Wiley.

Marks, A. K. , Szalacha, L. A. , Lamarre, M. , Boyd, M. J. , & Coll, C. G. (2007). Emerging ethnic identity and interethnic group social preferences in middle childhood: Findings from the children of immigrants development in context (CIDC) study. *International Journal of Behavioral Development*, *31* (5), 501—513.

Mathieu, F. (2017). The failure of state multiculturalism in the UK? An analysis of the UK's multicultural policy for 2000 — 2015. *Ethnicities*, *18* (1), 43—69.

Mattei, P. , Broeks, M. (2018). From multiculturalism to civic integration: Citizenship education and integration policies in the Netherlands and England since the 2000s. *Ethnicities*, *18* (1), 23—42.

McCall, G. J. (2003). The me and the not-me: Positive and negative poles of identity. In P. J. Burke, T. J. Owens, R. T. Serpe, & P. A. Thoits (Eds.), *Advances in identity theory and research* (pp. 11 — 25). New York: Kluwer/Plenum.

McClelland, J. L. , & Rumelhart, D. E. (1988). An interactive activation model of context effects in letter perception, part I: An account of basic findings. *Readings in Cognitive Science*, *88* (88), 580—596.

McConnell, A. R. , Sherman, S. J. , & Hamilton, D. L. (1994). On-line and memory-based aspects of individual and group target judgments. *Journal of Personality and Social Psychology*, *67* (2), 173—185.

McConnell, A. R. , Sherman, S. J. , & Hamilton, D. L. (1997). Target entitativity: Implications for information processing about individual and group targets. *Journal of Personality and Social Psychology*, *72* (4), 750—762.

Mead, G. (1934). *Mind, self, and society*. Chicago: University of Chicago Press.

Medin, D. L. , & Ortony, A. (1989). Psychological essentialism. In S. Vosniadou & A. Ortony (Eds.), *Similarity and analogical reasoning* (pp. 179—195). New York: Cambridge University Press.

Mereish, E. , & Poteat, V. P. (2015). Effects of heterosexuals' direct and extended friendships with sexual minorities on their attitudes and behaviors: Intergroup anxiety and attitude strength as mediators and moderators. *Journal of Applied Social Psychology*, *45* (3), 147—157.

Miles, E. , & Crisp, R. J. (2014). A meta-analytic test of the imagined contact hypothesis. *Group Processes & Intergroup Relations*, *17* (1), 3—26.

Miller, N. (2002). Personalization and the promise of contact theory. *Journal of Social Issues*, *58* (2), 387—410 .

Molden, D. C. , & Dweck, C. S. (2006). Finding "Meaning" in psychology: A lay theories approach to self-regulation, social perception, and social development. *American Psychologist*, *61* (3), 192—203.

Molina, L. E. , Phillips, N. L. , & Sidanius, J. (2015). National and ethnic identity in the face of discrimination: Ethnic minority and majority perspectives. *Culture Diversity and Ethnic Minority Psychology*, *21* (2), 225—236.

Morton, T. A. , Hornsey, M. J. , & Postmes, T. (2009). Shifting ground: The variable use of essentialism in contexts of inclusion and exclusion. *British Journal of Social Psych-ology*, *48* (1), 35—59.

Nahoko H. , N. , Ostrom, E. , Walker, J. , Yamagishi, T. (1999). Reciprocity, trust, and the sense of control. *Rationality & Society*, *11* (1), 27—46.

Nesdale, D. (2004). Social identity processes and children's ethnic prejudice. In Mark B. , & Fabio S. (Eds.), *The Development of the Social Self* (pp. 219—245). Hove: Psychology Press.

Nesdale, D. , & Flesser, D. (2001). Social identity and the development of children's group attitudes. *Child Development*, *72* (2), 506—517.

Newheiser, A. , & Olson, K. R. (2012). White and Black American children's implicit intergroup bias. *Journal of Experimental Social Psychology*, *48* (1), 264—270.

Ng, Y. L. , Kulik, C. T. , & Bordia, P. (2016). The moderating role of intergroup contact in race composition, perceived similarity, and applicant attraction relationships. *Journal of Business and Psychology*, *31* (3), 415—431.

No, S. , Hong, Y. Y. , Liao, H. Y. , Lee, K. , Wood, D. , & Chao, M. M. (2008). Lay theory of race affects and moderates Asian Americans' responses toward American culture. *Journal of Personality and Social Psychology*, *95* (4), 991—1004.

Oyserman, D. , Elmore, K. , & Smith, G. (2012). Self, self-concept, and identity. In M. R. Leary, & J. P. Tangney (Eds.), *Handbook of self and identity* (pp. 69—104). New York: Guilford Press.

Paolini, S. , Hewstone, M. , Cairns, E. , & Voci, A. (2004). Effects of direct and indirect cross-group friendships on judgments of Catholics and Protestants in Northern Ireland: The mediating role of an anxiety-reduction mechanism. *Personality Social Psychology Bulletin*, *30* (6), 770—786.

Pereira, A. , Green, E. G. T. , & Visintin, E. P. (2017). National identification counteracts the sedative effect of positive intergroup contact on ethnic activism. *Frontiers in Psychology*, *8*, 477.

Pettigrew, T. F. (1998). Intergroup contact theory. *Annual Review of Psychology*, *49* (1), 65—85.

Pettigrew, T. F. (2009). Contact's secondary transfer effect: Do intergroup contact effects spread to non-participating outgroups?. *Social Psychology*, *40* (2), 55—65.

Pettigrew, T. F. , & Tropp, L. R. (2006). A meta-analytic test of intergroup contact theory. *Journal of Personality and Social Psychology*, *90* (5),

751—783.

Pettigrew, T. F. , & Tropp, L. R. (2008). How does intergroup contact re-
duce prejudice? Meta-analytic tests of three mediators. *European Journal of
Social Psychology*, *38* (6), 922—934.

Pettigrew, T. F. , & Tropp, L. R. (2012). *When groups meet: The dynamics
of intergroup contact*. Washington: Psychology Press.

Pettigrew, T. F. , Tropp, L. R. , Wagner, U. , & Christ, O. (2011). Recent
advances in intergroup contact theory. *International Journal of Inter-
cultural Relations*, *35* (3), 271—280.

Phinney, J. S. (1989). Stages of Ethnic Identity Development in Minority Group
Adolescents. *Journal of Early Adolescence*, *9* (1—2), 34—49.

Phinney, J. S. (1990). Ethnic identity in adolescents and adults: Review of re-
search. *Psycho-logical Bulletin*, *108* (3), 499—514.

Phinney, J. S. (1992). The multigroup ethnic identity measure a new scale for
use with diverse groups. *Journal of Adolescent Research*, *7* (2),
156—176.

Phinney, J. S. (2000). Ethnic identity. *Encyclopedia of Psychology*, *3*, 254—
259.

Phinney, J. S. (2013). Ethnic Identity Exploration in Emerging Adulthood. In
D. L. Browning (Ed.), *Adolescent identities: A collection of readings*.
New York: The Analytic Press.

Phinney, J. S. , & Devich-Navarro, M. (1997). Variation in Bicultural Identifi-
cation Among African American and Mexican American Adolescents. *Jour-
nal of Research on Adolescence*, *7* (1), 3—32.

Phinney, J. S. , Jacoby, B. , & Silva, C. (2007). Positive intergroup attitudes:
The role of ethnic identity. *International Journal of Behavioral Develop-
ment*, *31* (5), 478—490.

Phinney, J. S. , & Ong, A. D. (2007). Conceptualization and measurement of
ethnic identity: Current status and future directions. *Journal of Counseling
Psychology*, *54* (3), 271—281.

Plaks, J. E. , Grant, H. , & Dweck, C. S. (2004). Implicit theories and select-
ive attention to trait versus associate tereotype-relevant information. Unpub-

lished raw data, University of Washington.

Plaks, J. E., Levy, S. R., Dweck, C. S., & Stroessner, S. J. (2004). In the eye of the beholder: Lay theories and the perception of group entitativity, variability, and essence. In V. Yzerbyt, C. M. Judd, & O. Corneille (Eds.), *The psychology of group perception: Perceived variability, entitativity, and essentialism* (pp. 127—146). New York: Psychology Press.

Plaks, J. E., Stroessner, S. J., Dweck, C. S., & Sherman, J. W. (2001). Person theories and attention allocation: Preferences for stereotypic versus counter stereotypic information. *Journal of Personality and Social Psychology*, *80* (6), 876—893.

Plant, E. A., & Devine, P. G. (2003). The antecedents and implications of interracial anxiety. *Personality and Social Psychology Bulletin*, *29* (6), 790—801.

Price-Blackshear, M. A., Kamble, S. V., Mudhol, V., Sheldon, K. M., & Bettencourt, B. A. (2017). Mindfulness practices moderate the association between intergroup anxiety and outgroup attitudes. *Mindfulness*, *8* (5), 1172—1183.

Ramiah A. A., & Hewstone, M. (2013). Intergroup contact as a tool for reducing, resolving, and preventing intergroup conflict: Evidence, limitations, and potential. *American Psychologist*, *68* (7), 527—542.

Rattan, A., & Dweck, C. S. (2010). Who confronts prejudice?: The role of implicit theories in the motivation to confront prejudice. *Psychological Science*, *21* (7), 952—959.

Roberts, R. E., Phinney, J. S., Masse, L. C., Chen, Y. R., Roberts, C. R., & Romero, A. J. (1999). The structure of ethnic identity of young adolescents from diverse ethnocultural groups. *The Journal of Early Adolescence*, *19* (3), 301—322.

Roets, A., & Hiel, A. V. (2011). The role of need for closure in essentialist entitativity beliefs and prejudice: An epistemic needs approach to racial categorization. *British Journal of Social Psychology*, *50* (Pt 1), 52—73.

Rothbart, M., & Taylor, M. (1992). Category labels and social reality: Do we view social categories as natural kinds? . In G. R. Semin & K. Fiedler

(Eds.), *Language, interaction and social cognition* (pp. 11—36). London: Sage.

Rydell, R. J., Hugenberg, K., Ray, D., & Mackie, D. M. (2007). Implicit theories about groups and stereotyping: The Role of Group Entitativity. *Personality and Social Psychology Bulletin, 33* (4), 549—558.

Schank, R. C., & Abelson, R. P. (1977). Scripts, plans, goals and understanding: An inquiry into human knowledge structures. Lawrence Erlbaum Associates, distributed by the Halsted Press Division of John Wiley and Sons.

Schmader, T., Johns, M., & Forbes, C. (2008). An integrated process model of stereotype threat effects on performance. *Psychological Review, 115* (2), 336—356.

Seaton, E. K., Neblett, E. W., Upton, R. D., Hammond, W. P., & Sellers, R. M. (2011). The moderating capacity of racial identity between perceived discrimination and psychological well-being over time among African American youth. *Child Development, 82* (6), 1850—1867.

Secord, Paul F. (1959). Stereotyping and favorableness in the perception of negro faces. *Journal of Abnormal & Social Psychology, 59* (3), 309—314.

Seigel, J. (2005). *The idea of the self: Thought and experience in Western Europe since the seventeenth century.* Cambridge /New York: Cambridge University Press.

Sekaquaptewa, D., Espinoza, P., Thompson, M., Vargas, P. T., von Hippel, W. (2003). Stereotypic explanatory bias: Implicit stereotyping as a predictor of discrimination. *Journal of Experimental Social Psychology, 39* (1), 75—82.

Shelton, J. N., & Richeson, J. A. (2005). Intergroup contact and pluralistic ignorance. *Journal of Personality and Social Psychology, 88* (1), 91—107.

Sherif, M. (Ed.). (1962). *Intergroup relations and leadership.* New York: Wiley.

Sherif, M. (1967). *Group conflict and co-operation: Their social psychology.* London: Routledge and Kegan Paul.

Shutts, K., Kinzler, K. D., Katz, R. C., Tredoux, C., & Spelke, E. S.

(2011). Race preferences in children: Insights from South Africa. *Developmental Science*, 14 (6), 1283—1291.

Simon, B. (2004a). The social psychology of identity: Sociological and psychological contributions. In *Identity in modern society* (pp. 20—42). Malden: Blackwell Pub.

Simon, B. (2004b). Identity in modern society: An integrative approach. (2004). In *Identity in modern society* (pp. 43 — 72). Malden: Blackwell Pub.

Stark, R. (2015). *Triumph of faith: Why the world is more religious than ever*. Wilmington, DE: Intercollegiate Studies Institute.

Stathi, S., Cameron, L., Hartley, B., & Bradford, S. (2014). Imagined contact as a prejudice-reduction intervention in schools: The underlying role of similarity and attitudes. *Journal of Applied Social Psychology*, 44 (8), 536—546.

Stathi, S., & Crisp, R. J. (2008). Imagining intergroup contact promotes projection to outgroups. *Journal of Experimental Social Psychology*, 44 (4), 943—957.

Stathi, S., Crisp, R. J., & Hogg, M. A. (2011). Imagining intergroup contact enables member-to-group generalization. *Group Dynamics Theory Research and Practice*, 15 (3), 275—284.

Stathi, S., Tsantila, K., & Crisp, R. J. (2012). Imagining intergroup contact can combat mental health stigma by reducing anxiety, avoidance and negative stereotyping. *The Journal of Social Psychology*, 152 (6), 746—757.

Stephan, W. G. (2014). Intergroup anxiety: Theory, research, and practice. *Personality and Social Psychology Bulletin*, 18 (3), 239—255.

Stephan, W. G., & Stephan, C. W. (1985). Intergroup anxiety. *Journal of Social Issues*, 41 (3), 157—175.

Stephan, W. G., & Stephan, C. W. (2016). *The Cambridge handbook of the psychology of prejudice: Intergroup threats*. Cambridge: Cambridge University Press.

Stephan, W. G., Ybarra, O., & Morrison, K. R. (2009). Intergroup threat theory. In T. D. Nelson (Ed.), *Handbook of prejudice, stereotyping, and discrimination*(pp. 43—59). Washington: Psychology Press.

Stets, J. E. , & Serpe, R. T. (2013). Identity Theory. In J. DeLamater, & A. Ward (Eds.), *Handbook of Social Psychology. Handbooks of Sociology and Social Research* (pp. 31—60). Dordrecht: Springer.

Stryker, S. (1980). *Symbolic interactionism: A social structural version.* Menlo Park, CA: Benjamin/Cummings.

Stryker, S. (1987). Identity theory: Developments and extensions. In K. Yardley, & T. Honess (Eds.), *Self and identity: Psychosocial perspectives* (pp. 89—103). New York: Wiley.

Stryker, S. , & Burke, P. (2000). The past, present, and the future of an identity theory. *Social Psychology Quaterly*, *63* (4), 284—297.

Stryker, S. , & Serpe, R. T. (1982). Commitment, identity salience, and role behavior: Theory and research example. In W. Ickes, & E. S. Knowles (Eds.), *Personality, roles, and social behavior* (pp. 199 — 218). New York: Springer.

Sumino, Takanori. (2017). National identity and public attitudes toward multiculturalism in Canada: Testing the indirect effect via perceived collective threat. *Canadian Journal of Behavioural Science*, *49* (3), 183—194.

Tadmor, C. T. , Chao, M. M. , Hong, Y. Y. , & Polzer, J. T. (2013). Not just for stereotyping anymore: Racial essentialism reduces domain-general creativity. *Psychological Science*, *24* (1), 99—105.

Tajfel, H. (1959). Quantitative judgement in social perception. *British Journal of Psychology*, *50* (1), 16—29.

Tajfel, H. (1974). Social identity and intergroup behavior. *Social Science Information*, *13* (2), 65—93.

Tajfel, H. (1978). Social categorization, social identity and social comparison. In H. Tajfel (Ed.), *Differentiation between social group*(pp. 61—76). London: Academic Press.

Tajfel, H. , Billig, M. G. , & Bundy, R. P. (1971). Social categorization and intergroup behavior. *European Journal of Social Psychology*, *1* (2), 149—178.

Tajfel, H. , & Turner, J. C. (1979). An integrative theory of intergroup conflict. In W. G. Austin, & S. Worchel (Eds.), *The social psychology of intergroup relations* (pp. 33—47). Monterey, CA: Brooks/Cole.

Tajfel, H., & Turner, J. C. (1986). The social identity theory of inter-group behavior. *Political Psychology*, *13* (3), 7—24.

Tajfel, H., & Wilkes, A. L. (1963). Classification and quantitative judgement. *British Journal of Psychology*, *54* (2), 101—114.

Tausch, N., Hewstone, M., Schmid, K., Hughes, J. E., & Cairns, E. (2011). Extended contact effects as a function of closeness of relationship with ingroup contacts. *Group Processes & Intergroup Relations*, *14* (2), 239—254.

Taylor, S. E., Fiske, S. T., Etcoff, N. L., & Ruderman, A. J. (1978). Categorical and contextual bases of person memory and stereotyping. *Journal of Personality and Social Psychology*, *36* (7), 778—793.

Thoits, P. A. (1995). Identity-relevant events and psychological symptoms: A cautionary tale. *Journal of Health and Social Behavior*, *36* (1), 72—82.

Tropp, L. R. (2007). Perceived discrimination and interracial contact: Predicting interracial closeness among black and white Americans. *Social Psychology Quarterly*, *70* (1), 70—81.

Tropp, L. R., Hawi, D. R., O'Brien, T. C., Gheorghiu, M., Zetes, A., & Butz, D. A. (2017). Intergroup contact and the potential for post-conflict reconciliation: Studies in Northern Ireland and South Africa. *Peace and Conflict: Journal of Peace Psychology*, *23* (3), 239—249.

Tropp, L. R., & Pettigrew, T. F. (2005). Differential relationships between intergroup contact and affective and cognitive dimensions of prejudice. *Personality and Social Psychology*, *31* (8), 1145—1158.

Tropp, L. R., & Wright, S. C. (2001). Ingroup identification as the inclusion of ingroup in the self. *Personality and Social Psychology Bulletin*, *27* (5), 585—600.

Tsukamoto, S., Enright, J., & Karasawa, M. (2013). Psychological essentialism and nationalism as determinants of interethnic bias. *The Journal of Social Psychology*, *153* (5), 515—519.

Turner, J. C. (1978). Social categorization and social discrimination in the minimal group paradigm. In H. Tajfel (Ed.), *Differentiation between social groups: Studies in the social psychology of intergroup relations* (pp. 101 – 140). London: Academic Press.

Turner, J. C. (1982). Towards a cognitive redefinition of the social group. In H. Tajfel(Ed.), *Social identity and intergroup relations* (pp. 15 – 40). Cambridge: Cambridge University Press.

Turner, J. C. (1984). Social identification and psychological group formation. In H. Tajfel (Ed.), *The Social dimension: European developments in social psychology* (pp. 518 – 538). Cambridge: Cambridge University Press.

Turner, J. C. (1987). The analysis of social influence. In J. C. Turner, M. A. Hogg, P. J. Oakes, S. D. Riecher, & M. S. Wetherell (Eds.), *Rediscovering the Social Group: A Self-categorization Theory* (pp. 68 – 88). Oxford: Blackwell.

Turner, J. C. (1991). *Social influence*. Pacific Grove, CA: Brooks/Cole.

Turner, J. C., Hogg, M. A., Oakes, P. J., Reicher, S. D., & Wetherell, M. S. (1987). *Rediscovering the social group: A self-categorization theory*. Oxford, UK: Blackwell.

Turner, J. C., & Onorato, R. S. (1999). Social identity, personality and the self-concept: A self-categorization perspective. In T. R. Tyler, R. M. Kramer, & O. P. John (Eds.), *The Psychology of the Social Self* (pp. 11 – 47). Hillsdale, NJ: Erlbaum.

Turner, J. C., & Reynolds, K. J. (2012). Self-Categorization Theory. In P. A. M. Van Lange, A. W. Kruglanski, & E. T. Higgins (Eds.), *Handbook of theories of social psychology* (pp. 399 – 417). London: Sage Publications Ltd.

Turner, R. N., Crisp, R. J., & Lambert, E. (2007). Imagining intergroup contact can improve intergroup attitudes. *Group Processes & Intergroup Relations*, 10 (10), 427 – 441.

Turner, R. N., & Crisp, R. J. (2010). Imagining intergroup contact reduces implicit prejudice. *British Journal of Social Psychology*, 49 (1), 129 – 142.

Turner, R. N., Hewstone, M., & Voci, A. (2007). Reducing explicit and implicit outgroup prejudice via direct and extended contact: The mediating role of self-disclosure and intergroup anxiety. *Journal of Personality and Social Psychology*, *93* (3), 369—388.

Turner, R. N. , Hewstone, M. , Voci, A. , & Vonofakou, C. (2008). A test of the extended intergroup contact hypothesis: The mediating role of intergroup anxiety, perceived ingroup and outgroup norms, and inclusion of the outgroup in the self. *Journal of Personality and Social Psychology*, *95* (4), 843—860.

Turner, R. N. , & West, K. (2011). Behaviouralconsequences of imagining intergroup contact with stigmatized outgroups. *Group Processes & Intergroup Relations*, *15* (2), 193—202.

Turner, R. N. , West, K. , & Christie, Z. (2013). Out-group trust, intergroup anxiety, and out-group attitude as mediators of the effect of imagined intergroup contact on intergroup behavioral tendencies. *Journal of Applied Social Psychology*, *43* (S2), E196—E205.

Umaña-Taylor, A. J. , & Updegraff, K. A. (2007). Latino adolescents' mental health: Exploring the interrelations among discrimination, ethnic identity, cultural orientation, self-esteem, and depressive symptoms. *Journal of adolescence*, *30* (4), 549—567.

Umaña-Taylor, A. J. , Yazedjian, A. , & Bámaca-Gómez, M. (2004). Developing the ethnic identity scale using eriksonian and social identity perspectives. *Identity*, *4* (1), 9—38.

van den Bos, K. (2009). Making sense of life: The existential self trying to deal with personal uncertainty. *Psychological Inquiry*, *20* (4), 197—217.

Verkuyten, M. (2003). Discourses about ethnic group (de-) essentialism: Oppressive and progressive aspects. *British Journal of Social Psychology*, *42* (Pt 3), 371—391.

Vertovec, S. (2011). Towards post-multiculturalism? Changing communities, conditions and contexts of diversity. *International Social Science Journal*, *61* (199), 83—95.

Vezzali, L. , Capozza, D. , Giovannini, D. , & Stathi, S. (2012). Improving implicit and explicit intergroup attitudes using imagined contact: An experimental intervention with elementary school children. *Group Processes & Intergroup Relations*, *15* (2), 203—212.

Vezzali, L. , Hewstone, M. , Capozza, D. , Giovannini, D. , & Wölfer, R. (2014). Improving intergroup relations with extended and vicarious forms of indirect contact. *European Review of Social Psychology*, *25* (1), 314—389.

Vezzali, L. , Stathi, S. (2017). *Intergroup contact theory: Recent developments and future directions*. New York: Routledge.

Wagner, U. , Tropp, L. , Finchilescu, G. , & Tredoux, C. (2009). *Improving intergroup relations: Building on the legacy of Thomas F. Pettigrew* (Vol. 7). New Jersey: John Wiley & Sons.

Wagner, U. , van Dick, R. , Pettigrew, T. F. , & Christ, O. (2016). Ethnic Prejudice in East and West Germany: The explanatory power of intergroup contact. *Group Processes & Intergroup Relations*, *6* (1), 22—36.

Wang, C. S. , Tai, K. , Ku, G. , & Galinsky, A. D. (2014). Perspective-taking increases willingness to engage in intergroup contact. *Plos One*, *9* (1), 1—8.

Welbourne, J. L. , Harasty, A. S. , & Brewer, M. B. (1997). The impact of kindness and intelligence information on extremity ratings of groups and individuals. Paper presented at the meeting of the Midwestern Psychological Association, Chicago.

West, K. , Holmes, E. , & Hewstone, M. (2011). Enhancing imagined contact to reduce prejudice against people with schizophrenia. *Group Processes & Intergroup Relations*, *14* (3), 407—428.

Whitley, B. E. , & Kite, M. E. (2009). *The psychology of prejudice and discrimination*. Canada: Wadsworth Publishing Company.

Williams, M. J. , & Eberhardt, J. L. (2008). Biological conceptions of race and the motivation to cross racial boundaries. *Journal of Personality and Social Psychology*, *94* (6), 1033—1047.

Works, E. (1961). The prejudice—interaction hypothesis from the point of view of the Negro minority group. *American Journal of Sociology*, *67* (1), 47—52.

Wright, S. C. , Aron, A. , Mclaughlin-Volpe, T. , & Ropp, S. A. (1997). The extended contact effect: Knowledge of cross-group friendships and prejudice. *Journal of Personality & Social Psychology*, 73 (1), 73—90.

Wright, S. C. , Mazziotta, A. , & Tropp, L. R. (2017). Contact and inter-group conflict: New ideas for the Road Ahead. *Peace and Conflict: Journal of Peace Psychology*, 23 (3), 317—327.

Yang, F. G. (1999). *Chinese Christians in America: Conversion, assimilation, and adhesive identities*. Pennsylvania: Pennsylvania State University Press.

Yap, S. C. Y. , Donnellan, M. B. , Schwartz, S. J. , Kim, S. Y. , Castillo, L. G. , & Zamboanga, B. L. , et al. (2014). Investigating the structure and measurement invariance of the Multigroup Ethnic Identity Measure in a multiethnic sample of college students. *Journal of Counseling Psychology*, 61 (3), 437—446.

Yzerbyt, V. Y. , Corneille, O. , & Estrada, C. (2001). The interplay of sub-jective essentialism and entitativity in the formation of stereotypes. *Personality & Social Psychology Review (Lawrence Erlbaum Associates)*, 5 (2), 141—155.

Yzerbyt, V. Y. , Judd, C. M. , & Corneille, O. (Eds.). (2004). *The psychology of group perception: Perceived variability, entitativity, and essentialism*. Washington: Psychology Press.

Zagefka, H. , González, Brown, R. , Martinez, S. L. , Manzi, J. , & Didier, N. (2017). To know you is to love you: Effects of intergroup contact and knowledge on intergroup anxiety and prejudice among indigenous Chileans. *International Journal of Psychology*, 52 (4), 308—315.

图书在版编目(CIP)数据

认同视野中的民族关系/高承海著. —北京:北京师范大学出版社,2023.3
(心理学与社会治理丛书)
ISBN 978-7-303-28945-5

Ⅰ.①认… Ⅱ.①高… Ⅲ.①民族关系－研究 Ⅳ.①D06

中国国家版本馆 CIP 数据核字(2023)第 025789 号

图 书 意 见 反 馈　gaozhifk@bnupg.com　010-58805079
营 销 中 心 电 话　010-58807651
北师大出版社高等教育分社微信公众号　新外大街拾玖号

RENTONG SHIYE ZHONG DE MINZU GUANXI

出版发行:北京师范大学出版社　www.bnup.com
北京市西城区新街口外大街 12-3 号
邮政编码:100088

印　　刷:北京盛通印刷股份有限公司
经　　销:全国新华书店
开　　本:710 mm×1000 mm　1/16
印　　张:19.75
字　　数:253
版　　次:2023 年 3 月第 1 版
印　　次:2023 年 3 月第 1 次印刷
定　　价:98.00 元

策划编辑:沈英伦　　　　　　　责任编辑:岳　蕾
美术编辑:李向昕　　　　　　　装帧设计:李向昕
责任校对:王志远　　　　　　　责任印制:马　洁